文明と法の衝突

比較法史学会　編

未來社

Historia Juris

比較法史研究

——思想・制度・社会 9

文明と法の衝突　*Historia Juris* 比較法史研究——思想・制度・社会❾　▼目次

特集❖文明と法の衝突

＊

編集後記

第9号編集委員会

法の衝突と文明

比較法史研究
——思想・制度・社会

9

Historia Juris

特集＝文明と法の衝突

動揺する支配者の壁画古墳
——比較考古学による墓室装飾の新しい解釈

小野山　節

一　装飾壁画古墳に対する新しい視点

古墳の墓室に壁画を描くことは、一般に文化の発達したあり方と認められている。墓室に装飾が施されている場合には、その被葬者やその時代に関する情報が圧倒的に多いことも確かである。だから壁画古墳や装飾古墳[1]が発見されると大きく報道され、発掘調査が一段落したところで、その壁画を主要なテーマとするシンポジウムが開催されて、新発見の意義が喧伝される運びとなる。墓室装飾の起源には被葬者への鎮魂が深く関与していると考えられているけれども、日本で発見される壁画には中国や朝鮮の古墳壁画と共通する要素がしばしば見つかるため、報道やシンポジウムでは、死者の魂の問題よりも対外的な関係が取り上げられて、被葬者の生前の活動が強調されるだけに終わってしまうことが多い。

ところが、装飾古墳のそれぞれの地域における在り方を少し注意してみてみると、その時代の古墳のなかで装飾古墳は少ない存在であることが分かる。しかも同じような規模でありながら、壁画を持つものと持たないものとがある。このことはかなり早くから注意されていたが、(2) ある被葬者は墓室に壁画を描いているのに他の被葬者が壁画を描かなかったのはなぜかという問題が主要なテーマとして議論されたことはなかった。その理由は分からないけれども、近接して存在する複数の古墳のなかに、装飾や壁画を描いたものとそれらのないものとが混在する状態を残した社会的背景を解明することこそ、歴史の重要な研究課題ではないだろうか。

このことに私が気付いたのは、「王陵の比較研究」をテーマとして総合A科学研究費を交付された一九七七年四月から八〇年三月まで続けられた研究会において、ピラミッドの大小を問題にしたときであった。ちょうどその頃、日本の古墳時代における地域的特性を議論する機会が与えられたので、主要な装飾古墳が、古墳時代文化の形成と展開に先進的な役割を果たした畿内にはなくて、西の九州と茨城県を中心とする東の地域とに偏って分布する問題を取り上げた。(3) この問題をエジプトにも中国や朝鮮にも拡大して「墓室装飾の起源にかんする比較考古学的研究」を進めようとしたが、その時はこの問題を検討するための十分な時間が確保できなかったため中断せざるをえなかった。

比較法史学会から二〇〇〇年新春特別例会における研究報告を求められたとき、本学会にふさわしいテーマとしてこの問題を取り上げることとし、古いノートを取り出し新しい資料も加えて報告の責務を果たすことにした。この論文は、二〇〇〇年二月十二日の例会において発表した内容に、かなり多くの補足説明を加え、発表後にも学ぶことができたいくつかの成果をさらに参照してまとめられたものである。(4) 対象とする装飾壁画古墳は、広い地域にまたがるばかりでなく相当に長い時代にもわたっているため、私が参照することのできた先達の研究成果はごく一部に限られている。それぞれの地域におけるこれまでの研究成果を十分に取り込んで議論を発展させ、この問題に対する理解をいっそう深めてくれることを、若い研究者に期待している。

献辞　有光教一先生にこの論文を捧げたい。高句麗にも百済にも、同規模の古墳からなる古墳群のなかに壁画を持つものと持たないものとがあることを、四十余年前の「朝鮮考古学研究」の研究講義において、未解決の問題として教えて下さったのは有光先生であった。長い年月が経過したけれども、小論がその講義において示されたこの問題に対する私の答案でもあるので、斧正を乞う次第である。

二　墓室壁面を装飾する主題の分類と「墓主室」の定義

この論文で検討する壁画古墳は、エジプト、黄河中下流域、高句麗、百済、日本のそれぞれの地域において構築されたものであって、それらの古墳は壁画をもつことによって壁画のない他の古墳よりも重要なものと視られてきた。移住者が先住地の伝統に則して壁画古墳をつくった明白な例は別として、多くの場合、これらの壁画古墳がそれぞれの地域の古墳造営時代における文化的所産であることに疑問の余地はない。壁画古墳が独自に発生したところでは自明のことであるが、他地域からの影響によって壁画古墳の成立したところでも、検討の対象となる壁画古墳は、保存のために移築された稀な例を除くと、現に存在する地点で造営されたものである。だから当然のこととして、壁画の題材も、壁面自体を用意した墓室構造も、地域的特色とともに時代的色彩を濃密に包有している。さらに装飾壁画古墳の研究も専ら地域ごとに行われてきたために、壁画の題材に関する分類では、その基準が特定の地域に適切なものであればあるほど、他の地域の壁画題材の分類には適用しにくいものになる。

新しい視点に立って、地域ごとに形成されてきた文化に認められる共通性に注目し、その歴史的意義を検討しようとするとき、そのような分類基準は有効でない。したがって、それぞれの地域で発見されている古墳の壁面装飾の主題を、右にあげた各地域に共通する一つの基準によってあらかじめ分類しておくことが必須となる。さらに墓室の構造についても同様である。地域ごとに多様な構造をもつ壁画古墳の個々の部屋は、各地域の長い研究史を背景としていろいろな名称で呼ばれている。複雑な構造をもつ部屋ごとに地域を越えて共通する名称を与えることは不可能なことなので、ここでは特に検討の対象とする「墓主室」についてのみ定義しておきたい。

1　古墳の墓室壁面を飾る主題の分類

壁画古墳や装飾古墳の壁画は、被葬者の来世[5]における生の継続を期待して描かれたもの、あるいは被葬者の魂を鎮めるために描かれたものと説明されることが多い[6]。一般的にいえば、この見方は妥当であろう。そうだとするとしかし、壁画装飾古墳と同じ地域にある、その古墳と同じ時代の、さらに前後の時代を含めて、壁画や装飾をもたない大多数の古墳の被葬者たちは来世を信じていなかったのだろうか、かれらの霊魂は無視されていたのだろうか、という疑問が当然起こってくる筈である。にも拘らず、この問題はこれまでほとんど議論されることがなかった。なぜだろうか。

そもそも遺骸のまわりにかなりの空間を設けた構造の墓をつくるということは、被葬者の生活が永続することを期待するものであり、鎮魂を伴わない葬送の儀礼はありえないであろう。来世の生活を信じて古墳の内部に空間をつくるといくつかの壁面ができる。鎮魂の儀式に則って埋葬されたけれども、墓室壁面に装飾を施した場合と壁面装飾を伴わない場合とがあるという事実をどう解釈するか。その違いは被葬者の意向、あるいは被葬者に最も近い人たちの意向を反映した結果として生じたものと判断するのが自然であろう。さらに壁面装飾をもつ墓室を調べてみると、壁画古墳でも被葬者の遺骸を収めた「墓主室」を飾るものと飾らないものとに分けることができる。本論文は、この「墓主室」の装飾の内容を検討することによって、「墓主室」の装飾の有無は何に左右されるかを問題にしようとするものである。その成果に基づいて、墓室に装飾や壁画をもつものともたないものとが発生する社会的背景を考究してみたい。

そのためには、壁面に表現された個々のものに重点を置くよりも、それぞれの場面が被葬者の生涯にとってどのような意味をもっているかという観点から壁画の主題を分類するのが有効である。こうして、右に述べたように、それぞれの文化に共通する基準のもとで、異なった伝統をもつ壁画の主題を大別するのが妥当であろうと考えて、壁画や装飾の主題を五種類に分けてみた。被葬者の霊魂との係りが深いものから挙げると次のようになる。

［1］霊魂の守護

「墓主室」の装飾が被葬者の霊魂を守る目的のもとに行われたことの明白な例は、ピラミッドの「墓主室」に刻まれた呪文のなかに認められる。一般にピラミッド・テキストと呼ばれる「墓主室」に刻まれた呪文には、かなり長い文章で神々に対する加護の依頼や霊魂の行方などを細かく説明した章句がある。(7) これらの呪文が人間の来世観の発達を具体的に知ることのできる最古の証拠であって、ピラミッド・テキストが文章として刻まれたのは紀元前第三千年紀後半のことであった。これらの呪文に「昇天テキスト」が多いということは、墓主の魂が神々の世界に迎え入れられたときに、被葬者の魂を守護するという目的が成就するものと信じられていたことを示している。そして遠く東に離れていても、(8) さらに二五〇〇年という長い年月を隔てていても、被葬者が仙人になること、すなわち登仙を描いた漢代の壁画はこのことと軌を一にするものであろう。仙人になるのは昇仙ともいわれ、仙界では羽根をつけた羽人も現れて、さらに羽化あるいは羽化登仙などの語句が古い文献では用いられている。またピラミッド・テキストの呪文に示された墓所を荒らす者への警告は、怪獣を描いて辟邪を期待した前漢壁画墓の心情と通じるものであろう。青龍、白虎、朱雀、玄武の四神も四方を護る神々であった。

ところが、日本の装飾古墳には、被葬者の魂を護ろうとする呪文もなく、登仙を示す壁画も見られない。ということは、装飾古墳に葬られた人々はかれらの魂の行方に関心がなかったということだろうか。否、そうではなくて、かれらにも霊魂の行方には強い関心があったのである。その表現が別の形をとって行われただけの違いである。日本における装飾古墳の成立期に重要な役割を果たした二種類の装飾文様[9]からそのことを知ることができる。その一つが初期の装飾古墳に多く見られる直弧文であって、それは帯紐を組み合わせた状態の立体的表現に由来すると考えられている。直弧文が装飾古墳に重く用いられたのは、その結びとめた帯紐に呪力があると信じられていたためであって、魂を結び鎮める一つの方法として石棺や石障に施されたことによる、と説明して鎮魂の観念と関連させる研究者が多い。被葬者の魂を呪力により封印して鎮めるというのは、ピラミッド・テキストの呪文や漢墓壁画に見える昇仙の考え方とは大きく異なるけれども、被葬者の魂をいかに鎮めるかに、日本の装飾古墳でも強い関心が払われていたという共通点を重視したい。

初期の装飾古墳のもう一つの特徴は、三角形、菱形、同心円などの幾何学文がかなり多く用いられていることである。同心円は鏡や太陽の表現である可能性が高いと考えられている。だがこのことは、むしろ同心円を見たとき具体的なものと結びつけて、鏡と解釈したり太陽の象徴と見做す傾向が日本の研究者には強いと受け止める方が適切であろう。これに対して連続三角文や連続菱形文は、具体的なものとの関連がつけられないため、三角文や菱形文を用いて一定の空間を埋める装飾が何を意図したものかは、これまでほとんど議論されてこなかった。幾何学文については、九州の装飾古墳にかんする最初の報告において、濱田耕作[10]はアロイス・リーグル[11]にならってその起源を編物と織物に求めたけれども、装飾古墳に用いられた三角形や菱形には編物や織物に由来する階段状斜線が認められず、装飾古墳以前にもそのような文様をもつ遺物は全く知られていないので、装飾古墳の三角形や菱形は純粋に観念によって作図されたものと考えなければならない。その観念を生みだしたものは何だっただろうか。幾何学文の流行は、その社会が確固とした安定性を求めていることを示すという見方がある。死して姿の消える動物や植物に由来する形ではなくて、永遠に変化しないものを求めて作りあげた幾何学文[12]が飾られていると見るわけである。幾何学文は農耕社会に支配的であるという観方[13]を含めて、なお批判的な姿勢をもって詳細に検討しなければならない課題であるけれども、幾何学文を飾るということが装飾古墳の被葬者と周辺の人々にもたらす精神的不安定の鎮静化に関連していたと考えうることは重要である。被葬者の魂の安泰を求めて「墓主室」に幾何学文を飾ったということは十分にありうることである。

［2］自然の摂理

日、月、星の天体を描くのは、天体現象の定期的な運行にみられる恒常性に注目したものであろう。星座の表現があり、星形を規則的に配列して図案化した星形文もある。

［3］供物

墓主がかつて過した生活の継続として必要な飲食物の描写がある。ただし壁画から来世の必需品を判断することは、現在のところ無理なようである。多くの場合に、副葬品として飲食物が供せられたであろうし、その品々が壁画に描かれた供物と重複していたか、副葬品と壁画表現の品々で一揃いとしたか検証できていない。さらに副葬品に生前と同種の器物を用いる場合と、一部に仮器を用いる場合とがある。それぞれの場合に壁画表現がどう対応するかも分かっていない。生前の被葬者の受けた献上物は、判別が可能ならば［5］に分類すべきものであろう。なおピラミッド・テキストの呪文のなかにも、供物を整えるさいの様子を述べた章句がある。

［4］生活場面の再現

日常生活のさまざまな場面として各種の生産活動、宴と歌舞、六博の遊戯など、被葬者が生前に見たあるいは体験した日常活動の諸相を描写したものであろうが、冥界においても同じような生活が継続するという考え方を示したものと思われる。ただし宴会や歌舞の描写は、次項に述べる儀式の一環である場合と区別するのが困難であろう。

［5］墓主の事績

墓主とその家族の肖像、位階勲等、車馬出行、外国遠征と捕虜および戦利品など、生前における墓主の事績を誇る内容である。エジプトのセド祭の場面もこの項に分類することができる。セド祭というのは、王の力と資格の問われる再生と復活の儀式であって、本来は在位が三〇年を経過するとき行われることになっていたが、三〇年以内でも、王の在位のかなり短い期間でも行われたようである。歴史上の故事や物語を描くことも、被葬者の歴史的役割の位置づけを意図したものであれば、この項に入れるべきであろう。その内容が神話中心のものならば、まずその神話が当時の社会に持っていた意味を明らかにする必要がある。場合によっては第一項に分類すべきものかもしれない。被葬者の霊魂がそれらの神々の側にあることを示した可能性が強いからである。この場合、問題の場面が「墓主室」に描かれておれば、第一項に入れるべきものであろう。

ここに分類した五つの項目、すなわち［1］霊魂の守護、［2］自然の摂理、［3］供物、［4］生活場面の再現、［5］墓主の事績は、それぞれの場面がどの墓室に描かれているのかも、当然検討しなければならない重要な課題であるが、現在のところは不十分なままである。

まず「墓主室」にどのような主題の装飾が施されているかを問題にしたい。

2 「墓主室」の定義

被葬者である墓の主を安置した部屋、あるいはその目的で造られた部屋であって、夫婦合葬の場合に仕切りを設けてあっても、双方を含めて「墓主室」と呼ぶ。

この論文で「墓主室」という新しい用語を使うのは、既存の用語を用いることによって起こりがちな混乱と誤解を避けるためである。東アジアの横穴式石室では、一室構造の「主室」または「玄室」が、二室あって前室と後室に分けられるときの「後室」が、三室あるときには最も奥にある「第三室」または「奥室」あるいは「後室」・「后室」が、多数の部屋で構成された墓室では「棺室」が、ここで「墓主室」と呼ぶ部屋に相当するものである。ピラミッドの複雑なつくりの地下構造でも Burial Chamber（埋葬室）あるいは King's Chamber（王の室）などと呼ばれるが[14]、要するに主たる被葬者の棺を安置すべき部屋 Sarcophagus Chamber を「墓主室」と呼ぶ。墓室という場合は埋葬施設に設けられた部屋全体または「墓主室」を除く一部の部屋を指す。ピラミッド複合体の蔡祭殿や河岸神殿では「部屋」と呼ぶ。

三　ピラミッドと前漢皇帝陵の大小が語るもの

日本古代史の大きな転換は、一九四五年の第二次世界大戦における日本の敗北をきっかけとして起こり、どのような古代史を構想することができるかをめぐって多くの論議が交された。その一つの「英雄時代論争」は古代の英雄叙事詩を歴史的にどう評価するかに係る論争であるから、基本史料は文献であるけれども、英雄の歴史的役割に関連して、古代における巨大古墳の出現が議論の対象とされたため、考古学も直接に関与すべき問題となった[15]。応神天皇陵や仁徳天皇陵のような四、五世紀における巨大な前方後円墳の存在をどう評価するかが、かなり重要な問題になったからである。仁徳天皇陵を、中国における秦始皇帝陵や壮大な石造建築物であるエジプト第四王朝クフ王のピラミッドと墳丘の基底部だけを比べて、児戯のように仁徳陵が世界最大であると誇らしげに喧伝することが行われるようになるのもこの頃からである。

巨大な前方後円墳の歴史的評価にかんする議論は、私が考古学を学び始めた一九五二、三年頃には、東洋的《オリエンタル・》専制主義《デスポティズム》の所産とする見方と英雄時代であることの証拠とする見方とに大きく割れて、議論の運びは水掛け論の様相を呈していた。

どのような方法を導入すると、巨大な墳墓を歴史資料として、すなわち考古学の立場から古代国家の成立史について、客観性をもつ議論が可能であるかを自問しながら私の編出した方法は、帝王陵の成立過程の比較研究であった。

この成立過程の比較というのは、異なる文化に属する個々の墳墓の葬法や大きさを比べるのではなくて、それぞれに独自の古代文明を創造したエジプトとメソポタミアと中国において、墳墓が巨大な帝王陵に発達してゆく、その変わり方と大きな変換点とをまず確認し、三文明の王陵について確認された変化の方向と大きさの転換期を相互に比較して、同時に起こっている被葬者の称号などと対比することにより、古代国家の成立過程を究明しようとするものであった。その変換の時代について、まず文献史料からも検討できるメソポタミアを中心に研究成果として一九六二年に発表し[16]、一九六六年にはエジプトと中国を加えて、巨大な帝王陵の成立には被葬者である王の神格化が深く係っていることを明らかにした[17]。

こうして得られた新しい視点から、日本の五世紀における大きな前方後円墳を検討する機会が、まもなく坪井清足氏によって与えられた[18]。この時は、すでに知られている資料を実際に詳細な点まで調べることができる利点を生かして、比較する地域を狭く取る方針を立てて各地の古墳群にみられる変化を比べてみた。その結果、帝王陵にみられる大小の変化と各地の前方後円墳の変化に、次のような現象の存在することが認められて、そこに新しい歴史を読むことができた。

四、五世紀の前方後円墳が群在する地域で、各地の首長である王を葬ったとみられる前方後円墳の変化を辿ると、二つの時期、すなわち四世紀末から五世紀初めと五世紀後半に、前方後円墳ではなくて帆立貝式古墳や円墳あるいは方墳の造られた地域がある。この現象はかなり多くの地域で認められ、大王陵ともいうべき天皇陵の大きさの変化と対比すると、各地の王の墓が小さいときには天皇陵が大きく、天皇陵が小さいときには各地の王の前方後円墳は大きいというように、この変化は相関関係をもっていることが分かった（図1）。そこで、このような状況を、強大な権力をえた大王が各地の王の古墳造営に対してその大きさを規制した結果であると認識した。さらに大王権力の変化は天皇陵造営地の移動とも関係していた。応神天皇が河内王朝の本拠地である古市において全国的な支配を確立すると、次の仁徳天皇は東アジアの国際舞台に登場すべく大阪湾に進出した。だが、反正天皇の支配力にかげりがみられて各地の王が自立性を回復し、再び前方後円墳を築造するようになると、次の允恭天皇は本拠地に帰って勢力の回復を計り、次の雄略天皇は各地の王たちの前方後円墳築造を再び規制して、大阪湾進出の姿勢を示し、古市と大阪湾との半ば松原に陵墓を築いたと。

古墳の規制は五世紀のうちに前後二回を認めることができる。六世紀についてはまだ十分に検討していないけれども、六世紀半ばと六世紀末から七世紀初めにかけて、第三次および第四次の古墳規制を推測することができる。そして古墳の第五次規制が七世紀半ば、大化二年のいわゆる薄葬令に当る。大化薄葬令は改めて述べるまでもなく、大豪族である蘇我氏の失脚という政治的な大事件を伴っていた。古墳の第四次規制には、仏教帰依の問題に端を発して、物部大連守屋が蘇我馬子を中心とする群臣に殺され奴の半ばと私有地を没収された政治的事件が、また第三次規制のときには、大伴連金村が二十数年前の任那四県の割譲の責任を負わされて引退した事件との係りを推測することができる。古墳の規制を大きな政治的事件と連動させることが許されるならば、五世紀に二回認められる古墳の規制のさいにも、かなり大きな政治的変動が伴っていたものと推測される。

三世紀から六世紀まで三〇〇年以上にわたって造営されてきた日本の巨大な陵墓に認められる大きさの変化から、統一王権と地方支配者との勢力関係を読みとることが可能だとすると、およそ三〇〇〇年の隔りがあるとはいえ、ピラミッドの大きさの推移にも類似の現象が認められるのではないかと考え、時間的な経過のなかでピラミッドの大小を検討した結果が第2節に示す通りである。つまりピラミッドの大小から、統一王権の頂点にある支配者のなかにも、強い権力をもつものと、配下の王たちを十分に掌握できなかった弱い大王の存在を推測することができるのである。第3節で簡単に紹介する前漢皇帝陵の場合にも、陵の大小のあり方はこのことと関連するものと思われる。それは前方後円墳の形をとる日本の大王陵だけに認められる特殊な現象ではない。

2　ピラミッドの大小は何を示すか[20]

ピラミッドは、何といってもその壮大さが見るものを圧倒する。しかもピラミッドの形は均斉のとれた美しさを示している。その大きさと美しさに驚嘆し、数千年の昔にこのような石造建築物の建設がいかにして可能になったかの解明に近代人が乗り出したとき、最大のピラミッド、すなわち第四王朝第二代のクフ王のピラミッドが成立するまでの過程にまず注目したのは当然であった。これまでに判明したその成立過程の外観に重点をおいた大要はおよそ次の通りである。[21]

ピラミッドが初めて建設されたのは第三王朝ジョセル王の埋葬所としてであって、紀元前二十七世紀のことである。ジョセル王の陵墓造営は、第一王朝から第二王朝にいたるマスタバ形式の伝統により建設が始められたけれども、六回にわたって計画が変更され、最終的には基底部で東西一二一メートル、南北一〇九メートル、高さが六〇メートルある大規模なものとなった。従来のマスタバの大きさを一拠に拡大したばかりでなく、マスタバを六段も重ねた形に仕上げられた。階段式ピラミッドの創造である。その上、第一王朝と第二王朝のマスタバが多数の小墓とともに一つの墓地を構成していたのに対し、ピラミッド本体にさまざまな祭殿を加え、さらに周りから区画して一、六四五メートルの長方形周壁を巡らしたもので、最初のピラミッド複合体が成立した。第一第二王朝と比べると、第三王朝の王の権力は飛躍的に強大なものになったことを示す重要な政治的記念物であると認めることができる（図2）。

階段式ピラミッドの形式を、ジョセル王の後継者たちは継承しようとしたけれども、階段式ピラミッドの建設そのものは未完成に終わったようである。階段式ピラミッドの規模をさらに上まわる巨大な建造物を次に構築することができたのは、第四王朝初代のスネフェル王であった。スネフェル王は、問題のあるものも含めると三基のピラミッドを建設したことになる。第三王朝最後のフニ王のものである可能性も考えられているメイドゥムの一基とスネフェル王の建設したダハシュールにある二基とであって、三基ともジョセル王の階段式ピラミッドより大きい。このメイドゥムのピラミッドを建設するとき、ピラミッド本体からナイル河に向けて西から東へほぼ一直線に葬祭殿と参道と河岸神殿を配列する方式が初めて採用されて新しいピラミッド複合体が成立した。この形式のピラミッド複合体が王の葬送の舞台装置として、それ以後の王たちに継承された。このピラミッドがスネフェル王のものだとすると、最初に方錐形ピラミッドを造ったのもスネフェル王ということになる。ダハシュールにあるピラミッド二基に見られるように、スネフェル王は、南にいっそう大規模な一辺一八八メートルの屈折ピラミッドを造り、さらにそれよりも大きく一辺二二〇メートル、高さ一〇五メートルの方錐形ピラミッドを北に建設した。

最大規模を誇るクフ王のピラミッドは、右のスネフェル王の方錐形ピラミッドに続いて建設されたものである。それは、基底の一辺が二三〇・三三メートルで、高さは一四六・五九メートルある。先代のピラミッドと比べてみると、基底部の一辺も高さも一〇余メートル大きくまた高いだけであるが、建造物として全体の規模を比較すると、クフ王のピラミッドは、周壁をもち、拡大された葬祭殿、参道、河岸神殿などがいっそう整備され、葬送に重要な役割を果たした舟、三人の王妃などを葬った小型ピラミッド、高官を葬ったマスタバなどが周りに整然と配列され、さらにその上、将来のマスタバ構築を予定した空間までもが確保されている（図4）。宮廷における王と王妃と高官たちの関係が、広い墓域のなかに位置づけられていた。このような形態は相当に強大な権力を保持していなければ実現できないものであろう。さらに第四王朝以後のピラミッドには、葬祭を司る神官やかれらの生活を支えるさまざまな人々の居住するピラミッド都市が付属していた。(22)

さてここで、この最大ピラミッドが建設されるまでの経過を振返ってみると、外観の上では、階段式ピラミッドから屈折ピラミッドをへて、しばしば「真のピラミッド」とも呼ばれる方錐形ピラミッドへと、形も大きさも確かに発達している。しかし、ザウイエト・エル＝アリヤンにある第三王朝末とされる階段式ピラミッドの規模はかなり小さく、先行する二基の階段式ピラミッドに比較すると一辺が三分の二の長さしかなくて、しかも未完成に終っている。第三王朝が滅びて第四王朝が成立するという大きな変革期には、第三王朝の支配力は衰退しやがて崩壊するという現象が起っている筈であるから、第三王朝末期の王のピラミッドが小規模なものであったとしても不思議ではない。同じような現象は、図3に示したように、第四王朝から第五王朝への交替期にも、第五王朝から第六王朝への交替期にも、さらに第六王朝の崩壊期においてもそれぞれ認められるところである。第四王朝の崩壊期には、最後の第六代シェプセスカフ王の墓も、彼のあと王位についた可能性のあるケントカウエス女王の墓も、ピラミッド形式でないばかりか、その時代には貴族の墓の形式とされたマスタバ形で、前者の規模は九九・六×七四・四メートル、後者のそれはさらに小さく四五・五×四五・八メートルしかないのである。第五王朝最後のウナス王のピラミッドも、先代王のそれよりも小さい。ただし後で検討するように、その縮小の度合がかなり小さい点は注意しておく必要がある。

ところが、図3を細かく見ると気付くように、王のピラミッドが小さいのは王朝末だけではない。最大のピラミッドを構築した第四王朝第二代のクフ王に継ぐ第三代ジェデフラー王のピラミッドは、一辺が一〇六メートルしかない。クフ王のピラミッドに比べると、一辺の長さで二分の一以下である。第五王朝にあっても第五代のラーネフェレフ王のピラミッドは、先代のそれよりも、また王位を継いだ者のそれよりも小さいのである。第五王朝末期における王の在位年数はいずれも短い。第三王朝末のカーバ王は四年、第四王朝最後のシェプセスカフ王は六年、ケントカウエス女王は二年かといわれる。そしてまた、右に指摘したように王朝半ばにも小さいピラミッドがある。その一人第四王朝のジェデフラー王は八年しか在位していない。最大のピラミッドを構築した先代クフ王の二四年、ギザ第二の大ピラミッドを造営した第四代のカフラー王の二七年に比べて在位がかなり短かったために、来世の住処を大きく造りえなかったと判断すべきものであろう。第五王朝半ばに四年だけ王位にあった第五代ラーネフェレフ王のピラミッドは、未完で一辺が六五メートルしかない。第四代のピラミッドは不明なので第三代のネフェルイルカラー王の場合を見ると、この王のピラミッドは二〇年在位で一辺一〇五メートルであるから、第六代ニウセルラー王の在位二八年七八・九メートルのピラミッドに比べると小さい。ここに挙げた例から判断すると、ピラミッドの大きさは王の在位年数と関連が強いようである。ピラミッド造営は生前から行われたのであるから、右のような結果になるのはむしろ当然であろう。

支配者が交替する時は、古今東西、どの国でも政治的に不安定な様相を呈するのが一般的であって、新しい大王が効果的な支配体制を整えるためには、一定の年月を必要とする筈である。どのような場合でもいくつかの要因が複雑に絡んでいると思われるので、具体的にその年数を示すことは困難であるが、ある大王が即位して数年も経ずに死亡したり退位した時には、新しい大王の支配体制が整備される前に再び新大王に代るのであるから、前の大王のために大きな陵墓を造営することは不可能であろう。右に挙げた小さなピラミッドの場合は、大王の支配力を考えるうえで治世年数が一つの重要な要素であることを示している。王の在位年数は客観的にまた具体的に明示することができるので、王の治世年数を一つの目安としてピラミッドの大きさとの関係を見ようとしたのが図3である。

さて改めてもう一度この図を細かく検討してみたい。第五王朝後半から第六王朝になると、三〇年以上も王位にありながら、一辺七九メートル以下の小さなピラミッドしか造っていない王が多くなる一方で、第六王朝第四代のメルエンラー王は九年在位で一辺七八・七五メートルの、すなわち一五〇ロイヤル・キュービットのピラミッドを造営しているのに対して、ピラミッド本体を全く同じ規模に造ったペピ二世王の在位は九五年であったと伝えられている。つまり第五王朝後半から第六王朝にかけては、ピラミッドの大きさが王の在位年数にほとんど左右されていないことに注目したいのである。

このような事実から判断すると、ピラミッドの大きさと王の在位年数との関係に変化が生じたと見るのが妥当であろう。いわゆるピラミッド時代の前半期（第三第四王朝）には、ピラミッドの大きさと王の在位年数の間にかなり強い関連が認められたが、後半期（第五第六王朝）では、ピラミッドが全体として小さなものになるとともにその大きさは王の在位年数の制約をあまり受けなくなっていることが分る。第五王朝後半と第六王朝のピラミッド建設における大きさの基準が一辺一五〇ロイヤル・キュービットにあるとすると、この大きさをもつ最初のピラミッドは第五王朝第二代サフラー王のそれであり、第五第六王朝におけるピラミッド複合体の規範となったのもサフラー王のピラミッドであった。帝王陵における規模の固定化という現象は、次節で述べる前漢皇帝陵においても認められるので、そこでもう一度問題にしたい。

ピラミッド時代後半期、すなわち第五王朝の成立から第六王朝の崩壊にいたる時代に建設されたピラミッドの規模は、第三第四王朝の前半期に比べて全体的に小さいものであった。比較的小さいこれらのピラミッドのなかでさらに一段と小さいのが、第五王朝最後のウナス王のピラミッドであって、次章で述べるように最初のピラミッド・テキストが飾られたのはこのピラミッドの墓主室と前室であった。このウナス王は王名表において第五王朝最後の王とされているけれども、ピラミッド・テキストの出現とその継承を重視すると、第五王朝と第六王朝はむしろ連続していたのではないかと推測される。史料からみても第五王朝と第六王朝の交替状況は不明な点が多いと主張する研究者[23]も二、三にとどまらない。不明なだけではなくて、逆に両王朝の間には連続した関係を推測させる要素も少なくない。例えば両王朝のピラミッド建設地がサッカラとその近くのアブシールに限られていたようにウナス王のピラミッドが第三王朝ジェセル王の階段式ピラミッド複合体の南周壁にほぼ接して造られたのに対して、第六王朝初代のテティ王のピラミッドはその周壁の北東角からやや離れた位置に造営されている。

ピラミッド・テキストを初めて墓主室に刻んだウナス王の治世は、第四王朝から第五王朝への交替期にみられたような政治的混乱を伴わなかったとしても、後世の王名表記録者たちに王朝の交替を思わせるほどに支配力が弱まっていたのではないだろうか。このように考えて第五第六王朝はもともと連続していて約三〇〇余年続いたものとすると、その間に支配力の衰退した時期が三回あったことになる。その第一回目は第五代のラーネフェレフ王の時代であり、第二回目が第九代のウナス王の時代であって、最後が第六王朝の崩壊期ということになる。そうすると第五王朝最後のウナス王に始まる墓主室の呪文装飾を第六王朝の王たちが継承した事情が理解しやすい。第五王朝と第六王朝のこの連続性については、次章において呪文二七三—四章の「食人賛歌」を検討するとき、改めて問題にする。

3 前漢皇帝陵の大小(24)

中国において最大の規模をもつ帝王陵は、よく知られているように、陝西省臨潼県にある紀元前三世紀末に造営された始皇帝陵である。始皇帝陵の中心をなす墳丘は方形三段築で、その大きさは南北三五〇メートル、東西三四五メートル、高さ五一・七メートルあり、この墳丘を南北に長い長方形の牆垣で二重に囲んで、東向きの陵園が造られている。陵園の外牆は南北二、一七三メートル、東西九七四・二メートルあって相当に広い範囲を区画するものであるが、有名な兵馬俑坑が発掘されたのは、墳丘の東一、五〇〇メートルという陵園外の位置であるから、始皇帝陵の陵域はさらに広大な面積を占めていたことになる。紀元前二二一年に中央集権的な統一国家を成立させて、戦国時代における一国の王から新しい統一国家における最初［始］の輝［皇］しい神［帝］という称号を執るに至った大王にふさわしい規模の陵墓ということができる。

ところが、中国における皇帝陵の頂点ともいうべき始皇帝陵の成立過程は、エジプト最大のクフ王ピラミッドの場合に比べると、肝心の墳丘の発達についてまだ分からないことが多い。黄河中下流域にあって、巨大な墳丘が形成される過程にある筈の戦国時代大墓と認められる墳丘の形や規模が明らかでなく、議論に必須の基礎資料さえ今後の調査を待たねばならない状況である(25)。帝王陵のあり方は一つの文明の盛衰と深くかかわっているので、秦の始皇帝陵と漢の皇帝陵の関係をどう見るかも重要な問題の一つであるが、本論文では継続する一つの王朝の王権は陵墓にどう反映しているかという問題に重点があるので、検討の対象を前漢皇帝陵に限定する。主要な前漢皇帝陵は、その多くが宮都長安の北に拡がる咸陽原に、最高位の支配者により連続して築造されたものであるため、もとの墳形や大きさがかなり明瞭で比較しやすいからである（図7）。すでに述べた日本の天皇陵の墳形である前方後円墳の大小やエジプト古王国の帝王陵であるピラミッドの大小とは異なるあり方を認めることができるだろうか。

前漢王朝十三代の皇帝陵というのは、第五代文帝の「山に因て墳を起さ」なかった覇陵を除いて、皇帝の遺骸を埋葬した位置に築かれた墳丘が基本である。やや小さい規模の墳丘をもつ皇后陵が対をなして造営され、初期には両丘を囲む形で、第六代景帝陽陵いごは帝陵と后陵にそれぞれの牆垣を巡して陵園を形成し、東を正門として四方に門を設け、門外に門闕を建てた。初期にはこの陵園内に建てられていた寝殿、すなわち皇帝陵や皇后陵の祭祀を行う建物が、まだ調査例は少ないけれども、陽陵いご陵園の外に移ったようである。第九代宣帝杜陵では陵園南門外の東側から寝殿と便殿の遺構が発見された。便殿というのは寝殿の側に設けられた休息閑宴のための建物であって、これらの一群の建物が寝園を構成する。さらに陵廟跡と考えられる建物の基礎が杜陵の東北四〇〇メートルで発見された。陵廟は正殿を中心につくられた建物群で、宗廟の形態をまねたものと考えられ、四門をもつ牆垣で囲まれて廟園を形成するが、廟園の位置、すなわち墳丘からの距離や方角は定められていなかったものと見られる。

墳丘の近辺二、三キロメートルの範囲からは、右に述べた遺構の外に、陪葬坑、陪葬墓、さらに刑徒墓までも発見されている。身高四〇〜六〇センチメートルに象られた大量の陶俑などを出土する陪葬坑は、始皇陵の兵馬俑坑を踏襲したものであり、陪葬墓の最も著名な例は第七代武帝茂陵の霍去病墓である。茂陵では霍去病墓を含めて地上に封土の残る陪葬墓が一二基ある。調査が比較的進んでいる第六代景帝陽陵では、封土の現存する一一基の陪葬墓に対して、封土の削平された陪葬墓二〇余基の存在が確認されており、これらも陵域内に造られたものである。陵域を区画する構築物は明らかではないが、宣帝杜陵では東西三キロメートル、南北四キロメートルの範囲が陵域と想定されている(図6)。なお皇帝陵の造営に関連する注目すべき遺構として、陽陵の墳丘の北西一、五〇〇メートルから三五体を収めた二九基の刑徒墓が、鉄製の首枷や足枷を伴って発掘された。探査したところによると、この種の墓の分布は約八万平方キロメートルに及ぶので、およそ一万人以上の刑徒がうずめられたと推測されている。また皇帝陵造営の制度として忘れてならないのは、それぞれの帝陵に陵邑が設置されたことである。陵邑は陵墓の造営に従事する人々や陵園廟園において供奉に服する人々の居住地区である。エジプトのピラミッド都市に共通するあり方である。

前漢諸帝陵の発掘調査が進み、個々の陵墓について右に挙げた皇帝陵、皇后陵、陵園、牆垣、寝殿、寝園、陵廟、廟園、陪葬坑、陪葬墓、陵域、陵邑などに関する精確な情報が整えられて、各皇帝陵の諸要素を相互に比べることができるようになると、漢王朝の歴史についてまったく新しい多面的な視点からの検討も可能になる筈であるが、現在のところ前漢諸帝陵にほぼ共通する信頼度の高い情報は、諸帝陵の大きさだけである。帝陵のあり方の中心はその墳丘にあり、墳丘の大きさには被葬者である皇帝の権力が反映していると考えるので、前漢皇帝陵の大きさの変遷図を皇帝の在位年数と関連させて作成してみた。それに比較資料として秦の始皇帝陵の大きさを加えたのが図7である。

高祖が漢王朝を建てて二一〇年続いた皇帝十三代のなかで、最大の皇帝陵を造営したのは第七代の武帝であった。まずその武帝の茂陵までの皇帝陵を検討してみよう。高祖の長陵に見られる東西一五三メートル、南北一三五メートルという長方形の墳丘は、始皇帝陵のそれを模倣したものであろう。同様に長方形墳丘である第二代恵帝の安陵は、長陵よりやや大きく東西一七〇メートル、南北一四〇メートルに造られた。第五代文帝の覇陵は、咸陽原ではなくて長安の東南にあり、北西に流れて渭河に合流する灞水の西岸を削ってつくられたため墳丘を築いていないが、近くの高原上に造られた竇皇后陵の墳丘は東西一三七メートル、南北一四三メートルあって正方形に近いけれども長方形であった。墳丘を正方形に造って、いわゆる截頭方錐形に整えられたのは、第六代景帝の陽陵からである。

前漢の初期、高祖の死後に呂后が権力を握って、呂氏一族が専横に振舞ったことはよく知られている。その間、第二代の恵帝が在位七年、二四歳の若さで死亡し、第三代の少帝恭も第四代弘も在位はわずか四年であった。恭と弘の陵墓はどちらも分からないが、七年という短期間の在位にも拘らず、恵帝安陵は、右に述べたように、高祖の長陵よりやや大きく造られている。呂后は十余年にわたって権力を恣にしたけれども、呂后陵が長陵よりも少し小さく造られたのは、帝陵に対する后陵の節度を示したものだろうか。恵帝安陵が呂后陵よりも高祖長陵よりも大きく造られたということは、宮廷内の秩序は混乱していても、むしろ宮廷外の王侯や人民に対してすでに一種の公序が存在したことを陵墓の大きさが語っていると見るべきものだろうか。

武帝の前の二代、文帝の二三年と景帝の一六年の間に、戦国時代から漢初にいたる戦乱によって低下していた農業生産がようやく回復し、商業や手工業が盛んになって経済が発展した。一方それに伴って興った劉氏諸王の反乱を平定して、第七代武帝の時代を迎えた。文帝は右に述べたように、山によって陵を造ったので墳丘の規模を比べることができないけれども、竇皇后陵を前後の皇后陵と比較すると幾分小さいだけである。その後、第六代景帝の陽陵が初めて正方形の墳丘で築造されたということは、新しい時代の到来を意識したことの表明であろうか。陽陵の一辺は一七〇メートルあって、恵帝安陵の長方形墳丘における長辺と同じ長さである。こうして、五四年の長い治世に国内の統一をいっそう強固なものとし、遠征によって一挙に漢の版図を拡大した武帝の茂陵は、一辺二三〇メートルの正方形墳丘につくられた。

武帝以後における前漢皇帝陵の規模はどう変ったか（第5図）。武帝を継いで八年在位した昭帝の平陵は一辺一六〇メートルで、茂陵に比べるとかなり小さいが、それでも高祖長陵よりもやや大きい。次の第九代宣帝の杜陵（第4図）は長安の東南に延びる鴻固原の最高所にあって一辺一七五メートルの方形、第一〇代元帝の渭陵は再び咸陽原にかえり、これも一辺一七五メートルの方形、第一一代成帝の延陵も一辺一七三メートルの方形方墳で、もともと同じ大きさの墳丘に造営されたものであろう。在位年数をみると、宣帝二五年、元帝一六年、成帝二六年というように、元帝の治世が三皇帝のなかではかなり短い。にも拘らず墳丘を同じ規模に築造したということは、皇帝陵の制度が確立していて、宮廷の内紛にも拘らず、宮廷外の諸勢力に対する基準はなお効力を持ち続けていたと判断することができる。しかし宮廷外の支配が弱体化すると、その制度自体が維持できなくなって、第一二代哀帝の義陵や第一三代平帝の康陵のように、再び古い時代の長方形墳丘を採用し、しかも長辺でさえ一〇〇メートルあるいはそれ以下の小規模なものとなってしまった、と推測される。

王莽による簒奪ののち、紀元後二五年に漢皇帝を名乗った光武帝は、宮都を洛陽に移したので、後漢諸帝の陵墓は洛陽付近、多くは西北の邙山に、一部は東南に造営された。残念なことに、後漢皇帝陵の規模について精確な数値が発表されていないので、『後漢書』に唐の章懐太子李賢が注記した数値を参考として掲げる[26]（表1）。後漢は前漢の歴史を繰返した点が多いといわれるが、皇帝陵の墳丘規模の変化を見ても、そのことがよく表れている。

洛陽に関連してさらに注意しておきたいのは、現在のところ中国において初期の壁画墓と画像石墓が多く発見されているのは洛陽以東においてであって、前漢時代に宮都のあった長安付近ではないということである。この問題は第五章で検討する。

四　縮小期に始まるピラミッド墓主室の呪文装飾

第三章で述べたように、エジプト古王国時代のピラミッドは、第三王朝のジョセル王による階段式ピラミッドの建設に始まって、第四王朝になると方錐形に整えられ、規模も一段と大きくなり、第二代クフ王のピラミッドにおいて一辺二三〇メートル、高さ一四七メートルの頂点に達した。その後は規模を縮小する過程であって、第五王朝と第六王朝の時代に築造された一〇基のピラミッドは、最大のものでも、一辺一〇五メートル、復原高で七三メートルあるに過ぎない。クフ王大ピラミッドの二分の一以下である。それまで装飾を施したことのなかった墓主室に初めて呪文を刻んだのが、この一〇基のなかでも規模の小さい三基の一つ第五王朝最後のウナス王ピラミッドであった。これらの呪文はピラミッド・テキストと呼ばれる。

1　ピラミッド・テキストの内容と成立の歴史的意義[27]

ピラミッド・テキストには、私のピラミッドと神殿に手をふれるものは誰でも住むところがない、というような表現、すなわち彼岸における被葬者の生活の安泰を乱すものは殺されるという警告が認められることによって、これらの呪文を刻んだ重要な目的の一つがピラミッドの保全にあったことは明らかである。しかしテキストの多くは、墓の主である王がオシリス信仰によって地下の冥界に、あるいはラー信仰によって天上界に復活するための呪文である。そのためピラミッド・テキストは、それまで王の埋葬儀礼のなかで唱えられていた呪文を墓主室に文字として刻んだものと考えられている。墓主であるウナス王が彼岸においてオシリスに代り冥界の王となるために誦《じゅ》した筈の、その過程が最も詳しく示された繰返し部分の多い二五節からなる呪文二一九章(28)は、次のような構成をとる。

（1）おおアトゥム［ヘリオポリスの主神、宇宙創造神、太陽神、オシリスの曾祖父］よ。《1》
かの汝が子息オシリス、ここにあり。《2》
汝、生き（ながらえ）させんとて、復原させし（ものは）。《3》
かく生くれば、このウナスも生きん。《4》
かれ死なざれば、このウナスも死なざらん。《5》
かれ滅ばざれば、このウナスも滅ばざらん。《6》
かれ嘆かざれば、このウナスも嘆かざらん。《7》
かれ嘆かば、このウナスも嘆かん。《8》

呪文二一九章の二五節のうち、（1）節から（24）節まで繰返されるのが、右の《4》行目から《8》行目までの五行である。ただし（13）節は、（1）節《1》から《3》に当る部分に八行を使うため、繰返される五行は《9》行から《13》行に当るという具合に、節によって若干の違いがある。（2）節以下に示された呼び掛ける神々は次の通りである。

（2）シュー［大気の神、オシリスの祖父］
（3）テフヌト［湿気の女神、オシリスの祖母］

（4）ゲブ［大地の神、オシリスの父］
（5）ヌート［天の女神、オシリスの母］
（6）イシス［オシリスの妹にして妻、ホルスの母、母なる大神、死者の守護神］
（7）セト［オシリスの弟にして殺害者、戦さの神］
（8）ネフテュス［オシリスの妹、イシスと共にオシリスの復活を助ける］
（9）トト［オシリスの弟、知恵の神］
（10）ホルス［オシリスの子、もとは天の神］
（11）大いなる神々
（12）小さき神々

これらの神々に呼び掛けた《1》行目のあと、右の（2）節から（12）節は《2・3》行目に若干の違いはあるものの、（1）節とほとんど同じ内容が繰返される。

　ところが（13）節までくると様子が大きく変り、「開口の儀式」に関する呪文が示される。「開口の儀式」というのは、ミイラ埋葬の直前に行われた死者が復活するために必須の条件とされた儀式である。

（13）おお〈都市《まち》［オシリスの墓をさすものか］〉よ。《1》
　かの汝が子息オシリス、ここにあり。《2》
汝、（次の如くに）言いし（ものは）、《3》
「汝ら［死者たち］が父に生まれたるものあり。《4》
かれがため、その口を清めよ。《5》
かれが愛せしその子ホルスによりて、《6》
かれが口は開かれたればなり。《7》
かれが身体、神々によりて数えられたり」と。《8》

（14）前掲五行の反復

となるが、（13）節6行目に相当するところを以下の（15）節から（19）節までは左のように述べて、その後に反復五行を繰返す。文意を考えると、この五節には（13）節の《7・8》行が省略されたものと見るべきであろう。

（15）汝が名「ヘリオポリス［オシリスの別名］に住み給うもの、永遠に墓地にとどまり給うもの」によりて、

（16）汝が名「アンジェト［ブシリス、下エジプトにおける信仰の中心地］に住み給うもの、その州の長」によりて、

（17）汝が名「セルケト［サソリ女神］の館《やかた》に住み給うもの、満足せるカー」によりて、

（18）汝が名「神の広間に住み給うもの、燻香にましますもの、櫃に、厨子に、（また）袋［穀霊としてのオシリスへの暗示］にましますもの」によりて、

（19）汝が名「パアル材の〈白き〉館《やかた》［オシリスの聖所］にましますもの」によりて、

と誦する。いずれも居所を挙げてオシリスとの係りを述べたものである。

次の節では、その内容が前後の節と少し違っている。

（20）汝が名「天における季節、地における季節をもちてオリオンに住み給うもの」によりて、
　おおオシリスよ、汝の顔を向け、
汝がウナスを見よ。
汝よりいでし種、有能なればなり。

（21）前掲五行の反復《1—5》

そして（22）節から（25）節までの四節は、おそらく食物の供物に関するもので、それらは四カ所で整えられることになっていたらしい。

(22) 汝が名「デプ［デルタ地方の古い聖都ブト］」に住み給うもの」によりて、《1》
汝が手、その娘たる食物のまわりにありて、そを整えよ。《2》
前掲五行の反復《3—7》
以下の三節は右の《2》行目も繰返される。この三節の《1》行目だけを並べると、
(23) 汝が名「最もすぐれたる牡牛の館《やかた》に住み給うもの」によりて、
(24) 汝が名「南のオン［南のヘリオポリス、テーベの別名］に住み給うもの」によりて、
(25) 汝が名「北のオン［ヘリオポリス］に住み給うもの」によりて、
というように、場所を指定し、供物を整えることを命じて、この呪文全体を通じて行われる反復五行を繰返す。

こうして終りに、
(26) 汝が名「湖《みずうみ》の町に住み給うもの」によりて、
汝が食せしは一眼なり。
汝が肉体、これにて完全とならん。
汝がこれによりて生き（ながらえ）んがために、汝の子ホルス、そを汝に譲る。
前掲五行の反復
と誦して、最後に、
(27) 汝が体はこのウナスが体。
汝が肉はこのウナスが肉。

汝が骨はこのウナスが骨。

汝赴かば、このウナスも赴き、
このウナス赴かば、汝も赴かん。

と結んでこの呪文を終る。以上がウナス王の冥界入りにさいして誦唱された呪文の一つ、二一九章の内容であ

る。

この呪文二一九章はウナス王のピラミッド・テキストでは最も長いもので、次に長いのが後に検討する呪文二七三—四章である。ウナス王の墓主室と前室に刻まれた呪文は、読み方によって二二八章または二五〇余章と数えられ、一章が数節からなるものも三〇章ばかりあるが、大多数は一章が一節の短いものであり、なかには数語だけの一章もある。これらの呪文は丁寧に磨かれたトゥラ産の良質石灰岩に、聖刻文字ともいわれるヒエログリフ、すなわち象形文字で縦方向に彫られ、かなり深く彫込んだ部分に青色塗料を填めてある。一般に青は静かな情感を醸す色と考えられているので、古代エジプトにおいても、この場面にふさわしい色の選択であったと考えられる。ウナス王にならって第六王朝のピラミッドでも、右の呪文の「ウナス」を例えば初代には「テティ」、第三代には「ペピ」というように、それぞれの墓主の王名に代えて同じ呪文が用いられた。一方では新しい呪文も加えられて、古王国時代のピラミッド・テキストは、現在のところ七五九章が知られている。

第八王朝イビ王のピラミッドにもピラミッド・テキストが刻まれている。イビ王は古王国時代のような権力の復興を目指してピラミッドを建設し、ピラミッド・テキストを墓主室に刻んだのであろうが、第八王朝は第一中間期と呼ばれる時代にメンフィス近辺を支配していたにすぎない。第一中間期というのは、古王国時代の統一政権が崩壊して、およそ一〇〇年ないし一五〇年ほど後に再びエジプト全土を統一する第十一王朝の出現までを指す。この第一中間期から中王国時代にかけて、呪文は新しい表現方法を編出し、王と王妃以外の貴族や富裕な人々にも使われるようになった。その新しい方法というのは、死者の来世における安泰な生活を護ってくれる呪文をヒエラティック書体によって棺に書くもので、このことから呪文はコフィン・テキストと呼ばれる。ヒエログリフを漢字に準えて楷書とすると、ヒエラティックは行書にあたり、神官文字ともいわれる。コフィン・テキストは現在のところおよそ一、一八五章が知られていて、呪文の内容にはピラミッド・テキストに由来するものも認められる。

新王国時代に葬送の規範としてこれらの呪文を継承して〈死者の書〉が現れたのは第十八王朝であった。死者の書はパピルスにヒエラティックで書かれた二〇〇章からなる呪文集成であり、それらの呪文の一部は中王国時代末期から新王国成立前の第二中間期にかけてすでに用いられていたもので、二〇〇章のうちおよそ六割はその内容がピラミッド・テキストおよびコフィン・テキストに起源をもつと考えられ、エジプト文明が崩壊するまで重要な役割を果した。死者の書のほかに、冥界の様子を詳細に述べた数書からなる〈冥界の書〉も新王国時代に用いられるようになり、古代エジプト人の来世観を知るうえで必須の文献資料となっている。

死後に人間の、もっと広くすべての生き物の霊魂はどうなるか、来世においてどのような生活を送るか、など死後のあり方に古代エジプト人は強い関心をもち、深く考えたところを文字に記して残した。人間にとって最も重要な問題の一つである死後の世界について、これほど詳細な記録を残した文明は、エジプトの外にない。したがって、初期のエジプト学者たちが、エジプト文明の核心に迫りうる重要な資料として、呪文の集成「日の下に出現する書」を取上げ、その解読と内容の検討に熱中し、これに新しく〈死者の書〉の名を付して編纂し、その意味するところを理解するために多大の努力を払ったのも当然であった。

だが、古代エジプト人は専ら精神世界に生きて独自の来世観をつくり、ピラミッド・テキストやコフィン・テキスト、死者の書や冥界の書の類だけを残したのではない。かれらはその来世観を効果的に具体化するため、葬送儀礼に威儀をもたせ、来世の生活と深く係る立派な埋葬施設をつくることに莫大な労力を費したのである。そして、かれらが来世観をいっそう豊かで複雑な内容のものに発達させることができたのは、これらの造墓活動を通じてであったと推測される。来世観と造墓活動が相互に作用しあうなかで、他の古代文明に先がけて、多方面にわたる人間活動を展開させたのであった。エジプト文明を象徴するピラミッドはこのようにして生まれたものであり、古代エジプト人の残した来世に関する最古の文献ピラミッド・テキストも、そのピラミッドの墓主室に刻まれたのであった。

ピラミッド・テキストの呪文ができたのはいつだろうか。呪文の一章には、その冒頭において、被葬者の王に対し、「左脇（腹）を上にせよ。右脇（腹）を下にせよ」と呼び掛けた句がある（呪文四八二）。これは屈葬の姿勢で顔面を東、すなわちナイル河に向けて埋葬することなので、屈葬が一般的であった先王朝時代の特徴を示すものが呪文のなかに認められるけれども、その内容が定まるのは神王権の確立した第三王朝の初め、すなわち階段式ピラミッドの成立頃にあり、その時代を遡ることはなかろうと推測されている。ところが、それらの呪文を墓主室に刻んだのは、およそ三〇〇年後の、ピラミッドの歴史からいうとその縮小期であった。ウナス王以前の墓主室はどのように造られていたのだろうか、墓主室のほかに数多く存在するピラミッド複合体の壁面はどのような場面が表現されていたのだろうか。

2　墓主室の壁面とピラミッド神殿の浮彫

墓主室の壁面を呪文で飾る最初の葬送が第五王朝最後のウナス王によって行われてのち、ピラミッド・テキストと呼ばれるようになった一連の呪文が、古代エジプト人にとっていかに重い意味を持つに至ったかは右に述べた通りである。なぜ呪文で墓主室を囲むようになったかを検討するためには、ウナス以前の王たちがかれらのピラミッドにおいてどのような墓主室[29]に葬られていたかをまず見ておかねばならない。また一方、ピラミッド複合体では、墓主室以外の建造物、すなわち葬祭殿と参道と河岸神殿の壁面に、浮彫や浮彫彩色の手法によって装飾が施されていたので、ここで何が表現されていたのかを見ておく必要がある。墓主室装飾の始まりの意義を考えるとき、祭殿神殿壁面の主題と関連が認められるかどうかが重要な問題になるからである。

マスタバの壁面は、扶壁などの装飾的要素の多い第一王朝時代の外観から、第二王朝時代いご二カ所にニッチを設けるだけの平らな壁面に変った。第三王朝から第六王朝にかけて造営されたピラミッドにも、外観に何らかの装飾を加えようとした形跡はない。その大きさと四角錐の形が、おそらく建設当時から被葬者にふさわしい力強さと美しさを十分に見せていると感じられていたからであろう。ピラミッド建設者たちの装飾に向けられた関心は、専らピラミッド付属建築の内部につくられた空間の壁面にあった。そこで行われる儀式に参列した人々の眼を意識したものであろう。第四王朝時代に河岸神殿などを本体に加えてピラミッド複合体の新しい形が定まると、付加した建造物の壁面に浮彫を施すようになった。

まず墓主室を見てみよう。第三王朝の最初の階段式ピラミッドは、地下深くにある小さな墓主室に装飾は何もない。ただし墓主室の東三〇メートル足らずの位置に三つの偽扉を設け、その一つにセド祭で駆ける王の姿が浮彫で表されている。同じ姿の浮彫は、このピラミッド複合体を囲む囲壁の南壁ぞいにつくられた「南墓」にもある。この両所に表されているセド祭の王の表現が何を意味するのかはなお不明である。そしてこれ以後に浮彫装飾をもつ墓室構造の古王国時代ピラミッドは知られていない。次のセケムケト王階段式ピラミッドにも、粗い壁面の墓主室があるだけであり、ザウイエト・エル＝アリヤンにあるカーバ王のピラミッドでは、三・六五×二・六五メートル、高さ三メートルの小室が造られただけであった。ただしこの二王はこれらの墓室に葬られなかったようである。

四角錐のピラミッドが第四王朝に成立すると、墓主室も立派な造りになる。先に述べたように初代スネフェル王のピラミッドは三基あるが、墓主室は三基とも高い天井を持送り式に架した構造で、それぞれの石塊は平らに整えられているだけであった。最大のクフ王ピラミッドでも、墓主室は直方体に整えられた花崗岩の切石を積上げて、一〇・五×五・二メートルの広さで高さ五・八メートルの、東西に長くて高い大きな箱形の空間に造られていた。平らに整えられた壁面に装飾は認められていない。西に入口を設け、奥に花崗岩製の石棺が置かれていた。ピラミッドの規模をクフ王の半分以下に小さくした三代目ジェデフラー王の墓主室は、階段式ピラミッドと同じように深い竪坑の底に設けられていた。墓主室の天井が初めて屋根形に造られたのは、ギザにおいてクフ王に次ぐ大きさのピラミッドを建設した第四代カフラー王であって、墓主室の大きさはクフ王のものより大きく、広さ一四・一五×五メートル、高さ六・八三メートルある。だがここでも壁面装飾の類は発見されていない。墓主室の天井をアーチ形に造り始めたのは、第五代メンカウラー王からで、第六代のシェプセスカフ王は地上の構造をマスタバ形にしか造ることができなかったが、アーチ形天井の墓主室は継承した。しかしいずれも墓主室に装飾はない。

第五王朝初代のウセルカフ王が墓主室を長方体に屋根形を架すカフラー型に構築してのち、このカフラー型墓主室が規模に大小はあるものの、第五第六王朝の王たちに引続いて採用された。次に大きな変化の認められるのが第五王朝最後のウナス王墓主室からで、形はカフラー型墓主室の伝統によりながら、墓主室と前室の壁面を装飾することを始めたのである。

この墓主室装飾は三つの部分からなる。石棺のまわりの壁面は葦のマットと木の枠を彩色浮彫で表現し、傾斜をもつ天井は青い空に輝く金の星を規則的に並べて、壁面と切妻に呪文を刻むものであって、呪文は前室にも及んでいる。このような墓主室装飾を第六王朝の王たちが伝統として継承した。その装飾のなかでも重要なのが、ピラミッド・テキストと呼ばれるようになった一連の呪文である。

さて一方、ピラミッド地上建築に壁面装飾が初めて現れたのは、第四王朝初代のスネフェル王が建設した三基の一つ屈折ピラミッドの河岸神殿であった。墳墓装飾としては、それよりも早く、(30)礼拝室に供物を表した浮彫や浮彫彩色を飾った第二王朝時代のマスタバが、サッカラ墓地で発掘されている。供物を表現したマスタバの浮彫装飾に対して、ピラミッド神殿ではどのような題材の浮彫がどこに用いられたかが、墳墓の壁面装飾を問題にするときには重要である。しかし残念なことに、第四王朝時代ピラミッドの葬祭殿も河岸神殿も、時間の経過による建造物の損傷と崩壊を免れることができなかったばかりでなく、再利用の目的で浮彫が移動されたことも加わって、浮彫が本来の位置から発見された例は知られていない。とはいっても、クフ王やカフラー王の大ピラミッドの神殿が浮彫で飾られていたことは、その付近から発掘された浮彫の小断片から明らかである。そして神殿構造の違いと時代の変化を十分に考慮すれば、第五王朝二代サフラー王のピラミッド神殿における浮彫の発掘によって、大ピラミッドの浮彫小断片からそれらの壁面装飾の情景を推測することが可能になった。

サフラー王のピラミッドは神殿の構造を従来のものから大きく改変して第五第六王朝に造られたピラミッド複合体の規範となった(図5)。それは、葬祭殿の規模を大きくし、ピラミッド本体の一辺七八・七五メートルに対して約四七メートル幅の聖所祭殿を配置し、建物の幅をせばめて列柱の間と長い入口広間をつけて全長一〇〇余メートルの長大な建造物となった。入口から東にのびる二三五メートルの参道と、東と南の二カ所に入口をもつ河岸神殿がこれに加わるので、浮彫で飾ることのできる壁面は格段に広いものとなった。一九〇二年から一九〇八年にかけてこの神殿を発掘し、建造物の構造を明らかにしたルードヴィヒ・ボルヒャルトは、浮彫の総面積を一万平方メートルにも達すると推定した。発掘によって採集しえた浮彫断片は、全体で一五〇平方メートルにしかならなかったと報告している。浮彫資料は、建物の構造から推定できる浮彫壁面全体の一・五パーセントにしかならない。しかも、建物は崩壊していて原位置で出土した浮彫は知られていない。

だが、サフラー王ピラミッド複合体の発掘は、建造物の壁面に浮彫の各場面を戻すことができなくても、葬祭殿と参道と河岸神殿にそれぞれどのような画題の浮彫が飾られていたかを知ることができるだけでも重要である。ピラミッドに付属する建造物に主題を持つ浮彫を飾るということは、そこに入る者にその内容や事件を知ってもらいたいからであり、また後世にも伝えたいからであろう。それで参入者が眼にする順番に画題を挙げよう。まず河岸神殿に上ると、そこでは青空に輝く金色の星を彩色浮彫で描いた天井と、打負した敵を踏みつけるスフィンクス姿の王を見ることができる。次いで参道に入ると、敵の捕虜たちを戒め導く神々が描かれている。葬祭殿に入って中庭に通ると、周りに架せられた天井には星文が描かれ、壁面は遠征した王が戦に戦利した場面で覆われている。北壁には北方に住むアジア人に対する勝利が、南壁には西方のリビア人を征服し捕えたリビア首長を王が殺す場面が描かれ、さらに収奪した動物として牛、ロバ、鹿、羊をそれぞれ数頭ずつ絵で表し、それらの頭数を数字で書き添えてある。それらの数字は、牛一二万三千四四〇頭、ロバ二二万三千四〇〇頭、鹿二三万二千四一三頭、羊二四万三千六八八頭と読むことができるので、合計すると莫大な数に上る。中庭の外廊の壁面には、北では王が魚をとり野鳥狩りをする場面、南には王が皇太子や従者を伴う狩猟の場面と狩猟の折に観察されたさまざまな動物の生態描写がみられ、西すなわち聖所への入口では船の出入りを見守る王の姿が表されている。おそらくかなりの規模で行われた外国交易の様子を描いたものであろう。最も奥深い聖所には神々がピラミッドの主である王に食料を与えている場面がある。

これらの画題について、第二章で行った墓室壁面装飾にみられる主題の分類に照して検討してみると、最も多いのが墓主の事績［5］である。外国遠征と捕虜および戦利品、墓主やその家族などの肖像がこれに含まれるからである。第四王朝時代に大ピラミッドを建設したクフ王やカフラー王が、ピラミッド神殿の壁面装飾を始めたとき、大多数は墓主の事績を誇るものであった可能性が高いと考えることは、このような状況からみてそれほど不自然なことではなかろう。次に多いのが生活場面の再現［4］であろう。狩猟や漁猟がこれに含まれる。大規模に行われた海外交易の場面もここに分類される筈であるが、墓主の事績を誇る意味も込められていたであろう。神々が王に食料を与えるのは、たんなる供物［3］の描写とは性格の異なる面をもつが、基本的には同類と判断する。そして青空の星は自然の摂理［2］というよりも、祭祀の場を表現しようとする意図によるものであろう。つまりピラミッド複合体に付属する河岸神殿、参道、葬祭殿の壁面を装飾した浮彫の主題には、被葬者の霊魂の守護［1］を祈願する要素はなかったのである。

サフラー王を継いだネフェルイルカラー王からウナス王までの第五王朝ピラミッド複合体から発見された浮彫は、ごくわずかな小破片だけであるから壁面装飾の検討に耐えられるものではない。しかしウナス王ピラミッドの参道が発掘されたとき、構造上の新事実が判明したばかりでなく、参道の浮彫にもさまざまな画題が選ばれていたことも分った。参道の天井には一定間隔で明り取りを設けてあって、壁面の彩色浮彫に光が当るように工夫されていた。浮彫の一部は原位置で発掘されたが、多数の断片からかつて存在したさまざまな場面の情報をえた。神殿の石柱を運ぶ船、金や銅の製品を作る工人、無花果や蜂蜜を集め穀物を収穫する領有地の人々、捧げ物をもつ人列、戦闘の場面、ライオン、豹、ハイエナのような野獣を狩る場面などであった。かつてはこれらの浮彫が一定の秩序をもって配置されていた筈である。表現されている主題によって分類すると、これらはいずれも墓主の事績［5］や生活場面の再現［4］に、紛れもなく分類することのできるものである。

ウナス王のピラミッド墓主室に初めて用いられた呪文装飾は[31]（図9）、したがって、ピラミッド複合体の神殿に見られる壁面装飾とはまったく性格を異にするものと判断しなければならない。ウナス王以前には墓主室が装飾されることはなかったのであるから、その内容が葬送のさいに唱えられていた呪文であるにしても、ウナス王が墓主室に呪文を刻ませたのは、王の心境に何らかの変化が起った結果であるとみるのが自然である。その変化の内実を知る手掛りは、新しく墓主室に刻まれた呪文の内容と、ウナス王の時代に起った関連のある現象とに求めなければならない。まだ初歩的な考察だけれども、次のように理解することができるのではないだろうか。

墓主室の壁面に刻まれた呪文は、来世における安泰な生活の永続を求めるものである。ところがウナス王は小さいピラミッドしか建設することができなかった、つまり王の支配力は弱体化していた。そのような状況のなかで、ウナス王にとって来世に対する不安から起る心の動揺はいかんともしがたいものであったに違いない。来世の安泰を保証してくれている呪文がいかに大声で唱えられても、声は次第に遠ざかり、やがて消えてゆく、そこで心の動揺を静めるために、来世における王の居住空間のまわりすなわち墓主室と王の彫像を置くセルダブに通じる前室の壁面にそれらの呪文を深く強く刻み込んだ（図9）——と推測する。

ところが、呪文のなかに、右のような観方からすると矛盾するのではないか、と思わせるような内容のものが一つある。それは呪文二七三—四章で、三九三節から四一四節までの二二節からなり、一般に「食人賛歌[32]」と呼ばれ、王は神々を食《くら》うことによって神の力を自分のものとする、という内容であって、王の彫像を安置するセルダブへの入口に当る前室の東切妻に刻まれている。とくに興味深い九節分を抜き書きすると次の通りである。

（393）天空はかき曇り、星は光を失う。
（蒼）穹はうち震え、アルケー［地の神］の骨はわななく。
すべての運動《うごき》は静まる。
（394）かれら、このウナスが力に（みちて）現わるるを見たればなり。

父を食《くら》いて生き、母を食べ物とする神として。

ウナスは知恵の主にして、母（も）その名を知らず、
(395) ウナスが栄光天にありて、その力地平線にあり。
かれを設け給いし父（神）アトゥムの如くに。
アトゥム、このウナスをつくり（たれば）、
ウナスが力、アトゥムにまさる。
(397) ウナスは天の牡牛にして、
思いのままに〈征服し〉給う。

かれ、なべての神〈が生命〉を（食《くら》いて）生き、かれらの〈内臓〉を（むさぼり）食《くら》う。

火の島［太陽神が罪ある死者を罰する島］より、呪力にみてる体もて来れるものの（内臓をも）。
(399) かの最年長者［ヘルモポリス神学の原初神］たちを殺戮するの日、
その名隠されたる御（神［天界の王ゲブ］）とともに、
裁きを与えるはウナスなればなり。
ウナスは供物の所有者にして、
縄［狩の投げ縄］を結び、みずから食事の準備をなす。
(408) ウナスは神にして、
最長老の（神）よりも年経たる（神）。

幾千（人）かれに仕え、幾百（人）かれに（供物を）捧ぐ。

神々の父オリオンによりて、

「大いなる力」の許状、かれに与えらる。
(409) ウナス、ふたたび天に現われ、

「地平線の主」として戴冠す。
かれ、（神々の）背骨をくだき、
神々の心臓をとる。
（410）かれ「赤冠［下エジプト王の］」を食《くら》い、
「緑なる御方」をのみこむ。
かれ「賢者ども」の肺を食物とし、
心臓とその呪力を（食《くら》いて）生きるに満足す。
（414）絶えず出現し（生き）続くるはこのウナスにして、
（悪）行をなすもの（といえども）、
永遠にこの国にて生き（ながらえ）るものの中に（加わり）たるウナスの、
（その）愛する場所［ピラミッド］を破壊する力もちえず。

この呪文二七三―四章を「食人賛歌」というのは、赤い冠に象徴される下エジプトを上エジプトが征服したとき征服者が被征服者に対して行った食人と深い関係があるというのであって、しかもそれが太古から行われていた習慣と推測され、そのうえこの呪文の重要な主題と見られることによるのである。

しかし私は、この呪文が墓主室に呪文装飾を始めた第五王朝最後の王ウナスと第六王朝初代の王テティの二つのピラミッド墓主室にだけ刻まれていることに注目したい。この呪文が刻まれたのは、墓主室に呪文装飾を施すようになった初めの二基だけであって、第六王朝二代目ペピ一世王のピラミッドから後は使われなくなったことが重要である。ウナス王が神々を食《くら》うというのは、ウナス王が神々に対して優位にあるという王の姿勢を表したものではないだろうか、と考える。神々に対する王の優位性の発想は、ウナス王とテティ王だけではなくて、おそらく前の第四王朝や第五王朝の王たちから継承したものであろう。神々への信仰の表明がどのような形で行われようと、第四王朝や第五王朝の王たちの政治や生活の全体がその表明の通りの姿勢で貫かれていたとは考えにくい。ウナス王とテティ王の時代に政権自体は国土や人民を支配する力が弱まりつつあったにも拘らず、かれらは先代の王たちの神々に対する姿勢を一部引継いでいたものと思われる。ところがペピ一世王の時代に、その時代の権力の実体を自覚させられる事件に出会って、神々を食《くら》うという呪文二七三―四章と神々に来世の安泰を祈願する姿勢との間にかなり大きな齟齬のあることに気付き、ペピ一世王以降は墓主室にこの呪文を刻むことをやめてしまったのではないだろうか。

このようなピラミッド建設の動向からみても、第五王朝と第六王朝とは、ピラミッドの大小を問題にしたとき触れたように、もともと連続していた一つの王朝ではなかったかと考える。第六王朝初代のテティの妃イプトは、第五王朝最後のウナス王の娘である可能性が強い(33)という。

(以下、注挿図を含め次号)

国際法史再構成の試み
――文際的視点からの眺め

大沼保昭

問題の所在

本日の報告は、我々自身の欧米中心的な歴史認識を国際法の分野において問い返してみたい、という基本的な問題意識に立脚するものです。まず、我々が今日住んでいる世界は、歴史的に見た場合、極めて特異な世界であるということを再確認することから議論を始めたいと思います。我々が住んでいる世界という場合、その「世界」とは当然、地球全体を意味しております。その「世界」は、グリニッジを子午線零度として三六〇度に分けられる。また、それは独立平等な主権国家の集まりでありまして、基本的にそうした主権国家の構成員として人々は分けられているわけです。もちろん、無国籍者もおりますが、それはあくまで例外的存在です。我々は、すべての生活――例えば、ここで私がこのミネラル・ウォーターを飲み、あるいは先ほどお昼におそばを食べるといったこと――、そういう生活のすべてについて、この国際社会、すなわち、一つの地球におけるさまざまな貿易や金融関係を抜きにしては考えることができない。もちろん、我々は主権国家の一員として、国家法に従って生活しております。けれども、我々の生活のあらゆる末端に及ぶ部分までが、その国家法の主体である国家間の関係を調整し、一定程度制約する国際法というものの存在なしにはあり得ない。そういう世界に我々は住んでいるわけです。

しかしながら、こういう世界というのは極めて特殊な、例外的な、新しい世界です。それは、たったこの一世紀のことでしかないわけです。わずか百年以前は、そういう世界はおよそ存在しなかった。このことをまず確認しておきたい。

では、一九世紀までの世界はどういう世界であったのでしょうか。それは、地球のさまざまな地域に比較的独立性の高い「地域文明」、あるいは「共通世界像集団」ないし「地域国際秩序」が併存しており、そういった地域文明の圏内では比較的密な人間関係が営まれているけれども、地域文明相互の間ではそうではない、そういう意味で、世界がいくつかの地域によって分割されている世界でありました。

そうした形で世界を分割していたさまざまな地域文明は、基本的に自己中心的であり、他の地域文明に対する優越意識を持っておりました。その最も典型的なものは東アジアにおける華夷思想ですが、その他にも古代ギリシアにおけるヘレネスとバルバロイという自他意識とか、中世から近世にかけてのムスリム及びキリスト教徒の各々の自己意識といったものは、すべてそういうものの現れであります。インカ帝国、アステカ帝国、ムガール帝国なども、すべてそういった自己中心的な優越意識を持っていたわけです。

それでは、こういった地域文明間の相互の関係はどういう形で規律されていたのでしょうか。それぞれの地域文明が、それぞれ自己中心的で自己優越的な意識を持っておりますので、基本的には、それぞれの文明圏が自己の規範を一方的に他者にも強制しようとしたわけです。もちろん、相手があっての話ですから、それが常に貫徹できるとは限らない。自分が軍事的・経済的・文化的に優越した立場にある場合には、自己の優越的な観念に基づく自己の規範を強制できますけれども、そうでない場合には、いくつかの類型に分けることができます。第一の解決策は、極めて単純ですけれども、そうした他者との関係を基本的に絶ってしまうこと。第二は、それとほぼ近いわけですが、そうした他者との関係を、無視し得る最低限のレベルに引き下げる。第三は、自分の規範を一方的に貫徹できないので、妥協的な中間的な取り決めを行うけれども、対内的には自己の優越的な規範が貫徹された、という説明を行う。つまり、対外と対内での説明の使い分けを行う。第四は、当該他者の規範を全面的に受け入れる。ほぼこの四つの型に分かれるのではないかと思います。

地域文明間相互の関係のみならず、地域文明内の関係においても、多かれ少なかれ、こういう現象があったわけです。慶應義塾大学の田代和生さんの『書き替えられた国書』という書物がございます。それを見ますと、いかに対馬藩が自己の生存のために、日本と朝鮮との間の取り持ちに四苦八苦したか、そして、最終的には国書を偽造してまで日本と朝鮮との間の平和な関係を維持しようとしたか、ということが極めてリアルに描かれておりまして、非常におもしろい。こうしたことは決して日本と朝鮮の関係だけにあったものではない。ヴェトナムと近隣諸政治体、あるいは、日本の中央権力と島津藩さらに沖縄（琉球）の権力との関係など、さまざまな関係において、こういった自己中心的な優越意識に基づく規範の一方的強制、あるいはその絡み合いとそれに基づく妥協・対立というものがあったわけです。

このパターンを、東アジアにおけるいわゆる華夷秩序、ユーラシア大陸の中枢部を押さえましたムスリム世界、さらにヨーロッパのキリスト教世界について、ごく簡単におさらいしておきたいと思います。

I　一九世紀以前の世界における地域文明の併存と「国際」関係

一　まず、東アジアの華夷秩序にありましては、中国が傑出した人口、生産力、軍事力、及び高度の文化を持っておりましたので、この中国が中心となりまして、さまざまな政治体――これを「国家」と呼ぶことも、その「国家」の定義いかんによっては可能ですが、一応ここでは「政治体」という用語でお話ししてまいります――間の関係が、一定の規範的な枠組みのなかで営まれておりました。この東アジアの華夷秩序を構成した要素は時代により、地域により、かなり異なるわけですが、先日亡くなられました東大文学部の西嶋定生教授は、基本的な要素として四つ、すなわち、漢字、儒教、仏教、律令制を主要なメルクマールとして挙げておられます。

(1)　この、いわゆる華夷秩序を、三点にわたって簡単にお話ししておきます。まず第一に、中国の立場から見た場合には、中国の皇帝は宇宙を統《す》べる立場にあるわけで、この皇帝は徳をもって全世界を治めるものである。すなわち、徳をあまねく広めて周囲の夷狄を王化する。これが政治というものであります。皇帝は宇宙の運行まで統御するわけですから、年号を与える、つまり周辺の諸国に中国の年号を採用させるということが、非常に大きな意味を持つことになる。時間を支配するわけですから。したがって、中国と、朝鮮・ヴェトナム・日本、その他さまざまな周辺の諸政治体との関係というものは、言うまでもなく中国の規範に基づいて規律されなければならない。平等な立場に基づく合意規範ということはおよそ考えられない。

さて、この中国の考え方によれば、周囲の夷狄は、皇帝の徳を慕って中国に使者を派遣して、「三跪九叩頭礼」に代表される複雑な儀式に従って朝貢いたします。皇帝は、夷狄からの朝貢を多として彼らに官爵を授け——冊封《さくほう》体制です——、朝貢の何倍ものお返しをする。そういった建て前がとられていたわけです。この「国際」関係は、極めて典雅な漢文の文書により、儒教的な儀礼と中国の詩文を中心とする士大夫的な教養に則って行われなければならないのですが、これは、ヨーロッパにおいてラテン語が共通語として用いられ、キリスト教、ローマ法などがヨーロッパの共通文化であったことと、ほぼパラレルな関係にあろうかと思います。

むろん、東アジアのさまざまな政治集団は、こうした中国の自己中心的な規範を全面的に利用していたわけではありません。同じ中国を中心とする秩序であっても、東南の地域と北西の地域との間で、この華夷秩序の浸透の程度は大きく異なっていた、という認識が特にマンコールの研究以来、一般的なようであります。中国の北西、中央アジアから北アジアの遊牧諸民族にとりましては、中国というのは要するに、強い場合には従い、弱くなれば収奪し略奪する、そういう一つの政治社会に過ぎなかったわけであります。

しかしながら、他方において、こういった中央アジアの遊牧諸民族を含む東アジアの諸々の政治体にとりまして、朝貢体制は極めて有意義かつ有利なものでした。第一に、朝貢制度は実体においては貿易と言って良い。しかもほとんどの場合、常に自分が得をすることのできる貿易である。中国の皇帝は徳をあまねく広める建て前ですから、蛮夷と対等・同等の関係で交易をやるわけではない。あくまで朝貢に対するお返しとして、それらの何倍もの物を返してやるというわけですから、朝貢貿易というのは、周辺諸国にとって多くの経済的な利益を与えるものであったわけです。もっとも、これについては最近、韓国の学者の間には、朝貢貿易は伝統的にはそう主張されていたけれども必ずしもそうでもない、つまり、朝鮮と中国との貿易関係は朝貢貿易ではあっても、朝鮮の側が経済的に不利なものであったのだ、といった主張もあるようです。これについては、私は専門家ではないので判断できません。ただ、一般的には、朝貢貿易が周辺の政治体にとって大きな経済的利益を与えるものであった、ということはほぼ確かなようです。

第二に、非物質的な利益も巨大なものでした。その第一のものは、中国が充実した情報・文化のネットワークの中心である、ということです。さらに、中国の華夷秩序をイデオロギー的に利用している諸々の周辺政治体にとりましては、自己のライバルがいる場合に、中国皇帝からどういう官爵を授与されるかということは、そのライバルとの政治的な正統性を争う上で極めて有効な武器でした。中国の文化を共有し、中国に対する尊敬感が一定程度共有されている地域では、中国皇帝から官爵を得るということは、極めて重要な政治的正統性をもたらすものであったわけです。

(2) こうした朝貢体制の第二の特徴は、「国際」関係の規範枠組みが、独立した「国際」法規範ではなくて、中心国家、つまり中国の国内規範の延長線上において捉えられていたことです。近代国際法が想定してきたような「国際」と国内との峻別は見られない。最初に中国を中心に考えてみますと、中国から見れば、皇帝は全世界を統べる存在であるわけですけれども、現実には支配の及ばない地域がある。そういう地域では、夷狄の長に対して国内と基本的に同一の尺度に従った官爵を授与（＝「冊封」）する。それによってその支配の正統性を認める、という形をとったわけです。他方、中国以外の諸々の政治集団、政治体にとりましては、自己の勢力圏に隣接する政治体が果たして対等の独立国なのか、自己に臣下として従属すべき存在なのか、あるいは自己が臣下として服すべき優越した存在なのかという問題は、必ずしも一義的な解答が得られるものではなかった。このことは、おそらくはヨーロッパ法史の専門家が多いであろう本日の会場では、ヨーロッパ中世の封建的な関係を想起していただければわかりやすいかと存じます。そうした中で、中国の国内法制に基づく華夷秩序の階統性は、自己と中国以外の政治体との関係を判断・評価する尺度として有用だったわけです。

(3) 第三に、ある政治体が他の政治体に現実に朝貢を強要できるかどうか、つまり、朝貢制度に基づく規範を貫徹できるか否かという問題があります。これは、さまざまな要素に関わっておりました。第一は言うまでもなく軍事力です。第二は、先ほど朝貢貿易について述べました経済的魅力。第三は一般的意味での文化的・情報的な魅力。第四は、第一から第三の力や魅力に基づく正統性に関する魅力です。こういったさまざまな要因に基づきまして、東アジアの政治体が朝貢制度を基礎とする華夷秩序に入ろうとしない場合に、中国がその政治体に対していかなる態度をとるかという問題があります。これには概ね三つの対応があります。第一は、愚かな夷狄であるとして放置する。朝貢して来ようが来まいが中国の国内政治上問題とならないような、特に遠方の政治体についてはこういう方策がとられる。第二は、交渉により、形式的な朝貢を約束させるということで満足する。この場合には、相手方は多くの場合、これを国内的には朝貢だとは言わずに、単なる儀礼的な贈与である、という形をとりましたけれども、中国の文書の中では朝貢と記されることになります。遣唐使は典型的な例です。第三は、華夷秩序への公然たる挑戦であるとみなして、征伐の軍を派遣するという場合です。いわゆる元寇がこのケースに当たります。

このようにして、朝貢型の「国際」規範というものは、基本的には儀礼を中心とする社会的・文化的な規範ですけれども、最終的にはその規範への挑戦が軍事力によって制裁の対象となるという意味では強制規範でもあったわけです。

中国を中心とする諸々の政治体は、こういった共通の自己中心的な世界像に基づく規範をさまざまな事実上の力関係から修正し、多様な形の優越関係と事実上の対等関係の組み合わせにより、長い間、共存しておりました。このことは、華夷秩序の根底をなす観念、すなわち、中国の唯一の皇帝が全世界を統べるという考え方から言えば「逸脱」なのですけれども、実はこの逸脱は、華夷主義的な「国際」関係の必然的な帰結という性格を帯びておりました。なぜ必然かと申しますと、これは自明のことですが、中国の皇帝は全世界の政治体を軍事的・経済的に統御するだけの力を持っていない。ですから、この華夷秩序がフィクションであることは、どこかの境界線で露呈されざるを得ない。このように、華夷主義的な「国際」関係の規範枠組みは、常にフィクションを含んでいたわけですが、フィクションを含んだ普遍主義的で自己中心的な規範枠組みというのは、決して東アジアに独自のものではない。古代ローマのローマ帝国を中心とする「国際＝国内的」規範関係もそうですし、最盛期のオスマン帝国を中心とするイスラーム中心の「国際」規範秩序やビザンツ帝国なども、そういった地域的な、しかし普遍主義的な規範秩序の枠組みを持っていたわけです。

二　次に、そういう観点から、イスラーム世界についてごく簡単にお話しいたします。イスラーム世界にありましては、基本的に「シャリーア」――「イスラーム法」と一般に言われますが、あくまで広義の法です――、このシャリーアによってイスラーム世界は規律される。シャリーアは、イスラーム世界のみならずおよそムスリムに課せられた一方的な規範でありまして、受範者がムスリムの支配地域にいるか、あるいはその支配が現実に行われていない地域にいるかを問わない。そういう意味で属人的に、普遍的に適用されるべき規範であります。

さて、このシャリーアのうちの対外的な関係に関わるものは、アル・シャイバーニーという高名なイスラーム法学者によって、「シャール」という形で定式化されました。このシャールによりますと、世界は、「イスラームの家」――現実のムスリムの支配地域――と「戦争の家」――異教徒の支配地域――、この二つに分けられる。ムスリムは「戦争の家」に対して、不断の働きかけ――これが「ジハード」であります――を行うことによって、これをイスラーム化して、究極的には全世界をイスラームの家に包摂することが義務づけられている。ジハードは軍事的な手段を含みますけれども、それに限られない。ですから、これを「聖戦」と訳すのは誤りですが、軍事的手段が中心をなしていたことも事実であります。

イスラームの家と戦争の家との関係は、現実の戦闘行動が行われていない場合であっても、法的には戦争状態です。国際法上、戦争が行為か状態か、という論争が昔からありますけれども、このイスラームのシャールの考えによれば、明らかに戦争は「状態」です。しかも、平常の関係は、イスラームの家と戦争の家との戦争状態なのです。こうした考え方は、当時のアッバース朝が強勢を誇り、領土的拡大を進行し、それがほぼひと段落した、その段階において、それまでの行動を正当化するという意味でのイデオロギーとして確立されたように思われます。

ところが、ひとたびこのイデオロギーが成立いたしますと、このイデオロギーとその後の現実との乖離が極めて重要な問題になってまいります。と申しますのは、ムスリムの支配する地域は、ユーラシア大陸のほぼ中央部であります。ということは、ヨーロッパとアジアの最も重要な中継地点であり、ムスリムは通商・貿易による収入をその主たる経済的な存立基盤とする、ということです。それはとりもなおさず、ムスリム勢力は平和な貿易関係を何よりも自己の利益とする、ということなのです。そういたしますと、イスラームの家と戦争の家――つまりキリスト教やユダヤ教や、その他さまざまな異教徒たち――との関係が恒常的な戦争状態にあるということは、極めて非現実的な、ムスリムにとって現実の利益に反するイデオロギーである、ということになります。

これを何とか説明するために、ムスリムの法学者達はいろいろと苦労するのですが、基本的には現実の平和関係を戦争状態の「中断」であると説明いたします。さらに、この中断は、ムスリムの利益になる場合には「更新」できる、という形で、現実の平和関係というものを説明することになります。

また、ムスリムは、先ほど申しましたように、ユーラシア大陸の中枢を押さえ、活発な商業活動を行うことによってその帝国支配の経済的基盤としておりましたので、キリスト教徒やユダヤ教徒の商人も保護しました。ムスリム諸王朝は、彼らを自己の領域内で、一定程度差別はあるけれども、キリスト教徒がヨーロッパでムスリム教徒に対していたよりは遥かに寛大な政策でもって、これを処遇いたしました。こういった形で、ムスリムの支配地域におけるキリスト教徒やユダヤ教徒は、後にいわゆる「カピチュラシオーン」と呼ばれるようになる、一種の裁判権を持つ自治体として、ムスリムの支配地域に居住することになるわけです。

こういったイスラーム中心の規範観念は、オスマン帝国が強勢を誇っていた時代には、ヨーロッパ諸国に対してもほぼ自己を貫徹することができました。ヨーロッパ諸国はオスマン帝国に対して軍事的・経済的に劣勢でありましたから、ヨーロッパの諸国が持っている法観念をオスマン帝国に強制することは困難でした。したがって、一七世紀頃

まで——この転換をどこに見るかというのは、非常に難しいところでありますけれども——は、オスマン帝国のイスラーム中心的な規範枠組みがヨーロッパ諸国との関係においてもかなりの程度貫徹していたわけです。しかしながら、一八世紀——一七世紀末からこの傾向は明らかになってありますけれども——を通じてオスマン帝国は甚だしく衰えまして、そこから、後に述べますようにヨーロッパ中心の法秩序へと包摂されていくことになるわけであります。

三　第三に、ヨーロッパにおける法でありますけれども、これは、おそらく本日の会場には専門の方が非常に多いと思いますので、私は後から「それは間違いである」というご指摘を避けるために(笑)、ほんの数分しかお話しいたしません。ただ一つ、ヨーロッパの法を今お話ししたような観点から見ていく場合、重要なのはヨーロッパにおけるキリスト教の強さと、もう一つ、ヨーロッパが自力救済を重視する分権的な社会であったということかと思います。

皆様ご承知のように、私戦・血讐というものが一つの社会制度として定着していたわけですから、そういう意味では、中世のヨーロッパが暴力的な色彩の強い社会であったと言われることにはそれなりの理由があろうかと思われま

す。そういった社会に受け入れられるためには、パレスティナに生まれたキリスト教は、その絶対非戦論的な色彩を薄めざるを得なかった。皆様ご承知のように、アウグスティヌスにせよ、また、その後キリスト教神学に一大転換をもたらしたトマス・アクィナスにせよ、正戦論という形で、キリスト教の持つ平和主義と現実の社会の構造とを妥協させたわけであります。

ヨーロッパにおきましては、こういったキリスト教の下での「セイセン」――このセイセンは、正しい戦争の「正戦 just war」と、「聖なる戦争 sacred war」とが、一定程度分離しながら一定程度重なり合いといった相貌の下に、ずっと存在していたわけですが――の延長線上に、いわゆる「地理上の発見」に基づく、さまざまなヨーロッパ以外の地域に対する戦争、さらに支配の正当化が行われるようになったわけです。この辺りの問題につきましては、私の A Normative Approach to War――Peace, War, and Justice in Hugo Grotius (Clarendon Press, Oxford, 1993)、あるいは、その日本語版である『戦争と平和の法――フーゴー・グロティウスにおける戦争・平和・正義』(編)(補正版、東信堂、一九九五年)に詳しく書いてありますので、ここでは省略いたします。

II 一九世紀における「欧州の世界化」

次に、一九世紀における「欧州の世界化」という問題に移りたいと思います。

一　まず話を、一七九三年の清の乾隆帝のマカートニー接見から始めたいと思います。この時は、英国の国王ジョージ三世がマカートニーを清に派遣したのですが、マカートニーは非常に粘り強く交渉いたしまして、極めて例外的に「三跪九叩頭礼」を免除される、すなわちヨーロッパ式の対等の君主間の関係である、大使は片膝を付くという、そういう形で謁見することに成功しました。しかしながら、マカートニーが最も望んでおりました通商条約の締結は中国によって拒絶されました。この時点では、ヨーロッパの「国際法」を中国に及ぼすことはできなかったわけです。

一七九三年という年は、皆様お考えいただければすぐわかりますように、フランス革命の直後であります。グロティウスの『戦争と平和の法』が生まれてから既に一世紀半以上、ウエストファリア体制が生まれてから約一世紀半たっております。また、イギリスは初期の産業革命の段階に達しております。このようにヨーロッパが主権国家体制の下に隆興を誇りつつあった時代にあっても、当時の中国から見ればヨーロッパは依然として夷狄であり、彼らが持っている法規範を中国が共有するなどということは、およそ問題外だったのです。

これが、中国の「夜郎自大」な「無知」かと言いますと、必ずしもそうではなかったわけです。私がポール・ケネディの『大国の興亡』を読んで一番おもしろかったのは、主張や論証ではなくて、彼が引用している一八〇〇年と一九〇〇年の世界の製造物生産高の表でした。一八〇〇年――フランス革命の後で、ヨーロッパで産業革命が起こりかかっていた時代――、この時代の世界の製造物生産において、中国とヨーロッパの各国はいったいどれくらいの割合を占めていたか?――この話は私、どこでも紹介して、皆様の常識を覆すことに大変な喜びを見いだしているわけですが(笑)、ケネディが引用している経済史の論文――私も引用されたものに直接当たってみました――によりますと、中国が実に世界の三分の一、三三%を占めています。ヨーロッパは全体で二八%で、英国は四・三%、つまり中国の約九分の一の製造業生産力しか持っていなかった。これが一八〇〇年のことです。

以前の中国史の研究では、アヘン戦争がターニング・ポイントであったと言われておりましたが、一八四〇年の時点では、まだ英国は中国の生産高に追い付いておりません。英国が中国と肩を並べるのはようやく一八六〇年のことです。一八六〇年になって初めて、英国と中国が各々約二〇%で肩を並べるわけです。ですから、一七九三年当時の中国の清朝から見れば――我々今日の世界から見て、何と馬鹿げたことかと思いがちですけれども――、英国国王がはるばるやって来て対等の条約を結ぼうということが、いかに気狂いじみた戯言であったか。むろん、当時も中国の人口は巨大なものでしたから、人口一人あたりの所得水準や、英中の軍艦の戦闘能力といった観点から見れば、話はやや違ってきますが、それでもなお、ある意味では十分実態に即した発想だったわけです。

二　中国とヨーロッパ諸国は、一九世紀を通じて次第に力関係が逆転して、ヨーロッパ中心の「国際」法秩序に中国は包摂されていくわけですが、オスマン帝国については既にそれ以前からそういう過程が進行しておりました。オスマン帝国は先ほど申しましたように、基本的に自己のシャリーアに基づくシャール(対外的なシャリーア)によってヨーロッパとの関係を律していたわけですが、一七世紀末から一八世紀にかけて、この関係が変わり、ヨーロッパ諸国の法が次第にオスマン帝国に対して強要されるようになってまいります。そういう力関係の下で、いくつもの条約がヨーロッパ諸国とオスマン帝国との間で結ばれていくわけです。

さらに一九世紀になりますと、この傾向は加速いたします。遂に一八五六年、クリミア戦争の後のパリ講和条約の第七条でヨーロッパ諸国は、オスマン帝国皇帝が「ヨーロッパ公法と協調の利益への参加が認められる」と宣言したのです。

このパリ条約第七条の規定は、一般には、それまでヨーロッパ公法としての国際法の主体でなかったオスマントルコが、これ以後、国際法の一員として認められることになった、すなわち「Admission of Ottoman- Turks into International Society」という形で捉えられているのですが、これに対しては当初から反論がありました。私もそのような解釈は誤りであると思います。と申しますのは、欧州諸国とオスマン帝国は、一九世紀以前にもかなり濃密な国際法関係を持っていたわけです。ただ、そこでの国際法関係というのは、先ほども申しましたように、双方が自己中心的な優越思想に基づく法規範を一方的に適用しようとしている、そして、力関係によってその一方的適用の支点が、ある時期にはオスマンの側に有利であり、ある時期にはヨーロッパの側に有利である、そういう関係であったわけです。ですから、そこにある法関係というのは、違った原理に基づく法の一方的適用が、その時々の力関係によってさまざまな形でそのつど実現している、という意味での法関係が存在している、ということです。しかしながら、そうした形は、オスマン帝国とヨーロッパ諸国とが条約を締結することの妨げにはなりませんでした。それぞれの説明が異なるという形で、条約という法規範が存在していたのです。

三　さて、「Ⅱ　一九世紀における『欧州の世界化』」の最後に、一九世紀末の二つの重要な事件について簡単にお話ししたいと思います。

(1)　その一つは一八七〇年代以降の欧州諸国によるアフリカ分割でありまして、特に一八八五年のベルリン会議が極めて重要な意味を持っております。このベルリン会議におきまして、「実効性の原則」に基づく領域の分割が欧州列強の間で協定され、そしてそれを正当化根拠としてヨーロッパ諸国の政府または東アフリカ会社と、アフリカのさまざまな政治体の長との間で支配権譲渡の合意が結ばれます。それによってヨーロッパ諸国は、「合法」的にアフリカの領域を取得し、支配権を確立していくわけです。

ここで興味深いのは、当時のヨーロッパ国際法にあっては、国際法が「文明諸国間の法」と定義づけられていたことです。アフリカあるいはアジアの諸々の政治体は国際法の主体とは考えられていなかったのです。にもかかわらず、ヨーロッパ諸国は、国際法の主体性を欠くはずのアフリカの諸々の政治体の長と結んだ合意によって、支配権を獲得するという論理を用いたわけであります。明らかにここには、非常に大きな矛盾がある。実際、その矛盾については、一定程度当時のヨーロッパの国際法学者の間で論争はなされました。けれども、我々が考えるような大きな論争とはならずに、実務的に処理されてしまいました。アフリカの植民地化に関する国際法上の大論争はなく、「条約」による植民地化は自明視されて終わってしまったのであります。

(2) 一九世紀末のもう一つの重要な事件は日清戦争です。中国は、先ほど申しましたように、強大な軍事力と経済力、高度の文化を基礎として華夷思想を維持し、それに基づく規範の普遍的適用を自明視しておりました。二度にわたるアヘン戦争の敗北の後も、なかなかそういう華夷秩序観から脱却できなかったのです。この過程では、国内では開明的な知識人と保守派との間に論争が繰り返されますけれども、基本的には保守派の力が圧倒的に強かった。この辺りの詳細は、東大文学部の佐藤慎一教授の優れた研究に示されておりますので、ご関心がおありの方はそれをご参照いただければと思います。

ところが中国は、一八八四―五年にヴェトナムをめぐってフランスと戦争をして敗北いたします。さらに日本と朝鮮半島の支配権をめぐって争い、日本に敗北し、この結果、一八九五年に日本と講和条約（下関条約）を締結します。この下関条約はさまざまな性格づけができますが、私の観点から極めて重要なことは、これは単に二国間の講話条約ではないということです。すなわち、ヨーロッパ中心の国際秩序が確立する、一つの典型的な表現がここに示されているわけです。

それはどういうことかと申しますと、この下関条約の第一条は、「清國ハ朝鮮國ノ完全無缺ナル獨立自主ノ國タルコトヲ確認ス因テ右獨立自主ヲ損害スヘキ朝鮮國ヨリ清國ニ對スル貢獻典禮等ハ将來全クコレヲ廢止スヘシ」と規定しました。日清戦争の敗北、それに引き続くこの下関条約によりまして、中国はまず第一に、自己の華夷秩序の中の構成員とみなしていた――構成員ということは当然ながら夷狄であると考えていた――日本に、敗れました。しかしそのこと自体は、つまり夷狄に敗れることは、中国の歴史上沢山ありますから、それほど問題ではない。何よりも問題なのは、今読み上げました下関条約の第一条で、「清國ハ朝鮮國ノ完全無缺ナル獨立自主ノ國タルコトヲ確認ス」ということを認めさせられた、ということであります。このことは、朝鮮という、華夷秩序に最も忠実で最も重要な政治体が、ヨーロッパの国際法原理に基づく対等の自主独立の国家となったことを中国が認めざるを得なかった、ということを意味しております。つまり、下関条約は、欧州中心の国際秩序原理の対抗者だった中国による欧州中心的国際秩序原理の受容を意味するものです。この時代以後、完全に中国の国際認識が変わっていくわけです。

一八九〇年代前半までは、伝統的な華夷秩序に基づく世界観が強かったのに対し、九〇年代後半から一九〇〇年代になると、政府部内を含めて、新たな世界認識、すなわち世界は華夷秩序から成り立っているのではなくて、主権独立の国々から成り立っており、それを統御するのは国際法であり対等な主権国家間の外交である、というヨーロッパの国際観が支配的になってまいります。ここに、ヨーロッパ国際法は、「ヨーロッパの」という形容詞をとった、文字通りの国際法として地球全体に妥当することになるわけです。

Ⅲ　国際法史における欧米中心主義批判

最後に五分間だけ時間をいただきまして、国際法史における欧米中心主義批判という問題について、ごく簡単にお話ししたいと思います。

これまで国際法史におきましても、欧米中心主義批判は、ヨーロッパの学者を含めて、既に一九六〇年代からかなり行われてきました。その代表は、インドに長くいたアレクサンドロヴィッツというポーランドの学者ですが、彼によりますと、ヨーロッパとアジア諸国との間にさまざまな形で、濃密な国際法関係が存在していた。そういう条約慣行が、グロティウスその他の国際法の代表的な学者の学説に採り入れられて、それが国際法を生み出す重要な要素となったのだ。このような主張がなされております。これは、インドの学者など、第三世界の学者が主張してきたところでもあります。しかしながら、私はこういう形での欧米中心主義批判とその「克服」というものは、必ずしも適当ではない、歴史認識として十分正確ではないと考えております。

まず第一に、ヨーロッパ諸国とアジア諸国との間に濃密な国際法関係があったということ、これは実証的な事実です。アレクサンドロヴィッツは、そういう意味では非常に実証的な良い仕事をいたしました。しかしながら、そのことがグロティウスその他の国際法学説にどのくらい採り入れられてヨーロッパ国際法を生む要因になったか、という点についての論証は極めて不十分であります。私は、これにはアレクサンドロヴィッツその他の論者たちの過大評価があると思います。

第二に、もっと根本的な問題ですけれども、こういう発想自体依然としてヨーロッパ中心主義を免れていない、ということです。アレクサンドロヴィッツにせよ、アナンなどのインドの学者にせよ、その後のヨーロッパや米国の学者にせよ、要するに「国際法」と我々が考えているものが、当初から「ヨーロッパの」国際法という形容詞なしで存在した、というように考えている。さらには、ヨーロッパの普遍主義がそのままグローバルな普遍主義であるという想定で議論を進めております。これは私は、例えば日本の自然法論者にも共通する問題点であろう、と思います。極めて挑戦的な言い方をいたしますと、ヨーロッパの自然法論というのは、中国から見れば「夷狄の戯言」であります。最低限、同時代人の観点から言えば、ヨーロッパの自然法論というものは、中国の朱子学とか、イスラーム文明圏の四大法学派の思想とか、その他さまざまな地域文明圏に存在した普遍主義的な思想の一つに過ぎない。このことは、同時代の第三者的な観点からは当然指摘できることだろうと思います。

世界中の人々を含む人類全体の観点から見た場合、重要な問題は、「『欧州国際法が』どういう形で形成されたか」ということだけではありません。欧州国際法が今日の国際法の原型となったことから言えば、確かにそれは大事な問題ですが、「ヨーロッパ国際法が他の地域国際秩序からどのように位置づけられていたか」、そして、「そういう位置づけはどの程度、その時代の実体的な根拠を持っていたか」も劣らず重要な問題なのです。

文化人類学者の研究によりますと、人間が自己中心的で優越的な思想・観念を持つというのは、ほとんど普遍的な現象であるようです。非常に多くの、ごく小さな人間集団が、自分たちのことを「人」と呼んで、他の人間集団を人でない何物かと名づける用語法は、かなり一般的なようです。そういたしますと、本日お話ししてきた普遍主義的な幻想というものは、ヨーロッパであれ、中国であれ、イスラーム文明圏であれ、共通のものであっても何ら不思議なことではない。それを一方的に相手方に対して適用しようとすること、これもまた、どの時代にあってもどの地域にあっても普遍的な現象であります。現実にはそうした普遍主義的世界像の対立と妥協の間に、ほとんどの時代の人類史が成り立っている。そうした対立と妥協という形がなくなって、ヨーロッパ国際法が「ヨーロッパの」という形容詞なしの「国際法」という地球的規模の単一の法システムになったのは、この一世紀のことに過ぎない。多くの国際法学者、あるいは自然法論者、国際政治学者は、このように地球化した欧米中心の現代の観念を過去に投影しているのではないか、という問題を、我々としてはもう一度真剣に考えるべきではないか。これが、私が最後に申し上げたいことであります。

　以上、大変挑発的な報告になりましたが、いろいろご批判いただければ幸いに存じます。ありがとうございました。

参考文献（報告者のもののみ）

「フーゴー・グロティウスにおける『一般国際法』の観念」国家学会百年記念『国家と市民』第二巻（有斐閣、一九八七年）

『倭国と極東のあいだ――歴史と文明のなかの「国際化」』（中央公論社、一九八八年）

A Normative Approach to War —— Peace, War, and Justice in Hugo Grotius (ed.) (Clarendon Press, Oxford, 1993)

『戦争と平和の法――フーゴー・グロティウスにおける戦争・平和・正義』（編）（補正版、東信堂、一九九五年）

『人権、国家、文明――普遍主義的人権観から文際的人権観へ』（筑摩書房、一九九八年）

『東亜の構想――二一世紀東アジアの規範秩序を求めて』（編著）（筑摩書房、二〇〇〇年）

特集＝文明と法の衝突

マックス・ヴェーバーのドイツ法学観（1）

海老原明夫

はじめに

私はかつて、この『Historia Juris 比較法史研究』の創刊号（一九九二年）に寄せた論稿において、マックス・ヴェーバーの自由法論観を取り上げ、ヴェーバーが自由法論に対して「反動（Rückschlag）」という否定的評価を与えたのは、単にいわゆる概念法学と自由法論のどちらを取るか、という選択肢において、自由法論を斥けて概念法学を維持した、ということなのではなくて、自由法論を、不可避的に進展していく「専門化」と「合理化」の大きな流れの中での、一つの「反動」の試みと評価したのだ、ということを指摘した。[2] その指摘にもかかわらず、ヴェーバーが、いわゆる概念法学を最も高度の合理性を備えた法学と捉えていたこと自体は、依然として揺るがない事実である。しかしながら、そのいわゆる「概念法学」として、ヴェーバーが念頭に置いていたものが一体何であるのか、ということは、これまでのヴェーバー理解において必ずしも明確に意識されてこなかったように思われる。

そもそもヴェーバー自身は、問題の議論において、「概念法学（Begriffsjurisprudenz）」という表現を用いていない。もちろん、誰の目から見ても「概念法学」と呼ぶことが適切な法学理論、たとえばイェーリング（Rudolf von Jhering, 1818-92）、ヴィントシャイト（Bernhard Windscheid, 1917-92）、ラーバント（Paul Laband, 1838-

1918）などの諸著作が、ヴェーバーのいう、最も合理性の高い法学のあり方の代表であることには、疑問の余地はあるまい。しかしヴェーバーは、歴史法学派の流れの中から登場してきた、一九世紀後半の法学のそうした新傾向だけを取り上げて議論しているわけではない。むしろヴェーバーはそうした文脈でしばしば、「普通法学（gemeinrechtliche Jurisprudenz）の生み出した営為」[3]、あるいは「特殊近代的な（ローマ法を対象として発展させられた）体系化」[4]などといった表現を用いている。

「普通法（gemeines Recht）」というのは、北イタリアの諸大学で一二世紀頃から研究され始めたローマ法（およびカノン法（教会法））を指す。このローマ法はヨーロッパ共通の法学識の対象を形成し、とくにドイツの地には一五世紀頃から継受されて、分裂国家ドイツの全土に普遍的に通用する法として、学問研究の対象であるのみならず実際に裁判所で適用される実定法源となった。このヨーロッパの普通法として、そしてとりわけドイツ普通法としてのローマ法を研究対象とする学問が、ここでいう「普通法学」に他ならない。ヴェーバーは、ドイツの現代法学の諸特徴を、たとえば一九世紀後半に登場した「概念法学」の所産として捉えるのではなくて、この何百年にもわたる「普通法学」の営為から生み出されたものと捉えているのである。

だとすると、ヴェーバーがいわゆる「概念法学」を最も高度の合理性を備えた法学と評価した、という命題は、たとえ誤りとは言えないとしても、「普通法学」以来のドイツ法学の発展の文脈に照らして、再検討する必要があろう。そもそもヴェーバーは、「普通法学」の生み出した営為を、一体どのような意味で「合理的」である、と言うのか。ヴェーバーが最も合理的だとする法学の諸特徴は、果たして法学史上のどの段階で成立したのか。中世以来の普通法学の伝統に大きな転機をもたらした一九世紀ドイツの歴史法学、そしてその申し子とも言うべき「概念法学」は、ヴェーバーによってどのように評価されているのか。

ヴェーバーの叙述に即してその検討を行おうとするならば、次の二段階の作業が必要となる。すなわち第一段階として、ヴェーバーが法思考の合理化について一般的に述べる箇所を取り上げて、ヴェーバー自身の関連する叙述やドイツ法学史上の諸文献・諸事実と引き合わせながら詳細に検討し、ヴェーバーがドイツ法学をいかなる意味で「合理的」であるというのかを正確に確定しなければならない。次いで第二段階として、ヴェーバーがドイツ法学の発展について具体的に説明する箇所を拾い出して、ヴェーバーが古代ローマ法から普通法学を経て現代ドイツ法へと至る歴史的発展の筋道をどのように理解し、どのように評価していたのかを探り出さなければならない。本稿では、分量の関係もあって、とりあえずその第一段階の作業を試みる。第二段階の作業には、別稿をあてることにしたい。

ヴェーバーが法思考の「合理化（Rationalisierung）」について、一般的・概括的な見取り図を提示するのは、『法社会学（Rechtssoziologie）』の最初の節「事項的法領域の分化（Die Differenzierung der sachlichen Rechtsgebiete）」の末尾の、原文で正味僅か二頁ほどの、極めて有名で、すでに引用し尽くされた感のある部分[5]である。誰でも知っているたった二頁の読解に一編の論文を費やす、というのも、いささか大げさではあるが、敢えてそのようなことを試みるのには次の二つの理由がある。第一に、問題の箇所は、極めて凝縮された非常に難解な叙述から成り立っている、ということである。その錯綜した議論の糸を解きほぐしてわかりやすく提示するためには、どうしてもある程度の紙幅が必要となる。第二に、ヴェーバーの叙述は、明示的・黙示的に古今の法学著作を踏まえてなされている。ヴェーバーの真意を理解するためには、そうした他の法学者たちの議論を紹介することが必要となるのである。

そこで、問題の箇所の全文を、便宜上五つの部分に分けて引用し、それぞれについて解説するかたちで叙述を進め、それを踏まえて、ヴェーバーがドイツ法学のどのような特質をもって「合理的」であるとしているのかを提示してみることにしよう。

一　一般化

ヴェーバーは、法思考の「合理化」の一局面として、まず「一般化（Generalisieren）」について語る。

「法は、法思考の展開がいかなる合理化の方向に向かうか、ということによって、非常に様々な意味で「合理的」たり得る。まず第一に、（一見したところ）最も基礎的な思考操作としての一般化という意味において法の合理性が示されることがある。ここで言う一般化とは、個別事例の解決にとって重要な根拠を一つないしは複数の「原理（Prinzipien）」、すなわち「法命題（Rechtssätze）」へと還元すること（Reduktion）を指している。この還元という思考操作は、通常、それに先だって、あるいはそれと並行して行われる、事実要件を法的判断にとって重要な最終的構成要素へと分析（Analyse）する作業によって規制されている。そしてまた逆に、「法命題」がより多く精錬されてくればくるほど、事実要件に含まれる、法的に意味を持つかも知れない個々のメルクマールの輪郭が明確になってくるものである。」（傍点は原文隔字体、以下同じ）[6]

ここで「一般化」というのは、少ない数の法規範によって、複数の個別事例をまとめて処理できるようにする、ということである。個別事例ごとにその場で判断基準が立てられるのではなくて、より少数の判断基準で済ます、という意味で「還元」という表現が用いられている。そして複数の事例を、多かれ少なかれ抽象的な規範で律するためには、諸事例を構成する事実要件を「分析」を通じて析出しておかなければならない。

規範「還元」と要件「分析」は、もちろん、「体系化(Systematisierung)」の前提をなす作業である。しかしながら、規範「還元」と要件「分析」だけでは、いまだ体系は成立しない。なぜならば、体系においては、すべての規範相互の関係が論理的に整序されていなければならないのに、ここで「還元」によって得られた複数の法規範は、単に並列されているに過ぎないからである。つまり、規範「還元」と要件「分析」のみでは、諸事例を類型的に括ることしかできない。そのような類型的処理のあり方は、「カズイスティク(Kasuistik)」と呼ばれる。ヴェーバーは、この「カズイスティク」という概念を導入して、説明を続けていく。

「要するに、法命題への還元は、カズイスティクに依存し、またカズイスティクの形成を促すのである。しかしながら、カズイスティクの発展は、論理的に高度に純化された「法命題」の展開に常に向かうとは限らないし、常に併存するものでもない。むしろ、「類推」という、並列的で直観的(anschaulich)な連想の上に、非常に網羅的な法的カズイスティクが成立していることがある。」[7]

カズイスティクとは、要するに一連の事例を類型ごとにまとめて扱うことである。そのまとめ方が、「分析的」、つまり一定の要件の存在を基準に括って、対応する「法命題」で規律する、という形になる場合もあるし、「直観的」、つまり事案の全体的特徴を一目で捉える形で、類型構成をすることもある、というわけである。後者の具体例としてヴェーバーが念頭に置いているのは、中世のゲルマン法である。[8]

二　法的構成

以上の要件「分析」と規範「還元」に関する叙述に続け

て、ヴェーバーは、法思考の「合理化」の別の、しかも特殊ドイツ的な側面に言及する。それが「法的構成（juristische Konstruktion)」である。

「個別事例からの分析による「法命題」の獲得と手を携えて、我がドイツ法学においては、「法関係（Rechtsverhältnis)」と「法制度（Rechtsinstitut)」の「法的構成（juristische Konstruktion)」という綜合的(synthetisch）な作業が行われている。すなわちそれは、典型的に行われるゲマインシャフト行為ないし諒解行為において何が法的に有為であるのか、そしてその法的に有為な諸構成要素をいかにして論理的に矛盾無く法的に整序することができるのか、言い換えれば「法関係」として考え得るのか、ということを確定する作業である。この「法的構成」という操作は、「法命題」の獲得という作業と非常に密接に関連しているとは言え、高度に純化された分析と、法的に有為な生活関係の非常に不充分な構成的把握とが併存していることがあるし、その逆に、分析は不充分であるのにもかかわらず、いや場合によっては、純粋な分析作業を縮減しているがゆえにこそ、「法関係」の綜合が実際比較的満足できるほどに成功していることもある。[9]」

「法関係」と「法制度」は、一九世紀のドイツ法学で好んで用いられた範疇であり、その一つの古典的な定式化を、我々は、サヴィニー（Friedrich Carl von Savigny, 1779-1861）の主要著作『現代ローマ法体系（System des heutigen römischen Rechts)』第一巻（一八四〇年）の冒頭から間もなくの叙述の中に見出すことができる。サヴィニーにおける「法関係」と「法制度」との関係は、権利と法との関係に対応している。[10]すなわち、現実の法状態(Rechtszustand）における権利の存在を支える根底的な根拠が「法関係」であり[11]、法律を含めた法規則（Rechtsregel）にとっての根底的な根拠が「法制度」だ[12]、というのである。「法関係」と「法制度」、そしてその両者の関係についてサヴィニーが説くところを、まず見てみることにしよう。

「あらゆる個別の権利は、その法関係から抽象によって切り取られた特別の側面に過ぎず、個別の権利に関する判決すらも、法関係の全体的直観（Gesamtanschauung）から出発するときにのみ正しいものとなり、説得力をもつことができる。[13]」

「法規則（Rechtsregel）についてもまた、これと同じことが言える。なぜなら法規則は、それが法律の形をとっている場合も含めて、そのより根底的な根拠を法制度の直観（Anschauung）に見出し、その法制度の有機的性質は、その構成要素の生き生きとした連関と、その絶え間ない発展とに示されるからである。[14]」

「したがって、我々が現象そのものの次元にとどまるのではなくて、物事の本性を洞察するならば、実際すべての法関係は、その典型（Typus）としての、それに対応する法制度に服し、それによって、ちょうど個々の法的判断が法規則によって支配されるのと同じように、支配されている、ということが認識できる。いや、この法的判断の法規則への包摂（Subsumtion）は、法関係の法制度への包摂に依存しており、それによって初めて正しさと生命とを獲得し得るのである。[15]」

ここで特徴的なのは、「法関係」や「法制度」が、分析的にではなくて、全体的・直観的に捉えられるべきもの、とされていることである。もちろん、個別事案に「法規則」を適用して具体的な結論を獲得すること自体は、分析的な作業として成り立ちうるかも知れない。しかし、そうした法的な判断が、正しく、生き生きとして、説得力をもつためには、事案の規範への機械的な包摂作業では不充分であって、権利や法の真の根拠である「法関係」および「法制度」への正しい洞察がなければならない。そしてそれは、分析的な作業ではなくて、「直観的」な営為としてしか成立し得ない、とサヴィニーは主張するのである。その理由は、何よりも「法関係」および「法制度」が「有機的」な性質をもつ、というところにある。サヴィニーが、「法関係」の「有機的」性質について述べるところを見てみよう。

「法関係は、有機的な性質（organische Natur）をもつ。その有機的な性質は、一方において、法関係の諸構成要素の互に支え合い、制約し合う相互連関性に、他方において、我々が法関係に見出す絶え間ない発展、その発生消長の有様に示される。あらゆる所与の事例に宿る法関係を生き生きと構成することこそが、法実務の精神に他ならず、法実務という高貴なる職業は、まさにその点で、多くの素人が法実務に見ている単なる機械的作業（Mechanismus）から区別されるのである。[16]」

つまり「法関係」は、無機的な部品が「機械的（mechanisch）」に組み合わさって作られたものではなくて、生命体の種々の器官（Organ）が相互に連関し合うように、「有機的（organisch）」な構造を備え、さながら生き物のように絶え間ない生成発展を示すものなのだ、というのである。そして、法実務に携わる者が行う「法的構成」の作業は、所与の事例の中に、有機的な「法関係」がいかに生き生きと息づいているかを、「直観」の力を借りて探り出すことだ、ということになる。

先に引用した、「法関係」と「法制度」の「法的構成」についてのヴェーバーの叙述は、一九世紀のドイツ法学に多かれ少なかれ共有されていた以上のような理解を踏まえている。とは言え、「法関係」や「法制度」についての理解は、実は人によって多少の差があったようである。たとえばサヴィニーは、右の註（13）の引用部分に註を施して、かつてベルリン大学での同僚であったシュタール（Friedrich Julius Stahl, 1802-61）の『法の哲学（Philosophie des Rechts）』第二巻第一分冊（初版一八三三年）への参照を指示しているが[17]、当のシュタールは後の版で、サヴィニーが「法関係」の具体例として挙げているものは、自分の理解によると「法関係」とは呼べない[18]、といささか冷淡な対応をしている[19]。

このように「法関係」および「法制度」の理解について人によって差異が見られるのだとすれば、ヴェーバーとサヴィニーの間にも若干のずれがあっても、少しも不思議ではない。ヴェーバーは、「法関係」と「法制度」の「法的構成」という綜合的作業は、「典型的に行われるゲマインシャフト行為ないし諒解行為において何が法的に有為であるのか、そしてその法的に有為な諸構成要素をいかにして論理的に矛盾無く法的に整序することができるのか、言い換えれば「法関係」として考え得るのか、ということを確定する作業」である、としていた[20]。

まず目に付くのは、サヴィニーにおいては「現実の法状態」あるいは「所与の事例」と表現されていた「法的構成」の対象が、ヴェーバーでは、「典型的に行われるゲマインシャフト行為（Gemeinschaftshandeln）ないし諒解行為（Einverständnishandeln）」といった具合に、社会学の範疇[21]を用いて表現されていることである。これは、ヴェーバーが法解釈学の議論を展開しているのではなくて、理解社会学（verstehende Soziologie）の立場から法思考に分析を加えているからに他ならない。次に顕著なのは、サヴィニーが「法関係」の「有機的性質」を強調していたのに対して、ヴェーバーはむしろ、「法関係」が法論理的に矛盾なく構成されることに主眼を置いていることである。そのことと関係して、サヴィニーは「法関係」の構成を「全体的直観」を通じてなされる営為とするのに対して、ヴェーバーは、「法関係」および「法制度」の構成を「綜合的（synthetisch）」な作業としている。おそらくサヴィニーは、「法関係」が考察対象としての「現実の法状態」ないし「所与の事例」そのものに宿っていて、法律家はそれを「全体的直観」を通じて発見するものと考えていた[22]のに対して、ヴェーバーは「法関係」は対象それ自体に内在するものではなくて、考察者が法的考察を通じて「綜合的」に作り出すものと捉えていた、という違いがあるのだろう。

とは言えヴェーバーにおいても、「法的構成」はあくまで「綜合的」な営為なのであって、たとえ「有機的」ではないとしても、決して「機械的」ないし「分析的」な作業ではない。それゆえヴェーバーも、この「法的構成」が規範「還元」および要件「分析」という作業とはときに対立する、と指摘するのである。「分析」は高度なのに生活関係の「構成」が不充分な例[23]として、ヴェーバーが念頭に置くのは、ローマの法学である。ヴェーバーは、古代ローマの法的思考について、次のように指摘している。

「古代ローマの法律家たちにおいては、ローマの法的思考の歴史的に条件付けられた分析的な性格のゆえに、真に構成的な能力は欠如していたわけではないとしても、さしたる意義をもたなかった[24]。」

ここで「ローマの法的思考の歴史的に条件付けられた分析的な性格」というのは、ローマの宗教的思惟のあり方と関係している。ヴェーバーがローマの宗教的思惟の特徴を印象深く描き出すのは、『経済と社会』の『宗教社会学(Religionssoziologie)』の章の冒頭近くの詳細な叙述[25]であるが、『法社会学』の中にも次のような記述が見られる。

「初期ローマ法において既に見出される最も重要な特性の一つは、――イェーリングの定式化は、その他の点ではかなり古くなってしまっているが、少なくともこの点については、まだ維持することができる――そのすぐれて分析的な性格である。とくに、訴訟上の問題設定と、それに伴って法律行為の形式主義とが、論理的に「最も単純な」要件事実に分解されている。すなわち、訴訟は一つの問題のみを扱い、同一の問題については一つの訴訟しか成立しない、法律行為は一つのものだけを対象とし、一つの約束は一つの給付についてしか成立せず、したがって約束は常に一方的な約束となる、といった具合である。日常生活の中に見出される、諸要件事実の可塑的(plastisch)な複合体を、もっぱら法的に一義的な性格付けをされた基本行為に分解する、というのが、まさに古ローマ私法のもつ、方法的にも影響甚大な一傾向であったことには疑問の余地がない。その反面で、論理的に分解されていない法的想像力(Rechtsphantasie)の産物として得られるような、可塑的な法制度の把握のための構成的綜合能力は、それによって著しく損なわれていた。この分析的性格は、ローマの国民的宗教における、儀式上の諸義務のごく原初的な扱い方とこの上なく正確に対応している。既に述べたように、真性ローマ的「宗教(religio)」の特性、すなわちそれぞれの霊

（numen）の権能の、概念的・抽象的で、徹頭徹尾「分析的」な分別は、宗教的問題のかなりの程度合理的な法的処理を発生させていたのである。」[26]

高度の「分析」と不充分な「綜合」ということのローマの法思考と正反対の特徴を示すのが、中世のゲルマン法である。右の引用の中で、「論理的に分解されていない法的想像力（Rechtsphantasie）の産物として得られるような、可塑的（plastisch）な法制度の把握のための構成的綜合能力」と表現されているのは、とりもなおさず中世のゲルマンの法思考に顕著な特性に他ならない。「想像力（Phantasie）」と「可塑性（Plastik）」とは、ヴェーバーが伝統的ゲルマン法思考を特徴付けるのに好んで用いる概念である。すなわちヴェーバーは、ゲルマン中世の法書（Rechtsbuch）である『ザクセンシュピーゲル（Sachsenspiegel）』が、「法の欠缺や不備を、想像力豊か（phantasievoll）に補充している」ことを指摘し[27]、また「過去から受け継がれた、ドイツ古法の可塑的な法制度[28]」という表現を用いている。「可塑的」というのは、たとえば彫刻のように具体的・具象的な造形を備えている、ということであり、それゆえ、そうした「可塑的」な法制度は、「分析的」にではなくて「直観的（anschaulich）」に捉えるに適した性質を備えているのである。

「法関係」と「法制度」を媒介とする「法的構成」にこのように「直観的」な性質が潜んでいるのだとすると、それと「分析的」な法命題獲得の作業との間には、ある種の緊張関係が存在することになろう。それはなぜなのか。

三　体系化

そのことを論ずるのが、法思考の「合理化」についての一般的叙述の第三の部分である。ヴェーバーはそこで、「合理化」のもう一つの側面として「体系化（Systematisierung）」を取り上げる。

「この最後に述べた矛盾は、分析からは、体系化（Systematisierung）というもう一つの論理的課題が通常発生してくるのであり、この体系化の作業は、「構成」という綜合的作業と原理的には相容れるものであるが、事実上はしばしば緊張関係に立つ、ということに由来している。体系化は、いかなる形のものであれ後代の産物である。原初的な「法」は、体系化を知らない。今日の我々の理解によれば、体系化とは、分析によって獲得されたすべての法命題が相互に、論理的に明確で、内在的に論理的に矛盾なく、そして何よりも原理的に欠缺のない規則の体系を形成する、ということを意味し、したがってそれは、すべての考え得る事実要件はその体系の持つ規範の一つに論理的に包摂され得るのでなければならず、さもないと事実要件の秩序は法的な保障を欠くことになってしまう、という要求を掲げている。そのような要求は、今日でもすべての法が掲げているわけではないし（たとえばイギリス法は違う）、過去の諸法にはますます通常のことではなかった。そのような要求が掲げられたところでも、体系の論理的純化はきわめて未発達なものであることも少なくなかった。しかしながら、通例は、体系化は主として、法素材を秩序付ける外的な範型だったのであり、法命題の分析的形成や法関係の構成に対して影響を及ぼすことは僅かであった。特殊近代的な（ローマ法を対象として発展させられた）体系化は、法命題や法的に有為な行為のまさに「論理的な意味解明（logische Sinndeutung）」から出発しているのに対して、法関係やカズイスティクは、もともと「直観的（anschaulich）な」メルクマールから出発しているので、この体系化という操作に抵抗することが稀ではない[29]。」

冒頭の「この最後に述べた矛盾」というのは、法命題の「分析的」獲得と、法関係の「綜合的」構成とが、両立しにくい、ということである。そしてヴェーバーは、その理由を、法命題の「分析的」獲得は通常「体系化」を要請するのであり、その「体系化」と「綜合的」構成とがときに緊張関係に立つ、ということに求めている。冒頭の一文と末尾の一文とは、ともにそのことを述べている。それに挟まれた部分は、要するに、「体系」はかつては外面的なものに過ぎず、法の内容には関わらなかったが、普通法学以来の近代的な「体系化」は、「論理的意味解明」を行うので、法の内容にも影響を与えるようになった、という変化を指摘する。近代的な「体系化」では、法規範相互の論理的関係、事実要件と規範との論理的包摂関係が余すところなく明確にされ、矛盾も欠缺もない法規範の複合体が構築される。ヴェーバーは、このようなかたちでの「体系化」と、「法関係」の「直観的」把握という綜合的「構成」の作業とが、「原理的には相容れるものであるが、事実上はしばしば緊張関係に立つ」と考えるのである。両者が緊張関係に立つ事例、とくに末尾に述べられているような、「直観的」に捉えられた法が「体系化」の操作に抵抗する事例としては、おそらく一九世紀の歴史法学派に属するゲルマン法学者たちによる、伝統的なゲルマン法の扱いが念頭に置かれていると思われる。すなわちヴェーバーは、歴史法学派のゲルマン法学者たちがゲルマン法の「法制度を厳格に形式的・法的に純化することはできなかった」[30]と指摘しているのである。しかしながらヴェーバーは、「体系化」と綜合的「構成」とは、「原理的には相容れる」ものとしている。おそらくヴェーバーは、現代ドイツ法学においては、その両者が少なくともある程度は両立させられている、と考えているようである。それがどのようにして可能となるのかについての示唆を与える叙述は、もう少し先に見出される。したがって、その点については、後に検討することにして、ここでは、法思考の「合理化」に関する以上の一般的概論に続く、法創造（Rechtsschöpfung）および法発見（Rechtsfindung）の合理性に関する叙述の検討に移ることにしよう。

四　実質的合理性と形式的合理性

法思考という理論的側面における「合理化」について一般的概観を行ったヴェーバーは、次いで法の実務的側面における「合理化」について一般的な分析枠組の提示を行う。それが、実質的意味と形式的意味での「合理性」・「非合理性」に関する、有名な叙述である。

「法実務が所与の事例と取り組むにあたって用いる法技術的諸手段には様々なものがあるが、それは以上に述べたすべての諸対立と部分的には連関し、部分的には交錯している。ごく単純化して言えば、次のようなものがある。

法創造および法発見には、合理的なものと非合理的なものとがある。形式的（formell）に言って非合理的であるのは、法創造や法発見の問題を整序するにあたって、理性的にコントロールできない手段、たとえば神託やその代用物が用いられるような場合である。実質的（materiell）に非合理的であるのは、一般的な規範ではなくて、倫理的なものであれ、感情的なものであれ、政治的なものであれ、とにかく個別事例の全く具体的な評価が決定を左右する場合である。それに対して、「合理的」法創造・法発見についても、同様に形式的な意味で合理的な場合と、実質的な意味で合理的な場合とについて語ることができる。形式的（formell）に見て少なくとも比較的合理的なのは、すべての形式的（formal）法である。法が形式的（formal）である、というのは、一義的で一般的な要件メルクマールのみが実体法的・手続的に尊重されることを言う。しかしながら、この意味での形式主義（Formalismus）には二つの性格がある。すなわち一方では、法的に有為なメルクマールが感覚的

（sinnlich）に直観的な性格をもつことがある。このような外面的なメルクマール、たとえば特定の言葉が発語されたとか、署名がなされたとか、定まった意味をもつ特定の象徴的行為がなされたとかいった要件にこだわるのは、最も厳密な意味での法形式主義である。他方において、法的に有為なメルクマールが論理的意味解明によって掘り起こされ、それに従って厳格に抽象的な規則の形をとった確実な法概念が形成され、適用される、ということもある。この論理的合理性においては、外的メルクマールのもつ一義性が失われているだけに、直観的形式主義に比べると厳格さは後退している。しかしながら実質的合理性との対立は、ますます強まるばかりである。実質的合理性というのは、抽象的意味解明の論理的一般化以外の性質の権威的規範、たとえば倫理的命令とか、功利主義的ないしその他の合目的性規則とか、政治的格率とかいった諸規範が、法的問題の解決に影響を及ぼすべきだ、という要請を指すのであり、こうした諸規範は、外的メルクマールや論理的抽象の担う形式主義を打ち破らずにはいない。ところが、今日の意味における、特殊専門的な法学的な法の純化は、法がこのような形式的（formal）性格をもっている場合にのみ可能である。感覚的メルクマールのもつ絶対的形式主義の枠内では、カズイスティクの段階にまでしか到達できない。意味解明的抽象こそが初めて、特殊体系的な課題、すなわち、妥当すると認められる個々の法規則を、論理という手段を用いて、抽象的法命題の内在的に矛盾なき連関へと結合させ、合理化する、という課題を成立させるのである。[31]」

形式的（formell）というのが、法創造・法発見の行われ方や態様に着目する視点であるのに対して、実質的（materiell）は法的判断の基準にかかわる。興味深いのは、形式的（formell）に合理的なのは形式的（formal）な法である、という一見同語反復のような記述である。とりあえずはともに「形式的」と訳す他はないこの二つの概念は、微妙な視点の差異を示している。すなわち、「形式的（formell）」は問題の営為の行われ方や態様に関わる、言わば動的な視点であり、「形式的（formal）」は対象の属性を示す、どちらかと言えば静的な性格規定である。そのような視点の違いからして、自ずと、前者は「形式的（formell）に」というように副詞的に用いられることが多くなり、後者は「形式的（formal）な」というように形容詞的用法で使われることが多くなる。あるいは、ここでのヴェーバーの叙述に限定するならば、前者の「形式的（formell）」と「実質的（materiell）」という対立項は、ヴェーバーが法の合理性を分析する際の視点を示しており、後者の「形式的（formal）」は分析の対象としての法の属性を示している、と言うこともできる。(32) そして、まさにその法の属性としての形式的（formal）性格が、ヴェーバーの法社会学の中心的な検討対象をなすことになるのである。(33)

　その形式的（formal）な性格、あるいは「形式主義（Formalismus）」について、ヴェーバーは、感覚的に「直観的」な、あるいは外面的なメルクマールを拠り所とするものと、「論理的意味解明」に立脚するものとを区別している。この区別こそが、普通法学の営為から生み出された近代ドイツ法学を特徴付ける、重要な鍵となる。なぜならば、どちらの類型であれとにかく「形式的（formal）」な法はそれ自体「形式的（formell）」に合理的であり、またそれなりの専門性を備えるが、さらに専門法学的で体系的な法の扱いは、「論理的意味解明」を媒介としてのみ可能となる、とされるからである。(34)

　感覚的に「直観的」なメルクマールを拠り所とするような「形式主義」でありながら、高度の専門性をそれなりに獲得した実例としてヴェーバーが挙げるのは、イングランドの法である。法的専門性を備える法が、異なった形態の発展をとる要因を、ヴェーバーは、法教育のあり方の違いに求めている。

「「専門的な」法教育の発展には、したがってまた特殊法的な思考の発展には、互いに対立する二つの可能性が存在する。一方は、実務家による経験的法教育であって、もっぱら、あるいは主として実務そのものの中での、つまり「経験的」という意味での「職人的（handwerksmäßig）な」教育である。他方は、特別の法学校で合理的に体系化された形でなされる理論的法教育、すなわちこの純粋に技術的な意味での「学問的な」教育である。

　第一の類型の扱い方のほぼ純粋型は、イングランドにおける弁護士によるツンフト的法教育である。……(35)」

「この種の法教育は、当然のことながら、形式主義的な、先例と類推とに縛られた法の扱い方を生み出した。弁護士の職人的専門化からして既に、法素材全体を体系的に見通すことは困難になっていた。しかしまた法実務も、合理的体系そのものを追求することはなく、典型的に繰り返し現れる、法利害関係者たちの個別的需要に対応した、実務的に使いやすい、契約や訴えの範型の創出に尽力したのであった。彼等はそれゆえ、ローマ法において「予防法学（Kautelarjurisprudenz）」と呼ばれたものを生み出したのである。さらにたとえば、新しい事案を、既知の事案の枠組みに従って整序し、判断することを容易にする訴訟上の擬制、あるいはそれに類似した実務的操作なども生み出された。彼等に内在する発展動機からは、合理的に体系化された法も、限定された意味においてであれおよそ法の合理化と呼べるものも、発生することはなかった。というのも、彼等が作り出した諸概念は、はっきりと具体的で、日常的経験の中でよく見られる直観的な事実要件、その意味でまさに形式的な事実要件に立脚したものであり、それらを彼等はできるだけ外面的で一義的なメルクマールによって相互に区別し、既に述べた〔擬制などの〕手段によって必要に応じて拡張していた。彼等の作り出した概念は、直観的なるものからの抽象によって、論理的意味解明によって、一般化と包摂とによって獲得され、そして三段論法に従って規範として適用されるような一般概念ではなかったのである。法実務および法教育の純粋に経験的な営みは、常に個別的なるものから個別的なるものを推論するだけであって、個別的なるものから一般的命題を導き出し、しかる後にその一般的命題から個別的決定を演繹する、というようなことはしない。経験的な法的営為は、そうではなくて一方において言葉に縛られており、需要に適合させるためにはその言葉をあらゆる方向に向けて使い回し、解釈し、拡張し、他方において、それだけで不充分な場合には、「類推」や擬制の技法を用いるのである。」[36]

このように、イングランドの法思考・法実務は、具体的・直観的という意味で形式的な事実要件を基準にして、「個別的なるものから個別的なるものを推論する」営為に終始しており、意味解明的抽象によって一般的法命題を獲得して体系化し、それを個別事例に適用する、という形態を採らない。先の引用で、[37]「感覚的メルクマールのもつ絶対的形式主義の枠内では、カズイスティクの段階にまでしか到達でき」ず、「意味解明的抽象こそが初めて、特殊体系的な課題、すなわち、妥当すると認められる個々の法規則を、論理という手段を用いて、抽象的法命題の内在的に矛盾なき連関へと結合させ、合理化する、という課題を成立させる」と述べられていたのは、まさにこのようなイングランドの法思考・法実務と普通法学の伝統を汲む大陸、とくにドイツの法学との比較を前提としている。

しかし、このイングランド法の他にも、「論理的意味解明」によらない形式的合理性を示す重要な法がある。それが古代ローマ法である。ローマ法は普通法学の法源であるが、古代のローマ法が当初から、普通法学が生み出した特殊な形式的合理主義的性格や高度の体系性を有していたわけではない。にもかかわらず古代ローマ法は、イングランド法と同様に、それなりの形式的性格を備えていた。その形式主義の特性は、もちろんイングランド法のものと同一ではない。ヴェーバーはそれについて、非常に詳しい分析を加えているのだが、それは普通法学の発展の文脈の中に位置付けて紹介されるべきであるので、別稿で扱うことにして、本稿の主題に立ち戻ることにしよう。

五　現代ドイツ法学の諸特徴

さて、以上に全文を引用して解説を加えてきた、法思考あるいは法創造・法発見の「合理化」についての一般的叙述の末尾では、現代の（ドイツ）法学の特徴が、その理論的諸前提を五項目にまとめて掲げることで、描き出されている。

「さてわれわれは、法の形成に関与した諸勢力が法の形式的性格の展開にいかに作用したかを検討するであろう。現代の法学の営為、少なくとも、最高度の方法的・論理的合理性に到達した形態の法学である、普通法学が作り出した営為は、次のような諸前提から出発している。1．あらゆる具体的な法的決定は、抽象的な法命題の具体的「要件」への「適用」である、ということ。—2．あらゆる具体的要件について、法論理という手段を用いて、現行の抽象的法命題から決定が獲得できなければならない、ということ。—3．したがって現行の客観的法は、法命題の「欠缺なき」体系をなしているか、それを潜在的に包含しているか、あるいは少なくとも法適用という目的のためには、そのようなものとして扱われなければならない、ということ。—4．法学的に合理的に「構成」され得ないものは、法的に有意ではない、ということ。—5．法体系が「無欠缺性」を示す、というのであれば、あらゆる社会的事象は何らかの形で法的に規整されている（rechtliche Geordnetheit）に違いないのであるから、人間のゲマインシャフト行為は、必ずや、法命題の「適用」ないし「実現」として、あるいはその反対に、法命題との「抵触」として解釈されなければならない（この結論は、——少なくとも明示的にではないとしても——シュタムラー（Stammler）によって主張されている）、ということ。

我々は、さしあたりはこの法思考の諸前提には関わらずに、法の機能にとって重要な、法の一般的形式的特性を考察することにしよう。」[38]

冒頭の一文と、末尾の段落を改めた一文とは、ともに、その後の叙述が、法の形式的性格およびそれを生み出した諸要因の分析に向けられる、ということを予告している。それこそが、言わば『法社会学』の本論の内容を成すわけである。しかしヴェーバーは、それに先立って、普通法学理論の掲げる諸前提を、言わば形式的合理的な法理論の「理念型（Idealtypus）」として掲げるのである。

ヴェーバーはここで、五つの項目を挙げているが、1と2とは一見類似しており、どちらも規範の具体的事案への適用について語っている。しかし、1は、規範命題の「要件」への適用、という側面を強調しており、「合理化」の第一の要素としての「一般化」をめぐる論述で提示された、規範「還元」と要件「分析」を前提としている。すなわち、個々の事案を個別的・具体的に解決するのではなくて、あらかじめ「還元」によって獲得された、多かれ少なかれ一般的な規範を、やはりあらかじめ「分析」を通じて析出されている要件に適用する、というかたちで事案の解決がはかられる、ということが含意されているのである。

2は、その規範の要件への適用という作業においては、もっぱら「法論理（Rechtslogik）」のみによって結論が得られなければならない、ということに主眼を置いている。すなわち、規範の要件への適用はもっぱら論理的な作業であって、論理以外の実質的な考慮が差し挟まれる余地はない、というのである。

3は、2の前提として、適用さるべき規範命題の総体には欠缺があってはならない、という要請を掲げるものである。もし規範命題に欠缺があるとしたら、規範の論理的適用だけでは結論を下せない事態が生じる余地がある。法論理以外の実質的考慮の関与を排除できるためには、少なくとも、規範命題の無欠缺性を前提にしておかなければならないのである。

ただし、現行の法源としての客観的法は、あらゆる事件に対する判断の指針を現実に内包しているとは限らない。だから、所与の法源をあらかじめ、具体的事案に適用できる法命題の完璧な体系に加工しておく作業が必要となる。それこそが、法学の課題に他ならない。そうして初めて、どのような事件が生じても、既存の法によって適切に対処することが可能になるのである。ヴェーバーも、「法の無欠缺性」という主張が、法源としての客観的法それ自体の無欠缺性を意味する場合の他に、学問的に加工された理論的法体系が欠缺をもたない、ということをも意味し得ることを承認している。3の後段で、「あるいは少なくとも法適用という目的のためには、そのようなもの〔法命題の「欠缺なき」体系〕として扱われなければならない」、と述べられているのは、そうした法学による法源の加工を前提にした上で、「法の無欠缺性」が唱えられる場合を想定したものに他ならない。

以上の1から3までの命題を綜合するならば、それは、要件「分析」と規範「還元」を前提とした、法命題の無欠缺な「体系」の構築ということになる。既にヴェーバーが指摘していたとおり、[39]「分析」からは通常「体系化」という論理的作業が発生するのであって、両者は高度の親和性を有している。それに対して、ドイツ法学においては、この「分析」から「体系化」へ、という系列と並んで、「構成」という綜合的作業が行われている。ヴェーバーはそれを、「法学的に合理的に「構成」されえないものは、法的に有意ではない」という4の命題として、極めて簡潔に表現している。ところがこの「構成」という作業は、「分析」および「体系化」と「原理的には相容れるものであるが、事実上はしばしば緊張関係に立つ」、ということが指摘されていた。とすると、ドイツ法学においては、どのようにして「分析」と「構成」とが両立し得るのか、ということが問題になる。それは、まさにドイツ法学の本質的特徴に関わることであるから、詳しく論ずる必要があるので、後に触れることにして、ここでは、ヴェーバーが最後の5の命題として掲げるものを見ておくことにしよう。

5の命題は、要するに、あらゆる社会的事象は何らかのかたちで法的に規整されている、ということである。この命題は、おそらく3と4の二つの命題からの帰結として位置付けられているのであろう。すなわち、法には欠缺がなく、あらゆる社会的事象が法的に「構成」されているのだとすれば、あらゆる社会的事象はすべて法的に規整されていることになりそうである。しかしながら、ヴェーバーは、「構成」という綜合的作業について、「典型的に行われるゲマインシャフト行為ないし諒解行為において何が法的に有為であるのか、そしてその法的に有為な諸構成要素をいかにして論理的に矛盾無く法的に整序することができるのか、言い換えれば「法関係」として考え得るのか、ということを確定する作業」[40]と述べていた。つまり、「構成」の対象となるものは「法的に有意な」構成要素だけなのである。だとすれば、社会的事象のあらゆる側面がすべて法的に規整されることにはならない。法的に規整されるのは、法的に有意なものだけに過ぎない筈である。もしそのことを正確に読み込んで、突き詰めて解釈し直すとすれば、5の命題は、——そして、3と4の命題からの論理的帰結として導き出されるものは、本来、それに尽きる筈である——「法的に有意なものは法的に有意である」という陳腐な同語反復に還元されてしまう。

ヴェーバーは、この5の命題を掲げるに際して、「この結論は、——少なくとも明示的にではないとしても——シュタムラーによって主張されている」という括弧書きを挿入して、シュタムラー（Rudolf Stammler, 1856-1938）の名を挙げている。シュタムラーについて、ヴェーバーは

「R・シュタムラーによる唯物史観の「克服」(R. Stammlers "Überwindung" der materialistischen Geschichtsauffassung)」という未完の書評論文[41]を一九〇七年に発表し、シュタムラーの主要著作の一つである『唯物史観に基づく経済と法——社会哲学の一考察(Wirtschaft und Recht nach der materialistischen Geschichtsauffassung. Eine sozialphilosophische Untersuchung.)』の第二版(一九〇六年)を詳細かつ辛辣に批判している。ヴェーバーがその書評論文で批判の矛先を向けたのは、シュタムラーの「規則(Regel)」や「規範(Norm)」の概念、そしてその「規則」や「規範」の「妥当(Geltung)」、あるいは「規整されている(geregelt)」といった観念の不正確さ、曖昧さであった。

「あらゆる社会的事象は法的に規整されている」という命題も、まさにここでのヴェーバーによる批判を免れ得ない文脈に属する。もっとも、シュタムラーが正面からそう述べていたとは必ずしも言えないことは、「少なくとも明示的にではないとしても」という譲歩が示すとおりである。たしかに、冗長な『唯物史観に基づく経済と法』の中から、その旨の明快な主張を見出すのは容易ではない。しかし、同じシュタムラーの晩年の著作『法哲学教科書(Lehrbuch der Rechtsphilosophie)』(初版一九二二年)には、『唯物史観に基づく経済と法』における議論を要約した叙述が見出されるので、それを引用してみることにしよう。

「社会経済(soziale Wirtschaft)という考え方は、要するに共働性(Zusammenwirken)の概念と同じことを意味しているのであるから、あらゆる社会経済的問題には、必ず二つの要素が含まれている。すなわち、一般的な規整(regeln)のあり方とそれに制約された……個別的な共働行為である。前者の一般的な可能性は、論理的条件(すなわち形式(Form))であり、後者はそれによって論理的に規定された、社会的考察の対象(すなわち実質(Materie))である。たとえば、住宅問題、都市の土地債務や不動産金融などの問題を考えるためには、私有財産制、契約自由、抵当権、消費貸借、賃貸借、地上権などの諸制度が前提となる。これらの法的可能性を捨象してしまうならば、問題の社会経済的考察の対象は何も残らない。

したがって、社会経済のその都度の局面は、特定の法秩序の実現として認識することができる。それは、経済学の考察対象をなす。経済学の作業にとっては、考察対象が論理的に依存する認識条件を批判的に意識することが不可欠である。法的な意思の可能性によって論理的に制約されていないような、経済学上の概念や命題はただ一つも存在しない。

何らかの共働行為を対象とするすべての観念の素材(Stoff)としての経済と、その形式としての法との関係からは、次のような重要な帰結が導き出される。

1 法は、社会経済の論理的条件である。……」[42]

シュタムラーの主張は、要するに、人間の社会関係(共働性)の総体としての社会経済という「実質」は、法という「形式」によって規整し尽くされている、ということであろう。そこでの「規整」の意味は、ヴェーバーが詳細に批判したとおり、きわめて曖昧である。しかし、そのヴェーバーの批判には、これ以上深入りしないで、ここでは、次のことだけを指摘しておくことにしたい。

それは、シュタムラーの主張はきわめて曖昧で不正確であるのだが、まさにそのような曖昧で不正確な意味においてのみ、すべての社会的事象が法によって規整されている、と主張し得た、ということである。「規整」という概念に、何らかの明確な内実が与えられるためには、その「規整」の対象となる社会的事象が「法的に有意な」ものでなければならない筈である。法体系に欠缺がなく、「あらゆる問題が法の適用によって解決できる」、と唱えられたとき、それは本来、「あらゆる法的に有意な問題が法の適用によって解決できる」ということを意味した筈である。

とは言え、「法的に有意なるもの」の境界線は、常に一定だったわけではない。法体系が成熟し、合理化されていくにつれて、法という基準によって解決されるべき問題領域は、著しく拡大していったからである。かつては、政治や倫理や宗教によって解決されていた問題が、今や合理化された法によって解決されることになる。そのように法の守備範囲が日々拡大していくのを目の当たりにしていると、あたかもこの世の森羅万象のすべてが法によって支配されているような錯覚を抱くこともあり得たろう。シュタムラーのいささか粗雑な理論は、そのような素朴な錯覚に学問的表現を与えたものだったのである。

もちろん、当時のドイツの法学者たちが、一般にシュタムラーの素朴な錯覚を共有していたわけではない。法の守備範囲について自覚的な論者も少なからず存在した。たとえば、ヴェーバーとも親交のあった憲法学者、イェリネック(Georg Jellinek, 1851-1911)は、『公権の体系(System der subjektiven öffentlichen Rechte)』(初版一八九二年)において、「法的に有意な」ものと「法と無関係な」ものとを明確に区別している。[43]

ヴェーバーはしかし、そのことを知ってか、知らずにか、とにかく5の命題を現代ドイツ法学の基本原理として掲げ、その典拠として、よりによってヴェーバーが高く評価していたとは決して言えないシュタムラーを挙げている。ヴェーバーはなぜ、そのような、無内容な命題としてしか成り立ち得ない極端な主張を、ここで掲げたのだろうか。それはおそらく、特定の「観点を一面的に誇張することによって獲得される」、「現実のどこにも経験的には存在しない」が、「研究したり、直観化したりするためには役に立つ」「理念型（Idealtypus）」[44]として、提示されたものなのであろう。たしかにそう言われてみれば、この命題は、ドイツ法学の一つの側面を象徴的に示しているように見えなくもない。

六　ラーバントの法学方法との比較

それに対して、1から4までの命題は、一九世紀後半以降のドイツ法学の特徴的傾向に明確に対応している。その代表者として、ここではラーバントを取り上げ、その法学方法についての言明を援用してみることにしよう。ラーバントは、その主著『ドイツ帝国国法（Das Staatsrecht des Deutschen Reiches）』の初版（一八七六年）の序文で、法学の任務について、次のように述べている。

「帝国憲法はもはや党派抗争の対象ではなくて、あらゆる党派とそれらの闘争にとっての共通の基礎となった。今やこの憲法そのものの理解、その基本原理とそこから導かれる帰結の認識、そして新たに創造された法形象の学問的制覇がますます強い関心を集めてきている。……実務そのものを通じて数限りなく発生してくる新たな問題や疑義は、政治的願望や政治力によってではなくて現行法の原則によって解決されなければならない。……この需要に応えるのは、法学の任務である。」[45]

ラーバントの『ドイツ帝国国法』は、一八七一年に成立したばかりのドイツ帝国憲法と、その下でおびただしく制定されてくる公法各分野の諸法律を精緻かつ網羅的に分析し、理論化・体系化した四巻からなる大著である。右の引用部分では、所与の法源としての法律の学問的「制覇」、すなわち、実務が日々突きつけてくる疑義や問題に答えられるように法源を加工して、問題解決のプログラムを構築しておく、という法学の任務について語られ、そうした実務上の諸問題が、個別的事案における何らかの実質的判断、たとえば政治的判断などによってではなくて、「現行法の原則」の適用を通じて解決されるべきことが主張されている。このような法学の理論的・実務的営為のあり方については、同書の第二版（一八八八年）の序文に、さらに立ち入った叙述が見られる。

「特定の実定法の解釈学の負う学問的課題は、法制度を構成し、個々の法命題を一般的概念へと還元し、他方でこの概念からの帰結を導き出すことにある。これは、現行の実定法命題の探求、即ち扱うべき素材を完全に知り、支配することを別とするならば、純粋に論理的な思考活動である。この課題の解決のためには論理以外の手段は存在しない。この目的のための手段は、他の何をもっても代替できないのである。歴史的・政治的・哲学的考察はことごとく――たとえそれ自体にどれ程の価値があろうとも――具体の法素材の解釈には重要性を持たず、余りにしばしば構成的作業の足りぬ点を蔽い隠すのに役立つに過ぎない。……歴史的研究や政治的言及の代わりに論理的推論を行ったことをもって解釈学の仕事に対する批判となすのは、私には理解し得ないところである。……実定法素材の誠実・完全なる把握と、概念によるその論理的支配以外の課題を解釈学に与えるのは、正しいとは思えない[46]。」

ここに明らかなように、ラーバントは、法の学問的体系の構築およびその体系を前提とした具体的問題の解決という一連の作業が、もっぱら論理という手段のみを用いてなされることを強調している。具体的な法的帰結のすべては、法体系の中にすでに含まれているのであって、それを具体的要件に照らして論理的推論によって導出すれば足りるのであり、法以外の実質的考慮を介在させる余地はない、というわけである。以上のラーバントの叙述は、ヴェーバーが掲げた1と2の命題と対応している。

さらに同じラーバントの、一八七〇年に発表された「予算法」という論文の中には、次のような印象的な一節を見出すことができる。

「憲法典には疑いもなく欠缺が存在するが、憲法の欠缺というのは、ありえないものである。法律には欠缺があるかもしれないが、法秩序それ自体は自然の秩序同様に欠缺など持ち得ない[47]。」

ここでの、憲法典に対する「憲法」、法律に対する「法秩序」という概念は、学問的に把握され、加工されたかたちでの法の総体、という意味に理解されなければならない。別の言い方をすれば、「実定法に欠缺はあっても、理論的法体系には欠缺はあり得ない」ということである。これは、「法の無欠缺性」に関するヴェーバー3の命題に対応する叙述に他ならない。

そして、今一度『ドイツ帝国国法』第二版の序文に立ち帰ってみれば、そこには法解釈学の課題の一つとして、「構成的作業」が挙げられている。ラーバントは、単に網羅的な法命題の体系を作ろうとしているのではない。法命題はむしろ素材に過ぎないのであって、法解釈学はその素材を、概念に、そして法制度に「構成」しなくてはならない、とされるのである。これは、4の命題に掲げられた「構成」という作業である。

つまり、一九世紀後半以降のドイツ法学においては、ヴェーバーの1から3までの命題に表現された、要件「分析」と規範「還元」を踏まえた法命題の完結的体系の構築という課題と、4の命題に表現された「構成」という綜合的作業とが、密接不可分に結びついたかたちで共存しているのである。それでは、この「分析」と「構成」との共存は、いかにして可能になっているのであろうか。

七　論理的意味解明による体系化と構成

何度も述べたように、ヴェーバーは、「分析」および「分析」に立脚した「体系化」と「構成」とが、「原理的には相容れるものであるが、事実上はしばしば緊張関係に立つ」ということを指摘していた(48)。具体的には、一方で初期のローマ法におけるように、卓越した分析能力が備わっているのに、可塑的な法制度を分解しないで把握するための構成的綜合能力に欠けることがあり(49)、他方でゲルマン法のように、分析作業を縮減しているがゆえにかえって「法関係」の綜合的把握に成功しているが(50)、その「法関係」の把握が「直観的（anschaulich）」なメルクマールに基づいたものであるがために、「体系化」に対する抵抗が生じて(51)、結局、厳格な形式的・法的純化に成功しない(52)、という現象が観察されるのである。

このような法学史上の現象に対して、現代のドイツ法学において「体系化」と「構成」とが併存し、両立し得るのはなぜなのか。その際に、まず確認しておかなければならないのは、ドイツ法学における「体系化」は法的に有意なメルクマールの「論理的意味解明（logische Sinn-deutung）」から出発したものであって、法素材の単なる外的な整理にとどまらず、法命題の分析的形成や法関係の構成に内的に影響を及ぼすものとなっていた、ということである(53)。法的に有意なメルクマールの「論理的意味解明」は、特殊ドイツ的な法形式主義の特性をなすものであって、典型的にはイングランド法に見られる、感覚的（sinnlich）に直観的な法的メルクマールを基準とした形式主義と対置されていた(54)。直観的な形式主義は、生活関係の中の直観的に把握される諸要件をそのまま受け入れた上で、それらを分別し、操作するものであるのに対して(55)、「論理的意味解明」に基づく形式主義は、法的に有為な行為や規範の意味を論理的に解明することによって、法素材に加工を加える。この「論理的意味解明」によって、所与の規範や法関係は、解体され、組み替えられ、一つの整序された秩序に組み立てられていく。それこそが、ヴェーバーが「特殊専門的・法学的な法の純化」あるいは「特殊体系的な課題」[56]と呼ぶものに他ならない。直観的な形式主義においては、こうした加工ないし組み替えがなされないから、「体系化」にまでは至ることなく、カズイスティクの段階にまでしか到達できない[57]、とされるのである。

「法関係」や「法制度」の構成的・綜合的把握も、ゲルマン法における可塑的（plastisch）な法制度の把握に見られるように、もともとは直観的なメルクマールに着目して行われる作業であった[58]。一九世紀ドイツのローマ法学者であるサヴィニーにおいても、「法関係」や「法制度」の把握の「直観的」性格が強調されていた[59]。しかしながら、一九世紀ドイツ法学における「法的構成」の展開においては、「法関係」や「法制度」の「直観的」把握という側面は、次第に後景に退いていく。法学の営為は、直観に立脚した、ある種芸術的なものというよりも、端的に専門技術的なものになっていったのである。そのような展開の萌芽は、実はサヴィニーその人の理論に内在していたと言えなくもない[60]。いずれにせよ、ヴェーバーが同時代のドイツ法学における「法的構成」に見出したものは、もはや直観的な営為ではなかった。既に何度も引用した箇所であるが、ヴェーバーは「法的構成」を次のように説明していた。

「典型的に行われるゲマインシャフト行為ないし諒解行為において何が法的に有為であるのか、そしてその法的に有為な諸構成要素をいかにして論理的に矛盾無く法的に整序することができるのか、言い換えれば「法関係」として考え得るのか、ということを確定する作業[61]」

これは、直観的・受容的な営為ではなくて、論理的・創造的な作業である。サヴィニーの「法関係」の理解との比較で既に指摘したことであるが[62]、ヴェーバーが念頭に置く「法的構成」は、所与の「法関係」を直観的に把握することではなくて、法的分析を通じて得られた諸要素を、首尾一貫した論理的複合体にまとめ上げる作業なのである。ヴェーバー自身は明示的に述べてはいないが、この「法的構成」もまた、「体系化」と同様に、「論理的意味解明」を踏まえていることには疑問の余地がない。所与の規範や法的事実を、「論理的意味解明」を通じて分析する、という準備作業を経た上で、一方において、所与の規範を加工して得られた法命題を、矛盾なく、欠缺なき法命題の体系に作り上げると同時に、社会関係の中から獲得された法的に有意な諸要素を、やはり論理的に矛盾のない「法関係」に「構成」するのである。このように、「体系化」と「構成」とは、「論理的意味解明」を踏まえることによって、対立することなく、むしろ相互に補完しあう法学的営為となる。ドイツ法学において、「体系化」と「構成」とが相伴って高度の発展を遂げていたのは、「論理的意味解明」という独特の手法によるのであった。

　それではヴェーバーは、この「論理的意味解明」を媒介とする「体系化」と「法的構成」との結合が、ドイツ法学史上いずれの時点において成立したと考えているのだろうか。その点を、ヴェーバーによる歴史的叙述に即して検討することが、次稿の課題となる。

（1）この論文は、一九九九年三月六日に東京大学において開催された比較法史学会第九回研究大会において、「マックス・ヴェーバーにおける法の形式的合理性――ドイツ法学史から見たヴェーバー像」という標題の下になされた報告の主要部分を、詳細に展開したものである。当日の質疑に御参加下さった方々の有益な御示唆に、心より感謝申し上げたい。

（2）海老原明夫「ヴェーバーとエールリッヒ――「法の歴史社会学」の二つの試み」『Historia Juris 比較法史研究』第一号（一九九二年）一八二頁以下、特に一九九頁以下。

（3）Max Weber, Wirtschaft und Gesellschaft, 5. Aufl. 1976, S. 397（世良晃志郎訳『法社会学』（一九七四年）一〇六頁）。

（4）A.a.O., S. 396（邦訳一〇四頁）。

（5）A.a.O., S. 395-397（邦訳一〇二～六頁）

（6）A.a.O., S. 395（邦訳一〇二頁）。

（7）A.a.O., S. 395（邦訳一〇二頁）。

（8）A.a.O., S. 462（邦訳三四二頁）。なお二の末尾の叙述を参照。

（9）A.a.O., S. 395 f.（邦訳一〇二～三頁）。

（10）サヴィニーの「法関係」および「法制度」の範疇についての優れた分析としては、何よりも Walter Wilhelm, Savignys überpositive Systematik, in: J. Blühdorn/ J. Ritter (Hrsg.), Philosophie und Rechtswissenschaft. Zum Problem ihrer Beziehung im 19. Jahrhundert, 1969, S. 123 ff. を挙げなければならない。

（11）Friedrich Carl von Savigny, System des heutigen römischen Rechts, Bd. 1, 1840, §. 4, S. 7.

（12）A.a.O., §. 5, S. 9.

（13）A.a.O., §. 4, S. 7.

（14）A.a.O., §. 5, S. 9.

（15）A.a.O., §. 5, S. 9 f.

（16）A.a.O., §. 4, S. 7 f.

（17）A.a.O., §. 5, S. 10 Anm.(a)

（18）Friedrich Julius Stahl, Die Philosophie des Rechts, Bd. 2, Rechts- und Staatslehre auf der Grundlage christlicher Weltanschauung, 1. Abtheilung, 3. Aufl., 1854, S. 294 Anm.

（19）サヴィニーとシュタールの見解の異同については、耳野健二

『サヴィニーの法思考——ドイツ近代法学における体系の概念』（未來社、一九九八年）二〇七～八頁が立ち入った分析を加えている。

（20）註（9）の引用箇所参照。

（21）ゲマインシャフト行為および諒解行為の概念の定義は、Weber, Über einige Kategorien der verstehenden Soziologie, in: Gesammelte Aufsätze zur Wissenschaftslehre, 4. Aufl., 1973, S. 441, 456（海老原明夫／中野敏男訳『理解社会学のカテゴリー』（未來社、一九九〇年）四三頁、八六頁）でなされている。

（22）耳野前掲（註（19））二〇八頁は、「サヴィニーは、シュタールが裸の事実だと見た法文のなかに、すでに法関係が存在すると見ている」と指摘しているが、ヴェーバーとの比較においても、同様のサヴィニーの思考方法の特徴が現れていると言えよう。

（23）註（9）の引用部分の末尾。

（24）Max Weber, Wirtschaft und Gesellschaft, S. 492（邦訳四六七～八頁）。

（25） A.a.O., S. 249 ff.（武藤一雄・薗田宗人・薗田坦訳『宗教社会学』（一九七六年）一三頁以下）。

（26）A.a.O., S. 464（世良訳『法社会学』三五五頁）。

（27）A.a.O., S. 462（邦訳三四六頁）。

（28）A.a.O., S. 494（邦訳四七五頁）。

（29）A.a.O., S. 396（邦訳一〇三～四頁）。

（30）A.a.O., S. 495（邦訳四七五～六頁）。

（31）A.a.O., S. 396 f.（邦訳一〇四～五頁）。

（32）ヴェーバー分析視角としての "formal" と "formell" の区別については、中野敏男『近代法システムと批判——ヴェーバーからルーマンを超えて』一九九三年、四三頁以下が、より詳しい検討を行っている。

（33）Max Weber, Wirtschaft und Gesellschaft, S. 397（世良訳『法社会学』一〇六頁）。

（34）註（31）の引用箇所の末尾参照。

（35）Max Weber, Wirtschaft und Gesellschaft, S. 456（世良訳『法社会学』三三六頁）。

（36）A.a.O., S. 457（邦訳三二九～三三〇頁）。

（37）註（31）参照。

（38）Max Weber, Wirtschaft und Gesellschaft, S. 397（世良訳『法社会学』一〇六頁）。

（39）註（29）の引用箇所の冒頭。

（40）註（9）の引用箇所。

（41）Weber, R. Stammlers "Überwindung" der materialistischen Geschichtsauffassung, in: Gesammelte Aufsätze zur Wissenschaftslehre, 4. Aufl., S. 291 ff.（松井秀親訳「R・シュタムラーにおける唯物史観の「克服」」（ウェーバー『新装版　宗教・社会論集』（河出書房新社、一九八八年）三頁以下）。

（42）Rudolf Stammler, Lehrbuch der Rechtsphilosophie, 3. Aufl., 1928, S. 114 f.

（43）Georg Jellinek, System der subjektiven öffentlichen Rechte, 1. Aufl., 1892, S. 43f ; 2. Aufl., 1905, S. 45 f.

（44）Weber, Die "Objektivität" sozialwissenschaftlicher und

sozialpolitischer Erkenntnis, in: Gesammelte Aufsätze zur Wissenschaftslehre, 4. Aufl., S. 191（富永祐治・立野保男訳、折原浩補訳『社会科学と社会政策にかかわる認識の「客観性」』（一九九八年）一一三頁）。

（45）Paul Laband, Das Staatsrecht des Deutschen Reiches, Bd. 1, 1. Aufl. 1876, S. V f.

（46）Laband, Das Staatsrecht des Deutschen Reiches, Bd. 1, 2. Aufl. 1888, S. XI f.

（47）Laband, Das Budgetrecht nach den Bestimmungen der Preußischen Verfassungs- Urkunde unter Berücksichtigung der Verfassung des Norddeutschen Bundes, in: Zeitschrift für Gesetzgebung und Rechtspflege in Preußen, Bd. 4, 1870, S. 699.

（48）註（29）の引用箇所。

（49）註（24）の引用箇所。

（50）註（9）の引用箇所。

（51）註（29）の引用箇所。

（52）註（30）の引用箇所。

（53）註（27）の引用箇所。

（54）註（29）の引用箇所。

（55）註（34）の引用箇所。

（56）註（29）の引用箇所。

（57）註（29）の引用箇所。

（58）二の末尾参照。

（59）註（13）および註（14）の引用箇所参照。

（60）それが、シュレーダー（Jan Schröder, Savignys Spezialistendogma und die "soziologische" Jurisprudenz, in: Rechtstheorie 7 (1976), S. 23 ff.）によって「専門家ドグマ」と名付けられた、サヴィニーの独特の歴史発展図式である。これについては、さしあたり、拙稿「ヴェーバーとエールリッヒ」（前掲註（2））一九〇頁参照。

（61）註（9）の引用箇所。

（62）註（22）に対応する本文の前後を参照。

特集＝文明と法の衝突

教皇の受任裁判官 judex delegatus
――ローマ＝カノン法訴訟成立の一段階

西川珠代

I　一二世紀における訴訟法学の開始

およそ一二世紀から一三世紀にかけて、教会法学が生み出した作品の中に、ordo iudiciorum ないし ordo iudiciarius と題する一群の文献がある。それは、『ローマ法大全』や『グラティアヌス教令集』(一一四〇年頃)、『グレゴリウス九世教皇令集』(一二三四年)といった法集成の中から、訴訟手続きに関する規定を精選し、訴訟の進行に添って整理したものである。これこそは、ヨーロッパ法の歴史の中で、民事訴訟の全体的な流れとその諸規則を概括的に記述した最初の専門文献であり、今日のわれわれの民事訴訟法典へといたる、手続きの体系的把握の出発点に位置するものであった。

これら一二世紀前後に成立した ordo iudiciorum、ordo iudiciarius について、現存する写本の目録を作成したリンダ・フォーラー＝マーゲルは、次のような興味深い指摘を行っている[1]。それは、無実の者が自己の権利を守るために、抗弁によって訴訟の進行を妨げたり、遅らせることは、一二世紀の教会法学者たちの間ではじめて正当なことと認められるようになった、というものである。

すなわち、『勅法彙纂』第三巻第一章第一六節に「訴訟は際限なく引き伸ばされるべきではない」、とされているように、古典期後のローマ法においては、何よりも訴訟の迅速な終了が目指されていた。そこでは専門教育を受けた官吏としての裁判官の存在が前提とされており、審理は職権的に進められ、訴訟規則の遵守は裁判官の裁量に幅広く委ねられていた。確かに、ローマ法のもとでも、被告が抗弁を申し立てることは可能であったが、それは被告の権利とはみなされていなかった。またローマ法には、訴訟の規則を集成した個別文献が作られた形跡がなく、訴訟の手続きはもっぱら実務経験の中で学ばれ、伝達されていた。

しかし、西ローマ帝国の崩壊によって、中立的で信頼できる裁判官の存在という前提が消滅した後の中世の教会法学者たちは、訴訟規則は厳格で明確な諸原則によって定められたものであり、当事者たちは審理の間、抗弁によってそれらの規則の遵守を要求しつづけるべきであると考えるようになった。

たとえば一二世紀後半に活躍したピエール・ド・ブロア（Petrus Blesensis 一一三〇／三五―一二〇四年頃）は、「たとえ著しく判決が急がれる場合であっても、無実の者の諸権利が脅かされてはならない」、と記している。また、『グラティアヌス教令集』第二事例第一設問第二〇法文は、「判決は性急に下されるべきではない」と題されている。一二世紀の教会法学者の間では、正しい手続きの遵守は、当事者、なかんずく被告自身が、自らの責任において審理の中で要求すべきものであるとされたのである。

以上の対比から、フォーラー＝マーゲルは、一二世紀の教会法学者の間には、裁判官に対する当事者の役割についての考え方の変化が見られる、と指摘している。そこには、訴訟に対する今日の理解の基礎が築かれており、それは、中世の新しいメンタリティが、ローマ法という基礎に新しい生命を吹き込んだ結果なのである。

II　教皇の受任裁判官

（一）学識化に対応した機構化の遅れ

しかし、訴訟手続きを実体的な法から切り離して叙述する ordo iudiciarius の成立が、教会法学者たちの新しい精神の反映であり、訴訟法学という法学の一つの分枝の成立を記すものであったとしても、このような、ローマ＝カノン法の学識に基づく、訴訟に対する新しい知的把握が、現実の紛争処理の中で実現されるための機構、制度的基盤は、当時の教会にはまだ備わってはいなかった。

ところで、ここで留意されなければならないことは、法共同体としての教会が、ヨーロッパの中世社会を覆っていた数々の法圏の中で、次のような特色によって、他に例のない存在であったことである。(2) すなわち、教会は、西欧キリスト教社会において、地域的権力の枠を超えて、唯一普遍的で、包括的な法圏であることを主張し、実際にそのようなものとして通用していた。それは、世俗の法圏が、それぞれ互いに独立に成立し、構造的にも著しく異なり、ラント法と都市法のように互いに排除しあったり、ラント法とレーエン法のように重層的に重なりあいながら、いずれも狭い政治的境界の内に限界づけられていたのとは鋭い対称をなしていた。また近代以降の国家を基盤とする法秩序と比較してみても、中世の教会がヨーロッパ規模で、単一かつ普遍的な法圏をなしていたことは、きわめて例外的な現象であった。そしてこのことの一つの大きな帰結は――後にも触れる通り――教会の裁判所の執行権、制裁力が、世俗の裁判所と比較して、際立って強大なものであったということである。たとえば、履行されざる債務について、都市の裁判所に訴え出た者は、自己に有利な判決を得たとしても、債務者を市の城壁の外にまで追跡することは不可能であった。ところが教会の裁判所に訴え出た者は、キリスト教世界の隅々にまで、教会が世俗の裁判所や当局に共助を強制し、債務者を追跡し、履行を強制してくれることを期待しえた。

とはいえ、当時の教会の裁判所の手続きは、いまだ学識化されたものではなく、世俗の法廷同様に旧来の状態に留まっていた。手続きは書面化されておらず、裁判官は訴訟を指揮するにとどまり、判決発見は判決人に委ねられていた。そこには実体的な法と区別された、厳密な訴訟規則による拘束はなかった。また首席助祭の権限が拡大するにつれて、本来は司教のものであったゼントの裁判権は、一〇世紀以降首席助祭の手に移っていた。このように、ローマとボローニャという中央で急速に教会法の学識化が進行していくのに比して、各地の司教の裁判所の実態は、はるかに立ち後れた状況にあった。

(二) 受任裁判官制度の活用

こうした背景のもとで、一二世紀半ばから一四世紀初めにかけての一五〇年間に、ローマ教会に相次いで現れるのがユリステン教皇と呼ばれる一群の教皇たちである。なかでも、その筆頭に挙げられるアレクサンデル三世(在位一一五九年―八一年)は、そもそもボローニャのグラティアヌスの優れた門弟であり、教皇に就任する前の一一四〇年頃、ボローニャの教会法の教授となり、師の教令集の註釈書を著していた。また彼に次ぐユリステン教皇として名前が挙げられるインノケンティウス三世(一一九八―一二一六年)もまた、優れた法律家として第四回ラテラノ公会議を主催し、信徒の生活規範から、司法制度を含む教会の全機構に及ぶ、徹底的な法的改革を成し遂げたことで知られている。

ところで、「教皇は、全教会の至高の裁判官である」とする古い公準は、一二世紀には、明白な現行規定と認識されていた。そのため、第一審として、あるいは上訴によってローマの教皇のもとへ持ち込まれる事件は、増加の一途をたどっていた。とりわけ教皇は、司教の事件を審理しうる唯一の裁判官であるとされており、また教会の重大事件causa maiores は教皇にのみ係属することが、グレゴリウス七世（一〇七三―一〇八五年）によって確認されていた。こうして、教会の重大事件から、純世俗的な事件まで、何千件という事件が、ヨーロッパ中から奔流のようにローマへと押し寄せてくる中で、教皇自身も、そして当時わずか七人の裁判官を数えるばかりであった教皇庁も、これに対応できる体制になかったことは言うまでもない。

ここで、教皇がローマ法から借用したのが、受任裁判官の制度であった。[3] 先に挙げたアレクサンデル三世以降、つまり一二世紀の半ば以降、大部分の事件、とりわけ訴訟事件は、教皇の受任裁判官に委ねられることとなった。すなわち、教皇に代わって、紛争の発生地域の近隣から、枢機卿、大司教、司教、修道院長といった高位聖職者が受任裁判官に選ばれ、一つの事件の審理、あるいはその一部分を担当することになった。

ローマにとって、受任裁判官制度には、本来の裁判開催地以外のところで裁判を開催できる、つまり、裁判開催地を自由に増設しうるという利点があった。すでに全ヨーロッパを司教区に分割し、ゼント裁判所の管轄で覆っていたローマ教会にとって、これはさほど難しいことではなかったであろう。これによって、ローマは過大な事件の負担から解放されることとなった。

一方、紛争当事者たちにとっても、受任裁判官に事件が委ねられることは、大きな利益をもたらした。いうまでもなく、ローマへの長旅から解放されることは、彼らの負担を大幅に軽減した。また、ローマの裁判官の判断よりも、より事件の背景事情に詳しい近隣の権威者の裁定の方が歓迎されたことは想像に難くない。

また、受任裁判官の制度には、ローマ法から、delegatio と mandatum の区別が導入された。受任裁判官 judex delegatus に事件の裁判権を委ねること、すなわち委任 delegatio は、裁判権の委託 mandatum とは異なり、管轄の変動を伴う。delegatio によって事件はいったん、より下位の裁判権者へと移管され、したがって、教皇の受任裁判官の判決に不服のある者には、上訴によって、教皇の法廷で再度争うチャンスが残されていた。

（三）一般的な訴訟規則の形成

このようなローマ教皇による受任裁判官の利用は、その後のローマ＝カノン法訴訟の成立史という観点から眺めた場合、どのような意義を有していたのだろうか。

ここでは第一に、delegatio によって、教皇が個々の事件を受任裁判官に委ねる際に与えた個別的な指示の中から、一般的な訴訟規則が、徐々に形成されていったという点があげられる。

受任裁判官への delegatio においては、まず、通常裁判官 judex ordinarius、すなわち本来の裁判権者である教皇が、原告の訴えを受けて、適切な受任裁判官を指定した。このとき、教皇は彼に宛てた委任状、ないしは教皇答書 rescripta を発し、その中で、審理の進め方に関する指示や彼自身の法的見解を与えた。受任裁判官はこれに拘束された。

ところで、先にも触れた通り、ローマが受任裁判官への事件の委任を大規模に行うようになった時期は、相次いでユリステン教皇が出現した時期であった。ヴァン・カネヘムは、彼らの特質を次のように述べている[4]。すなわち、これらの教皇は、中央の卓越した権威を体現する、立法者に

して裁判官であると同時に、最高の法学者でもあった。彼ら改革派教皇は、実質的には学者法と言うべきものを、教勅や教令といった形で立法化し、それはまた大学において、註釈を付され、講義された。法学教授が立法者になるという体制は、歴史的に見て他に例を見ないものであった。

したがって、教会法の大形成期といわれるこの時期は、まさに教皇と、その出身母体である大学による、教会法の学識化の時代に外ならなかった。教皇は、各地で審理に当たる受任裁判官に、ローマと共通の、新しい訴訟規則に則って審理を行うことを強く命じた。すなわち、受任裁判官に与えられた指示は、地域的な裁判慣習・慣行を打ち破り、普遍的な原理の貫徹を要求するものであった。そして、個々のケースで妥当性が確認された規則は、やがて『グレゴリウス九世教皇令集』をはじめとする教皇令集に組み込まれ、さらに、そこから内容別に整理されて ordo iudiciarius といった訴訟文献に採録されていく。こうして、それらはいっそう容易に便覧、参照されるものとなり、実務や教育を通して、幅広く定着していくことになるのである。

このようにして、教皇の指示の中から発展し、教会の訴訟手続きとして一般化されていった訴訟規則のうち、ここでは代表的な例として、裁判官の忌避 recusatio の理論[5]

をあげることができる。

古典期以後のローマの特別審理手続き訴訟においては、通常裁判官の忌避は認められていなかった。その後、註釈学派のもとで、通常裁判官の忌避の可否をめぐる論争が生じたが、伝統的な立場は、通常裁判官の忌避を原則として否定した。

これについて、教会法では、通常裁判官であるか受任裁判官であるかを問わず、しかるべき原因に基づく忌避が認められた。このことを確認したインノケンティウス三世の決定は、『グレゴリウス九世教皇令集』第二篇第二八章第六一条に収められる。一二一六年頃に成立したタンクレドゥスの ordo iudiciarius には、「忌避とは、疑いの抗弁を提示することによって、裁判官の審理あるいは裁判権を拒むことである」、との簡潔な定義が示される。このようにして、裁判官の忌避の理論は、教皇が受任裁判官に与えた指示の蓄積の中から確立されていったのである。

なお、ローマの特別審理手続きでは認められていなかった通常裁判官の忌避が、教会法において認められるようになったという点も、フォーラー＝マーゲルの言う、審理過程における当事者の主体的な役割を重視した、中世教会法学者たちの新しいメンタリティの一つの例証と言えるだろう。

以上のことをまとめると、一二世紀後半以降、教会の受任裁判官制度の発展は、ローマに持ち込まれる事件が増加したこと、そして中央での教会法の学識化の進展に対して、地方の司法機構の整備が遅れていたことを背景としていた。とくに、学識的な訴訟手続きの成立という観点から見た場合、教皇が、個々の事件に際して受任裁判官に宛てた法的指示が、徐々に一般化されて、訴訟規則として確立されるにいたったことが注目される。それらは法典に収められ、さらに簡便な訴訟文献に採録されることによって、広く実務に適用された。

Ⅲ　教皇の受任裁判官から、常設の学識裁判官へ

（一）タンクレドゥス（一二一六年頃）以降の ordo iudiciarius

一二一六年頃に成立したタンクレドゥスの ordo iudiciarius は、同種の ordo iudiciarius の中で一つの完成形態を示している。そこには、新・旧の法源への精通に基づいて、民事訴訟の段階ごとの緻密な記述が構築されているのだが、その後の作品においては、民事訴訟の法源に

ついての知識がそれ以上に深められていくことが見られないからである。(6)

その結果、その後の ordo iudiciarius の発展には、二つの方向への分化が見られる。一方は、実務への志向をより深めていく方向であり、その極致とされるのが、ギュイレルムス・デュランティスが一三世紀末（一二九一年頃）に完成させた『法廷鑑』(Speculum iudiciale) である。そこには、本来の民事訴訟の枠を越えた、しかし実務家にとっては重要な素材が大量に盛り込まれている。もう一方の方向は、教育・学習への志向である。すでにタンクレドゥスの作品でさえ、高度な法的概念を駆使したものとなっていたために、大学の学生や、専門教育を受けていない多くの実務家にとって、それを理解し使いこなすことは困難であった。そこでコンペンディウムと呼ばれる、ローマ＝カノン法訴訟のエッセンスだけをコンパクトにまとめた、簡便な入門書的な文献が現れる。そして最終的に一三世紀の末には、初期の ordo iudiciarius は、もはや当時の学者たちの関心の対象ではなくなっていった。

こうした一三世紀以降の ordo iudiciarius のあり方は、何を意味しているのだろうか。それは学識的な民事訴訟手続きが一応の完成をみて、一つの段階を終えたということである。

これについて、ポール・フルニエは次のように述べている。(7) 一二世紀前半に司教裁判所で下された判決を読めば、そこには厳格に定められた訴訟手続きが存在しないこと、用語法がまだ精密に作られていないこと、裁判官は自由な裁量を認められていることがわかる。ところが一二世紀末、とりわけ一三世紀の判決には、ローマ法の規定する方式への言及が見られる。そこには、司教は、事件を処理するに当たって、技術的で、精密で、困難の多い訴訟手続きを遵守しなければならなくなったことが示されている、と。同様に、ヴィンフリート・トゥルーゼンによれば、すでに一一九五年にコエレスティヌス三世は、パリの司教に宛てて、聖職者の裁判には学識的な教会法を適用するように命じており、実際、例えばイングランドにおいては、一二二〇年代から三〇年代には、学識裁判官の存在を前提にした訴訟手続きが採用されていたことが確認される。(8) もはや、幅広い学識法の知識なしに、裁判官を務めることは不可能となっていたのである。

(二) 司教のオフィキアリス officialis の出現

しかし典礼服を着た貴族とよばれる司教には、通常、そのような法学識が備わっていようはずもなく、このような状況で、司教の裁判所に登場してくるのが、オフィキアリス officialis と呼ばれる裁判官であった。そして彼らこそは、ヨーロッパで最初の、常設的かつ職業的で、自ら判決を下す学識裁判官であった。それはすなわち、今日のわれわれにとって裁判官の原型ともいうべき存在であった。

オフィキアリスの出現について、ポール・フルニエ以来の定説によれば、その端緒は一二世紀の最後の三〇年間、フランスのランスに見られ、一二二五年までには、フランス北部・中央部のすべての司教の裁判所でオフィキアリスが裁判権を委ねられていた、とされる。しかし、これに対してトゥルーゼンは、officialis の名称だけから、あまり多くのことを読み取ることは危険だと批判している。(9)

そして彼が強調するところによれば、第一に、司教のオフィキアリスは、司教が、当初、教皇の受任裁判官を模倣して、自らの受任裁判官をおき、これがやがて恒常的な、常設的な存在に変化したものである。第二に、イングランド、ドイツ、ポーランド、デンマークなどの例から、これらの国々では、一三世紀半ばから、ほぼ同時進行的にオフィキアリスの出現、制度化が見られる。そしてその契機としては、一二四六年に発せられた、インノケンティウス四世の大勅書「Romana Ecclesia」(『第六書』第二篇第一五章第三条)が、決定的な意味をもっていた、ということである。

さらにこれらの点について補足すると、第一に、一三世紀の教会のオフィキアリスと、そのモデルであった教皇の受任裁判官との間には、決定的な違いがあった。それは前者が、delegatio によって、教皇の裁判権を委ねられているのに対して、後者のオフィキアリスは、mandatum によって、司教の裁判権を委ねられていた。それゆえ、オフィキアリスは、司教の「分身」として司教に代わって裁判権を行使した。教皇の受任裁判官の判決に対する上訴は、教皇に送られていたが、オフィキアリスの判決に対する上訴は、もはや司教を通り越して、大司教に送られた。

第二点目のインノケンティウス四世の勅書は、まさにこのことに関わっている。それは常設の司教の裁判官に、mandatum を受けた通常裁判官の地位を確認するものであった。この勅書が出される少し前に、トラニのゴフレドゥス Goffredus de Trano は、司教のオフィキアリスが、通常裁判官なのか受任裁判官なのかはっきりしないと述べている。彼自身は、むしろ受任裁判官であると考えていたが、勅書はこのような、あいまいな状況にピリオドを打った。ドイツにおいて、最初にオフィキアリスの印章が用いられているのが確認されるのは、一二四七年トリアーにおいてであり、この勅書の出された翌年であった。そしてそれから、わずか半世紀の間に、ドイツ全土の司教区に、それぞれオフィキアリスが設置されることになるのである。

ここで、オフィキアリスとその裁判所について、特徴的な点を二つ指摘しておきたい。その第一は、オフィキアリスの学識についてである。厳密な訴訟規則にしたがって訴訟を進行させていくために、法学識は不可欠であった。しかし、特に困難な事件の場合を除いて、彼らは法通暁者の助言を求める義務はなく、単独で事件を処理した。それゆえ一二三六年のトゥールの教会会議は、オフィキアリスに五年間の法学の学修、もしくは実務経験を有することを条件づけるよう要求している。この規定が現実には、必ずしも常に守られてはいなかったとしても、法学博士や大学卒業者がオフィキアリスに任命されること自体は珍しいことではなかった。[10] ここに教会は、大学という、教皇と同じ出身母体において専門教育を受けた裁判官をあまねく配置し、司法機構の学識化に成功したのである。

オフィキアリスの裁判所の第二の特徴は、その管轄の幅広さである。トゥルーゼンの強調するところによれば、教会の裁判所は、一般に考えられているように、聖職者間の紛争や、教会財産、結婚など信仰に関わる問題だけを扱ったわけではなく、より広く、私法全般に渡って俗人の紛争を受け入れていた。[11] とりわけ教会の裁判所は、多くの非訟事件を処理していた。人々は、契約締結時から教会裁判所を利用し、あるいはあらかじめ管轄や仲裁に関する合意を結んで教会裁判所を選択した。世俗の領主や都市の裁判所は、俗人が事件を教会の裁判所に持ち込むことを再三禁止したが、そうした禁令が頻繁に繰り返されていることは、かえって、そうした禁令がほとんど効果をもっていなかったことを物語っている。

では、なぜそれほどに教会の裁判所は、俗人によって好まれたのか。それには、まず、その迅速で簡潔な合理化された教会の手続きが好まれたこと、それから、先にも触れたように、教会がヨーロッパ全土に及ぶ執行力を有していたこと、とりわけ、破門や聖務停止といった教会固有の制裁が、債務者を捕らえ、弁済を迫る上できわめて効果的であったことが挙げられる。

こうして、このような広範な私法活動によって、常任のオフィキアリスによって担われた教会の学識的な法と裁判は、中世の法生活の中に徐々に、しかし確実に浸透していった。この意味において、「教会法がまず橋を架け、その上を渡ってローマ法はやすやすとドイツに侵入しえたのだ」、とするローマ法の継受に関する古い法史学者の見解[12]は、継受＝外国法の侵入という見方を別にすれば、実に適切な表現だったのである。

Ⅳ　結語——過渡的存在としての受任裁判官

以上述べてきたように、教皇の受任裁判官制度は、教会が一二世紀以降、法の学識化を進めて行く最初の段階で、ローカルな紛争の処理にあたって、ローマ法より援用したものであり、やがてこれをモデルにして設置されたのが、司教のオフィキアリスであった。したがって、ひとたび後者の裁判所が各地の常設の司法機関として確立されると、教皇の受任裁判官は、その歴史的役割を終える運命にあった。中央の教皇が、過度に受任裁判官を利用することは、恣意的な介入によって司教の裁判権を脅かすものと受けとめられたからである。教皇が受任裁判官を設置する権利については、一五・一六世紀の公会議を通じて批判が高まり、やがて大幅に縮減されるにいたった[13]。

教皇の受任裁判官の存在は、つまり、歴史的にはきわめて過渡的なものであった。しかし、すでに強調してきたように、この学識法の形成期において、教皇の受任裁判官への個別の指示の中から一般的な訴訟規則が徐々に確立されていったことの意義は小さなものではない。例えば、本稿冒頭に紹介したように、訴訟における当事者の役割への積極的な意味づけには、今日言うところの、手続保障の精神の一つのめばえを見ることができるだろう。そしてそれは言うまでもなく、地域や文化の差を超えて、法および司法制度に普遍的に要請されるものであろう。

(1) Linda Fowler-Margel, Ordo iudiciorum vel ordo iudiciarius. (Ius Commune; Sonderhefte; 19), Frankfurt a.M. 1984, 1-3, 9-13.

(2) Karl Kroeschell, Deutsche Rechtsgeschicht 2 (1250-1650), Opladen[8] 1992, 9, 21-23.

(3) Art. Delegation, in: HRG (Handwörterbuch zur deutschen Rechtsgeschichte) Bd. 1, Berlin 1971, 674-677.

(4) R・C・ヴァン・カネヘム『裁判官・立法者・大学教授』小山貞夫訳、ミネルヴァ書房、一九九〇、一一五―一一七頁。

(5) Art. Richterablehnung, in: HRG Bd. 4, Berlin 1990, 1040-1044.

(6) Knut Wolfgang Nörr, Die Literatur zum gemeinen Zivilprozess, in: Handbuch der Quellen und Literatur der neueren europäischen Privatrechtsgeschichte, Bd. 1, München 1973, 383-397.

(7) ポール・フールニエ「フランス中世カノン法訴訟制度要説」(三)、『神戸法学雑誌』第二三巻三・四号、一九七四年、二八四頁。

(8) Winfried Trusen, Die gelehrte Gerichtsbarkeit der Kirche, in: Handbuch der Quellen und Literatur der

neueren europäischen Privatrechtsgeschichte, Bd. 1, München 1973, 467-473.

(9) Winfried Trusen, a.a.O., 468.

(10) Winfried Trusen, a.a.O., 474.

(11) Winfried Trusen, Anfänge des gelehrten Rechts in Deutschland, Wiesbaden 1962, 34-62.

(12) Winfried Trusen, a.a.O., 13.

(13) Art. Delegation, a.a.O., 676.

感情と気分の視点からの政治哲学の可能性とマキアヴェリ

小川　侃

マキアヴェリは、彼の三巻からなる偉大な書物、『ローマ史論』の第一巻への序文において人間の「嫉妬」や「妬み」について言及し、人間の嫉妬ほどやっかいなものはないと力説している。イタリアのこのもっとも優れた政治哲学者の言うところに耳を傾けて見よう。「人を非難することにはいたって熱心で、人をほめることとなるときわめて熱意のないのが、人間の嫉妬心というものである。そのため、新しい学問の方法や体系を発見したり、導入したりすることは、未知の大海や大陸を探検するのと同じように危険なこととなっている」（M/PAG　S.103, P.165）。「私は才能にとぼしく、最近のできごとについても経験が少なく、古代についての学識も貧弱である。そのために、この（『ローマ史論』の）試みも欠点だらけで役にたたないものになってしまうかもしれない。しかし、少なくとも、いちだんと高い才能、雄弁、判断力を備えた後進の士にたいして道しるべを与えることにはなるだろう」（M/PAG　S.103, P.166）。

彼のこのような序文は、今日の私たちの目にはあまりにもへりくだったように思える。それというのも、彼は人類のもったもっとも重要な政治哲学の書物を書いているのだから。しかも、人間の本性についての彼の洞察は、たとえば『ローマ史論』の第二巻、一四節において書いていたように、人間のあまりにもへりくだった態度はむしろ対抗する敵の攻撃性と不遜を引き起こすであろうということも見通している。こういう彼の洞察はいまや彼自身には当てはまらないのであろうか。とにかくマキアヴェリは政治哲学の歴史におけるもっとも古典的な書物を書き下ろす際にこのように慎重であったのである。

人間の情熱のなかでもっとも厭わしいのは、たしかに、「嫉妬」と「妬み」からの行為であるということは、彼のよくわきまえていることだった。彼のこのような説明がいわば逆説的な仕方で示すのは、己の書物の結論に関するマキアヴェリの自信の誇示ということである。この書物にたいしてなされうる、嫉妬からのあらゆる悪しき批判や危険な非難の一切の可能性を、マキアヴェリは、あらかじめ封じておきたかったのである。

己の書物のなかでマキアヴェリはしばしば感情の魔術的で暴力的な力について語っている。感情、たとえば、嫉妬だけではなく妬み、恐れ、怒り、愛、憎悪などというものは、マキアヴェリによって政治的状況の動態性の分析に使用されている。一定の政治状況において感情がもつ政治的な働きについては、機能的にも記述的にも分析することができよう。ひとは、じっさい一定の政治的な状況のなかで愛や憎しみという感情によって行動に駆り立てられる。「この欲求のほかに、人間は、おもに愛と恐怖心によって駆り立てられる。したがって、愛されるものも恐れられるものも同じように人民を服従させる。いやむしろ、多くの場合、愛されるものよりも恐れられるもののほうに、人はついていき服従する」（M/PAG S.404, P.563）。

感情が現実政治においては決定的な役割を果たすというマキアヴェリの洞察は、マキアヴェリに新しい感情の政治哲学を理論的に構築させるべき可能性を与えるものであった。しかし、感情に基づいて理論化された政治の学もしくは科学というものは、まだ十分に構築されている訳ではない。だから今日ではただ次のことだけがはっきりといえる。マキアヴェリは、「感情の政治哲学」をただ予感しただけだったということである。私は、マキアヴェリが理論的に書くべきであった『感情の政治哲学』を現象学的な仕方で再構築することを試みて見ようとおもう。

政治哲学における感情の決定的な機能と役割とを明らかにするためには、なによりもまず感情の本質的構造と人間存在との関連について予め先行的な理解を確保しておかなければならない。人間存在のうちでいったい感情はどのような働きをしているのか。感情は、人間の存在のいかなる場所に帰属しているのであろうか。感情とはいったいどのようなものなのだろうか。感情は、人間の魂もしくは人間の心性（メンタリティ）なるものの内的で主観的な状態をいうのであろうか。感情というのは、人間にとってある隠された避難所であって、ひとは苦しいときにそこに逃げ込む隠れがの如きものだというべきだろうか。

感情をこのように人間の主観的な心の状態というふうに把握する理論を、ハイデッガーも「新しい現象学」を標榜するシュミッツも拒否している。感情というのは、むしろ気分であり、雰囲気なのである。しかしどうしてそういえるのか。どのような仕方でひとは感情をそのように理解することができるのか。さらに問うべきは、感情の政治哲学なるものは、いったいイタリアやヨーロッパにおいてのみ妥当するものなのか。あるいはむしろ感情の政治哲学は、人類の文化に普遍的に見い出されるものなのだろうか。私は、以下の議論で、まず「感情の政治哲学」の地盤を現象学的な仕方で確保し（I）、その後に、感情の政治哲学が汎文化的に妥当するゆえんを示すつもりである（II）。最終的にはマキアヴェリにおける「感情の政治哲学」を具体的に展開することにしよう（III）。

I

感情は意識の状態ではなく、むしろ、もし伝統的な哲学の概念を使用しても構わないのであれば、主観と客観とのあいだの「中間領域」に位置するのである。現代の現象学運動の展開のなかでこの中間領域が、つねに強調されて主題化されている。もとより主観と客観というような近代哲学の、本来は認識論的な発想のもとにある哲学の術語は避けるべきなのである。私の見るところでは、主観と客観という概念はその妥当性を失ったしまたこれからも失ったままであろう。だからこそこの中間領域は、人間と物との「あいだ」というふうに表現するべきであろう。

ハイデッガーの「気分」やシュミッツの「雰囲気」というのは、この「あいだの次元」を主題化するために鍵となる概念なのである。これらの現象学者の繊細な分析にとって「主観」とか「客観」という概念はあまりにも粗雑すぎるといえよう。それ以上に、主観と客観という概念は、今日では疑わしいものになってしまっている近代の実体主義的な思惟に定位している。実体主義的思惟は、主観であれ客観であれ、それらを自立的な存在者、それだけで依自的に存在するものとみなしたのである。このような実体主義的な思想によって人間の現存在は主観として理解されたし、この主観は人間にとってのいわゆる外界から孤絶化されてしまっている。反対に、物は、見る主観から独立の客観として表象されたのである。

しかし、主観と客観への、言い替えると、人間存在と物への二分化の以前に世界が開けている。この世界の開放性という存在次元は、人間でも物でもないなにか他の別ののによって満たされている。この別のものとはなにか。それこそが気分もしくは雰囲気である。そして、こういう思想はすでに東アジアにはずっと以前から見い出されており、「気」と呼ばれている。この「気」というテーマには、私は、あとで立ち戻ってくるであろう。

ハイデッガーは、気分を発見し、シュミッツは、雰囲気を見い出した。これらの概念では、ともに「気」という言葉がそれらの概念の中核にあり、世界と自我との相互的な浸透次元の開示という背景を担いつつ、私に現前している。気分と雰囲気は、人間存在が世界のうちに存在することを一切に先んじて可能にする。これらは、生活世界の他のすべての契機に先だっており、それというのもこれらの契機は一切に先んじて生活世界を開示するものだからだ。思惟と理解は、気分によってつかみ取られている。人間存在がなによりもまず気分や雰囲気によってそのつどつかみとられているということを根拠として、ハイデッガーは、『存在と時間』において次のように書いたのである。「理解というのはすべていつもすでに気分づけられている」(H/SZ S.142)。ある一定の気分もしくは雰囲気に投げ込まれながら、ひとは、存在の意味を開明し、存在の意味の理解を企投するのである。

世界の現われは、気分をたよりにし気分にもとづいている。世界は、気分のうちに開示される。ハイデッガーは、だから次のように『存在と時間』で書いている。「情態性には、実存論的に、世界へと開示しつつ差し向けられているということがひそんでいるのであって、襲来するものはこの世界のほうから出会われる。事実われわれは、存在論的には、原則的に世界の第一次的な暴露を『単なる気分』にまかせざるをえない」(H/SZ S.137-138)。

まず、最初に次のことに注意を促しておきたい。私はこれから展開する考察のなかで、「気分」と「雰囲気」という二つのテクニカルタームを基本的に同じものとして理解している。雰囲気は、またハイデッガーやシュミッツの場合でも同じように感情と同じものなのである。私の目には、シュミッツと同じように、気分と雰囲気とは同じものなのである。目の前に現われているものを現象野に還元するという現象学的方法に対応して、私は存在を一般に何か現われるものに変えてしまい、かくしてはじめて、気分と雰囲気とを現象学的な仕方によって十分に考察することができるようになる。

それでは、雰囲気とはどのようなものか。雰囲気と気分とは、人間の回りを取り囲んでいる「霧」や「靄」のようなものの圏域が、それらの概念において問題となっているという意味でおなじものなのだ。雰囲気も「気」もともに空間のうちに同定可能な一定の位置を占めているのではない。「気」が個別化されて、私の独自のものとなるときに「気分」となる。「気」が私に分かたれるといういみである。ちょうど、ギリシャ語で「メロス」が各々の人に分け与えられると、その当人の運命となるのと同じである。雰囲気は、全体として世界の全体に繰り広げられ世界の全体へと溢れ出ている。雰囲気は人間を根底から捉える。雰囲気の存在の根は、雰囲気の限界づけられた場所としての身体である。

　雰囲気が限界づけられた場所となるときに「気」は気分となる。気分は、基本的にいって、そのつど私のものであるような身体的なものである。人間は雰囲気内部で彼の身体状態が意識され、雰囲気に溶け込んだ非自立的部分としての身体が、己の身体の経験の中核をなす。つまり、飢えもしくは空腹感、満腹感、喉の渇き、けだるさ、新鮮さなどつまり、身体のうちに生きている「気」である。まさに人間は、彼の身体性において雰囲気に捉えられ、雰囲気にのみこまれてしまっている。

　こういう思想のもとに、シュミッツは「風土の現象学」を展開している。真夏になる直前の梅雨の時期に京都に滞在したり、生活したりするとすれば、気候が重苦しく人間存在をつかみ、気候の重さを経験させられる。気候は、そこでは、暑さと湿気との不快な融合として現われる。重苦しい、のしかかるような天候が、身体の状態に影響を振るい、私たちの意志を麻痺させることによってあらゆる日常の行動を困難にしてしまう。

　もちろんこういう思想は非合理的だという非難や論駁が起こりうるだろう。あるいは、こういう思想は理性や意志に対する裏切りであるという人もあろう。人間の自発的な意志は、大変重要なのでひとはそれを否定することができないものだ。しかし、事象自身は、次のようなことを私に見えさせるだろう。つまり、人間は、おのれをつかみ、のみこんでしまう雰囲気を前にしては無力なのである。雰囲気が人間の実存を支配するという思想は、大変古いので、ひとは、ホメロス以来の古代ギリシャ世界のいたるところでこのような思想を見い出すであろう。ホメロスの『イリアス』においては人間の行為にたえず神々の力が、あるいは、神々の現前が関与している。神々が人間を支配していたのである。この神々とは、実は、雰囲気のことに他ならない[1]。だから、フットボールやテニスの試合の状況を全体として考えて見るとよい。スポーツ選手と観衆は、ひとつの共通の状況のなかに融合している。個人は、その催し物の熱狂的な状況のうちに溶け込んでいる。このような状況の雰囲気が、その状況に参加しているものをつかみ取ることができるというのは、明らかである。

著名なフランスの社会学者であるデュルケームは、彼の研究の一つである『宗教生活の基本的な諸形式』という書物のなかで、次のようなテーゼを述べている。つまり、社会は唯一独自なものとしてただ個人のうちにしかも個人の意識として存在している。集合的なものの力は、個人のなかに入り込んでおり、個人のうちで組織化されている。力は、個人の実存の本質的な構成成分となっており、個人の実存は、集合的な力の強化に関与している。デュルケームは、ある箇所で、フランス革命を想起していて、どのていど個人が大衆のうちに埋床されており、そしてこの大衆によって貫かれているかということを明らかにしている。情熱が相互に伝達され、集合的な力になり、ひとつの社会が個人の間での相互作用を生じさせる。「個人は相互に求めあい、しばしば会合を開く」(D/FR S.301)。情熱は、相互作用を通して強められる。人間は精神的でエモーショナルなエネルギーによってつつみこまれる。エネルギーは、ある個人において高まり、ある他人に伝染する。そして、精神のエネルギーは、彼や彼女の活動性を強める。「もはや純粋な個人が語るのではない。そうではなく、大衆が語るのだ。大衆は、一個人のうちに身体化し、肉となり、私自身のうちにも人格化する」(D/FR S.301)。

私はしかしさらに問わねばならない。雰囲気とはいったいなにか。ひとつの雰囲気の全体は、眼前に見い出される物、私の身体、私の知覚を融かしあわせる「坩堝」である。その坩堝のなかで眼前に見い出される物と、そのものを見つめる私の知覚と、さらに私の身体の情態感とが一体となり融合する。人間と彼の周界を充実する雰囲気は、一切に先んじてあり、その先行性のうちで客観にたいして人間が独立して存在することも可能となる。

ところが、伝統的な哲学は、人間の内的世界と外的世界との分離を前提している。私たちは次のように信じている、つまり、私たち人間は外部から隔離され区別された純粋な内面性の圏域を持っている、と。だが、実際には、私たちが己の内面的な世界を見い出すことはできない。むしろ、私たちはいつもすでに一定の状況のうちに介入しているのである。私たちはいつも一定の状況のなかに己を見い出している。もし主観的感情が、内面的な世界もしくは意識のうちに見い出されるのであるといえるとしてもハイデッガーとシュミッツは、気分と雰囲気がいかなる意味でもメンタルな出来事の主観的な感情ではないと見破ったのである。ハイデッガーが書いていたように「気分は、(現存在つまり人間存在を）襲う」（H/SZ S.136）のである。気分は人間の内面世界からも、外部世界からもくるのではなく、むしろ、私たちの世界内存在のうちに立ち上り、世界のうちにあることにおける私たちを襲うのである。愛の感情、愛の雰囲気は、個々の人格の内面の世界のうちに実存するのではなく、状況のなかでまなざしを交えるなかに、あるいは、慈しみに満ちた対話の言葉のなかに宿るのである。

『形而上学の根本概念』についての己の講義のなかでハイデッガーは、次のように書いている。「気分は、まず第一に、存在者ではない。気分とは、何らかの仕方で魂のなかにのみ現われる何かではない。気分とは、第二に、ひとがよく考えるように、恒常的ならざるものでもないし、また、すぐに消えうせてしまうものでもない」（H/GA-29/30, S.100）。正しくいうと、気分は存在者ではないし、何かというものでもない。そうすると、次のような思想を受け入れなければならない。つまり、そのときの気分として現われている存在者あるいは何かあるいは物は、もはや物ではなく、むしろ、「準物体」なのである、と。この場合の準物体とは、夜や音響やまなざしを表現するためのシュミッツのテクニカル・タームである。「気分はなんらかの他者の魂のなかにあるのでもないし、私たちの魂のかたわらにあるのでもない。そうではなく、むしろ私たちは次のようにいわなければならないしまた実際いうのだ。この気分はすべてのもののうえに漂うのである。気分は、内面性の内部にあるのではなく、眼のまなざしにのみ現われる。……気分は、体験としての魂の内部に現われる存在者ではない。気分は、私たちの共同現存在の在り方なのである。」「気分は、伝染する」し、その意味で気分は、雰囲気である。「気分は、現存在がどのような仕方で現に存在するかというその根本の在り方である。……気分は、私たちが私たち自身の身体情態をあれやこれやの仕方で見い出すときの根本の在り方である」（H/GA-29/30, S.101）。

II

さて読者は私に次のように問うかもしれない。気分の意味での感情もしくは雰囲気は、ただヨーロッパにおいてのみ現われたのであろうか、と。もしそのようであればマキアヴェリの感情の政治哲学もヨーロッパにおいてのみ妥当するのであって、ヨーロッパ以外の文化圏の政治には当てはまらないようになりはしないか、と。明らかにそうではない。私の現象学的な見方から、私は、気分や雰囲気という現象の間文化的平行性を確保している。シナ人や日本人のような東アジアのひとびともまた気分の意味での感情と雰囲気について何らかの理解をもっている。東亜では、その言葉は、「気」と呼ばれる。これからの考察で、私は、「気」の広い意味を明るみに出したいと思う。「気」の意味の領分はじっさい大変広いので、「気」の本来の意味を把握することは極めて困難である。

「気」という言葉は、いったい何を意味しているのか。シナ語の「気」は、人間を取り囲む天地の間の自然の圏域を意味している。この「気」はしばしば靄、蒸気、霧などとして現われる。「気」は、空気、風、天候、気候、雰囲気として現われる。「気」は、一種の蒸気であり、それは、個々の人間の現存在を取り囲む。「気」は、人間の実存の近さにおいて経験される限り、気分はその特殊な意味として現われる。

「気」は、基本的に二つの意味を持っている。第一に、「気」は身体を満たし、第二に、天地の間の領分を満たしている。この二つの「気」が同じものの二つの現われ方であるということについては、私は、以前に「「気」の哲学と雰囲気」（参照、O/QF）において述べた。そこでの帰結の要点をもういちど再現すると、次のようになる。「気」は身体の皮膚界面を越えて身体の置かれた空間の全体にまで溢れ出ており、この伸び広がった「気」が雰囲気にほかならない。いいかえると、私は身体をもって身体の周囲に「気」をみなぎらせているわけであり、それが、私の雰囲気と呼ばれる。私たちの言葉は、身体と結合し、身体と切り離せないこの雰囲気を「風体」と名付けている。

「風体」という日本語の表現は、「風体の怪しい男が私に近づいてきた」という場合のように、否定的な意味とともに使用されるときが多いようだが、しかし、「風体」とは、文字どおりには、「風のもつ身体」のことである。この風体は、人間が己の身体情態を見い出す気分もしくは雰囲気である。「気」とは私の身体における「身の衣」であり、その意味で一種の「風」である。「気」はまた息を吸い込み息を吐くことでもある。呼吸すること、人間の身体を呈示する風、身体情態の風などというのは、人間の現存在の動態性についての直接の意識いがいのものではない。私に直接に意識されているこの直接性は、ドイツ人がいう「分厚い空気」などに示される。この気分づけられた空気こそは、私が雰囲気として理解できるものなのだ。それは、日本語では「緊張した空気」というふうに呼ばれる。

東洋で最初に「気」の深くて重要な意味を看取したのは、孟子であった。孟子によると、「気」は各人の身体物体を満たし、意志によって支配されている。主意主義者であった孟子は、道教からインスピレーションを得て、「浩然の気」という言葉で、人間の「強い、動的でかつ精神的な力」を表現した。「浩然の気」が意味するものは、いわく言い難いと孟子はいう。しかし、次のことは確かである。「気」は、一切のものよりも大きく、広くかつ強い。もし「気」がまっすぐに向かって広がれば、天と地の全体を満たしてしまう。そのとき、「気」を養うものは二つある。第一は、正しく適切な行為の結果としての正しさである。第二は、空虚で形のない道であり、これは、天と地の間を伸びていく。道の真理は、世界の開けにほかならない。ここに「気」という元来は道徳や倫理と結合していた原理が、存在論化され、天と地と人（身体）との関係・構造そのものを呈示するようになる。世界全体を構造化しているのは、天・地・人の分節構造であり、それを満たしている「気」である。

これまでの議論を要約しよう。「気」は、二つの顕著な意味を持つ。その一つは、「気」が、生き生きと動く力動的な力強い精神力であるということ、そしてこの精神力は、人間の身体に化肉しているということである。他方では、「気」は、天と地の間の「力」であり、生き生きとした精神的な空気、つまり精神の風である。この精神の風は、雰囲気とも風体とも呼ぶことができる。気風とか風気という言葉もこのことを示している。藤田東湖がシナの風気とわが国の風気とは同じであるというときの風気という言葉の意味は、こういうところから理解されよう。

しかし、どのようにしてこの二つの意味を一つの意味に結合することができるのか。孟子は答える。「気」の二つの意味を統一して一つの意味にするものは、意志という人間の能力である。貝塚茂樹は、このような意志の構造がどのようなものであるのかはなおも明らかではないと指摘している。

いずれにせよ、孟子の意味での「気」の概念は、明治維新前夜の日々において、重要な役割を果たした。たとえば、シナ、南宋の情熱的な愛国者であった文天祥（一二三六―一二八三）は孟子の「浩然の気」を受けとめて「天地正大気の歌」を主題とした歌を作っている。わが国の藤田東湖は、この文天祥の歌に唱和して「文天祥『天地正大気の歌』に和す」を創った。この漢詩は、明治維新前夜の江戸幕府に対する戦いのなかで多くの勤皇の志士たちを鼓舞したのである。たとえば、吉田松陰の門下生で他に並ぶものなかったという久坂玄瑞などは、とりわけこの藤田東湖の漢詩を愛唱し、自ら剣舞を披露したという。

この藤田東湖の漢詩は次のようなものであった。

「天地正大の気、粋然として神州に鍾る。秀でては不二嶽となり、巍巍として千秋に聳ゆ。注いでは大瀛の水となり、洋々として八州を環る。発いては万朶の桜となり、衆芳与にたぐいし難し。凝りては百錬の鉄となり、鋭利かぶとを断つべし。……」

この漢詩のなかでは、日本的な仕方で考えられた正しい「気」は、日本精神として、日本の海として、万朶の桜として、富士山として、また日本刀として現われる。この意味における「気」は、根源的な力であり、異なった状況のもとで異なった形をとる。このように状況に応じて形を変える「気」とは、天地の間を満たし、人間の身体に宿り、動物や植物を生かし、かつ生気づけるものである。

孟子の「気」と文天祥の「気」とは、水戸学において完全に日本化された。「気」はいまや存在論的な概念として使用されるに至った。そして、「気」はまた間主観的な意味をも獲得する。日本の男は、一方では父祖の身体を受け継ぎ、他方では、日本の天地のあいだに満ちる「気」を受け取ることによって、この日本に生まれてくる。「天地と父祖は、人間の根源なり。」(会沢正志斎) 父と息子は、同じ一つの起源から生まれ、両者を結合している同じ「気」から生まれる。同じ一つの流れが、小さな流れと小川を養い、多くの小さな流れが同じ一つの流れに流入する。父と子は彼等の身体において区別されるが、しかし、「気」においては同じものである。会沢正志斎は、この同一性を「父子一気」という。父と子供たちは同じ一つの「気」のうちにあるという意味だ。

父と子は、身体においては異なっているけれども、「気」においては同じである。一つの家族は同じ「気」を共有し、一つの民族はおなじ「気」を分け持ち、それゆえに同じ「気」からなる身体をもつ。民族の身体という思想は、水戸学のテーゼをなすが、これは、一つの民族が人間の身体をモデルにして理解され、一民族は、一つの身体に等しいという考えから来る。「國體」という表現は、いまのべた民族の身体理論の延長の上にあり、それを支えているのは、今述べたように「気」の理論である。民族(国家)と身体という類比は、究極的には、「気」の満ちる大地の空間の広がりに帰趨する。

しかしこのような思想も日本独特のものではない。私はここで、プラトンやアリストテレスも、さらには近代のホッブスもこのような国家観を、つまり国民の身体を積分した国家を考えていたということに注意を喚起したい(参照、O/QF, O/SM)。

Ⅲ

これまでの考察からさしあたり次のような結論が得られる。つまり、マキアヴェリの考える感情や気分は、東洋にもみられるものだし、したがって、汎文化的なものといえよう。このことは、オーストラリアの原住民を研究したマリノフスキーやエミール・デュルケームなどが一様に認めるだろう（参照、O/GB; D/FR）。

マキアヴェリは、注目すべきことに、ある箇所で東亜の意味における「気」の如きものに注意をうながしている。「ある哲学者はこの大気には「知恵」が満ち満ちているので、それに備わった力が未来の出来事を予見して、人間に同情し来るべき不幸にたいして準備しておくよう、何らかの兆しで警告を発しているに違いないといっている」(M/DR 178; S.230/384 a/b; P.333)。そして、マキアヴェリはこの意見を肯定している。なにか大きな事件が一つの都市か、一つの地方にもちあがるときには、何らかの予知する知らせがあり、このような前兆は、新しい異常な厄災を予言しているというのは事実だという。

もし気分や感情が東アジアの意味での「気」として理解されるのであれば、「なぜマキアヴェリが感情と気分からなされる政治哲学を企投できたのか」を理解させる地盤を確保しえたことになる。彼の根本の確信は、感情もしくは雰囲気的な気分が政治的状況を正しく理解するための鍵であるということにあった。私はマキアヴェリのこの隠されたテーゼを明るみにだし、支持し、さらに発展させたいと思っている。

マキアヴェリはたとえば次のように書いている。「不安が現にあるところでは、その限りであらゆる契約もしくは条約は信頼のできる状態にある」(M/DR S.185; P.343)。不安と恐怖は、まぎれもなく、相互の間の信頼の決定的な契機なのである。もし勝手きままがどのようなものでも許されるならば、社会にはカオス的な無秩序が支配するようになるだろう。なぜなら何かに威嚇され恐怖が支配するかぎりひとは条約や約束事をまもろうとするから。人に恣意的な行為、勝手気ままな行為を控えさせるもの、約束を破るのをとがめるものは、まさしくこの恐怖なのである。この恐怖は、一社会、一国家のなかに雰囲気としてみなぎっている。

しかし、私はどのようにすれば、感情—雰囲気理論を政治的な次元の分析に適用することができるであろうか。雰囲気理論の政治状況への適用の結節点は、感情が空間に溢れ出ていることにある。たとえば、ハイデッガーが気分という概念によって考えているように、感情は、人間の内面に単に見い出されないだけではない。それ以上に、感情は雰囲気もしくは気分として人間存在を取り囲む周界に果てしなく溢れ出ていてしかも空間に伸び広がっているのである。雰囲気は、全体性であり、しかも全体の非自立的部分の契機として身体としての人間の主観は、雰囲気のうちに埋床されている。世界のうちの非自立的部分とは、身体に他ならない。[2]

この雰囲気は、身体的意識としての個々の自我―主観を根本からつかみ取っている。この身体意識を、シュミッツはそのつどの身体の「情態感」(S/LG. S.107-123) と呼んでいる。世界の全体に分割できない仕方で繰り広げられている雰囲気は、あたりまえのことだが、雰囲気の部分からモザイク細工のように再構築されることはない。全体としての雰囲気は、このような仕方でそのつど人間の現存在をつかみ取っている。マキアヴェリは、彼なりの仕方でこの状況を記述している。その状況のなかでは一つの感情が人間たちのあいだで繰り広げられる。感情が空間性をもちひろがっていくことをマキアヴェリは、次のように説得力をもって説いている。「さて国家にとっていま一つの有害きわまりないことは、市民どうしのなかでいろいろな人物を次々と槍玉にあげて、これに攻撃を加え市民全体に新しいとげとげしい雰囲気を醸し出すことである。十人会が廃止されたあとのローマの情勢がまさにこれだった。(……)こうなると貴族全体のなかに果てしない恐怖が広がってこんな告発の泥試合を続けている限りそのうちに貴族全体が一人残らず滅びてしまうにちがいないと信じるようになったほどである」(M/DR S.156; P.302)。

ひとが政治的な決断について激論を交す白熱した議論の張り詰めた「分厚い空気」のなかでは、実際に、二つの異なった感情もしくは雰囲気が戦い争っている。二つの雰囲気を、相互に「分厚い空気」が隔てていて、それぞれの雰囲気は、一つの党派の人々の身体性の周りに空間的に広がっている。二つの異なった雰囲気が混じりあいながら溢れ出ている、一つの共有された空間の広がりを、いったいどちらの雰囲気が支配するかが問題である。一つの雰囲気の広がりは、もう一方の雰囲気の広がりと命運を懸けて戦いあう。どちらの広がりがその空間を支配するかをめぐって戦いが行われる。世界の同じ空間のうちを、二つの戦いあう伸び広がった気分からなる一つの分厚い空気が支配している。政治のなかの戦いのなかから「憎しみ」という感情が結果として生じる。二つの伸び広がった敵対する雰囲気空間のあいだでなされる命を賭けた戦いは、同じ共通の空間のなかでどのようにして一方が他方を打ち破るのかという戦争にほかならない。それというのも、一方の側から来る憎しみの広がりが、(議論によるものであれ、物理的な武器によるものであれ) 現実政治においては敵を殺してしまうであろうから。

憎しみはその初めの段階で人間の現存在を彼の身体にお

いてつかみ取っている。この憎しみは、敵対する敵方の空間的—感情的な広がりを攻撃し、それを抹殺してしまう。敵どうしの憎悪によって、一方の側の感情的空間的広がりが、もし、消滅するということが生じるならば、それは、彼の死を意味する。もし敵が気分のいかなる伸び広がりをも持たないのであれば、これは彼の死を意味する。なぜなら生きている人間存在は、かならずや己の周りに風体もしくは雰囲気を漂わせているものだから。マキアヴェリは、だから、いつも次のようにいう。「君主は、敵方からも民衆からも憎しみをうけることを避けるべきである。」「暖かく取り扱うよりはむしろ厳罰をもって臨まなければならない。この方針ですすむにせよ、憎しみだけはうけないように厳罰もほどほどにしておかねばならない」(M/DR, S.518-519; P.560)。

憎しみを避けるためには、ひとはあらゆる嫉妬、妬みを遠ざけておかねばならない。『ローマ史論』の三巻三〇節、三巻一六節を覗いて見よう。そこでは次のように書かれている。「勇気のある賢明な人間はどのようなことをしなければならないかをくみとることができる。とともに、どれほど立派な行いを生みだしまた祖国にたいしてどれほど有意義な行いができたかがくみとれるのである。しかもこの場合、つねにこの人物が立派な人格とヴィルトゥで仲間の嫉妬心を起こさせなかったから以上のことができたのである。この嫉妬心というものは、多くの場合、ひとびとが立派な活動をする妨げとなるものである……」(M/DR S.539)。「まれにみる大人物は国家が太平を楽しんでいるかぎりとかく粗末に扱われがちだったし、将来もまたそうであろう。なぜなら彼のヴィルトゥによれば当然手にはいる名声を、太平の世に生きる民衆は、嫉妬(invidia)のあまり奪い取ってしまうからである」(M/DR S.512)。ほかに嫉妬については、『ローマ史論』の第一部、八節(M/DR S.83; P.191)に詳しく論じられている。

なぜ嫉妬が恐ろしいのかという問には、マキアヴェリは次のように答えるだろう。人間は、雰囲気と状況のなかに埋め込まれていてすこしでも己に有利な雰囲気になれば、おまえに敵対するようになる。また、ひとは、嫉妬から優れた有能な人を失敗させようとするし、また、それは、己が野心をもち、人間の野心はとどまるところを知らないからだ。しかし、どうしたら嫉妬を防ぐことができるのか。嫉妬を避けるためには、有能さをつまり、マキアヴェリのいうヴィルトゥを持たないかのような風を装うことである。ヴィルトゥを押し隠すことも、彼の有能さの一つなのである。他方では、嫉妬を解消するためには、当面の共通の困難を指摘することや、場合によってはライバルを抹殺することも必要であるというだろう（M/DR, S.463, 466, 538）。

マキアヴェリのもつ君主の本質への深い洞察は、君主の感情と民衆の感情との衝突を解明する。君主の抱く民衆への恐れが民衆の憎しみを生じさせるのだとすれば、それは、いったいいかにしてだろうか。しかし、それはどのようにしておこるのだろうか。この点でマキアヴェリが問題にするのは、たとえば、要塞の建築の不必要性である。たとえば、『ローマ史論』の二巻、二四節（M/DR, S.358f.）で次のように書いている。「いったい君主や共和国が自分の領民を恐れ（paura）、彼等が反乱を起こしはしないかと心配したりすることが、かえって支配者にたいする憎しみ（odio）を領民に植え付けるものであるといっておきたい。」「領民は力づくで支配しうると支配者に思い込ませる原因のひとつは、彼等がその背後に城塞をそなえているということだ」（M/DR S.359; P.448）。

マキアヴェリの民衆と君主との関係の定式化は、感情の構造によって、つまり憎悪と愛情の構造によってなされている。構造とは、私の考えでは、「中和化された対立」である。別の言葉で述べると、ここでは、「対立する諸力の均衡化によって満たされた戦い」である。民衆は、己の意のままになし得ることを彼のヴィルトゥによって遂行するのを好む。民衆は、反対に、君主が君主の意のままになし得ることを上から徹底するのを恐れる。ここには、一方がどのようにして他方を意のままになしうるかという、自由意志をめぐる戦いが見い出される。君主が民衆を意のままに支配できるかどうか、民衆が君主にたいして恣意による勝手気ままがゆるされるか、という戦いである。君主の支配の意志と民衆の気ままの意思との間の戦いである。君主への愛は、君主への恐怖と逆の関係構造をもつ。『君主論』の一七節でいう。「さてここで恐れられることと愛されることというテーマにもどって、結論を下そう。臣民が愛するのは、彼等が思うままにすることである。また恐れるのは、君主が思うままにすることである。したがって、賢明な君主は、本来自分の方針に基づくべきであって、他人の思惑などに依存してはならない」（M/PR S.155）。

君主には、君主が民衆によって愛されるべきか、恐れられるべきかということをめぐる戦いがある。マキアヴェリの君主への助言は、君主は愛されるというよりはむしろ恐れられるべきだということにある。しかしなぜなのだろうか。これまでも何度も指摘してきたように、マキアヴェリは人間の心性にたいして大きな不信をもっている。いったいどういうところからマキアヴェリはそう考えるのか。なぜマキアヴェリは、人間は信頼されるに価しないと告発するのか。私の答えは次のようなものだ。人間はそのつど雰囲気に埋床している。人間にたいする不信は、人間がそのつど己を身体の情態感として見い出しているまわりの雰囲気の動態性と連関していることに由来する。利益と状況的な有利が人間を掴みだし、彼を一種の裏切りへと導いていく。人間はつねに野心をもっているというのが、とくに人間の野心はとどまるところがないというのが、マキアヴェリの洞察である（『ローマ史論』一巻、四六節（M/DR S.157）や一巻、三七節（M/DR S.139-142）を参照）。

マキアヴェリは政治的状況の解明にとって決定的な意味のある感情を、しかもいつも一定の歴史的状況のなかで究明している。たとえば、『ローマ史論』第二巻一三節（M/DR 325; P.401）では、疑惑（sospetto）の分析をしているし、謙遜については、『ローマ史論』、第二巻、一四節（M/DR 326; P.401）で論じ、必要性もしくは切迫性を『ローマ史論』第三巻、一二節（M/DR 503f.; P.541）と『ローマ史論』第二巻、八節（M/DR 314; P.384）で明らかにしている。敵対感情もしくは憎しみ（『ローマ史論』第三巻、一二節、M/DR 503; P.542）もまた、そのつど状況におうじて具体的に分析されている。私の命名する「情態性分析」「感情分析」は、マキアヴェリによって政治的状況を解明するのに徹底的に利用された。このことの詳細にたちいることはできないが、二、三の箇所をあげておこう。

たとえば自国から離反した都市を攻めてもういちど自国の支配のもとに置こうとするのは、いつも、なんの関係もなかった都市を攻略して占領するよりもはるかに困難である。なぜならば、はじめて攻撃を受ける国は、それまでの関わりがないために罰をうけることもなく、簡単に降伏することもあるが、しかし、いちどは裏切ったり背いたりしている国は、負けたならばかつての謀反や背反の行為の罰を受けるということを恐れて懸命に防戦するから。したがって、そのような国を攻め落とすのはきわめて困難になる。つまり、徹底的な抗戦を支えるのは、国民の抱く恐怖の感情である。恐怖の感情が、徹底的な抵抗へと人々を駆り立てるのである。このように政治とその延長線のうえにある戦争というものは、状況の感情的性格と切り離せないものである。

政治の世界では、ひとはつねに褒められ評価されることを望む。不滅の名誉を獲得するための行為は、人間の実践的な在り方のなかで彼がこの世でおこなうほとんど唯一の評価されるべき根本動向である。ハンナー・アレントが古代世界の根本の方向について与えた解釈（A/VA S.189ff.）は、まさにこの点を、つまり、古代の人々が、一度打ちたてられた己の名声が永遠にこの世界に残ることを期待して行為したという点を明らかにしている。[3] マキアヴェリは、感情においては、つまり、雰囲気においては古代世界に住んでいる。彼の古代ローマの共和制への追憶は、彼のローマへの郷愁と同感を物語っている。古代においては、ひとは、名誉を獲得すること、評価を得ること、褒められ、賞や賞賛の言葉で高く評価されることを望んでいた。だからこそマキアヴェリにとって政治的活動の規準は、名誉と賞賛の言葉の獲得にあった。このことは、逆の方向から述べると、たとえ権力が得られることがあっても、その権力の獲得に名誉がともなわなければ、それは、悪であり、獲得に価しないものなのである。

マキアヴェリの思想は、しかし、さらにさかのぼり、ローマの共和制を通して、古代の世界、つまりはギリシャのポリスにつねに結合していた。しかもマキアヴェリにとってローマの共和制はつねに理想的な政治的統治形態であり続けた。マキアヴェリはつねに古代ローマ人における共和制を想起し、ローマの共和制の根拠づけの理念を『ローマ史論』の第一巻のなかでしばしば論究している。ローマの共和制の根拠は宗教にあり、マキアヴェリは、彼の一種の「政治神学」を展開している（O/MP P.8-9）。その際の政治神学も、再度、神々への畏敬の感情、要するに、畏敬の雰囲気によって支えられ、根拠づけられている。ローマの共和制にあっても神々への畏敬の感情をもたずしては、法律もまた効力をもたなかったのである（参照、O/MP）。

［付記］　この論文は、一九九九年四月ナポリの「イタリア哲学研究所」（Instituto Italiano Per Gli Studi Filosofici）において私のおこなったマキアヴェリについての五回の連続講演の第四講演に手を加えたものである。この連続講演にご招待いただいたガルガノ教授（Prof. Antonio Gargano）に感謝の意を表する。

（1）トロイ戦争の現場で、神々はたえず人間の戦いのなかに介入してくる。ある箇所では、Ἄρηα という言葉で呼ばれているのは、戦いの神、アレースである。しかし、実は、これは、戦意のことをいっている。一一巻、八三六行。Ho/Il. S.392）ほかに、第五巻七八四／七九二行。女神ヘーレーが兵士の武勇をあおり、発奮させたという。ὄτρυνε μένος καὶ θυμόν. Ho/Il. S.184）

（2）非自立的部分の概念については、拙著『現象のロゴス』勁草書房一九八六、および京都大学学術出版会から出版予定の、小川侃編集『雰囲気と集合心性』における私の論文、「デュルケームの社会学の基礎」（P.361）を参照。

（3）ギリシャ人がポリスを発明して公共の空間を形成し、その公共空間に共生したのは人間の行為の脆さもしくははかなさを救うためであった。というのもいかに優れた人間の行為といえでもこの世界に保存されることはなく直ちに滅びてしまうからである。だから、ポリスこそは不滅の名誉の可能性が与えられる空間であるとともに、活動と言論の空虚さを救う空間であった。この点をよく示すのは、たとえばヘロドトスの著書『歴史』の序文に掲げた次の言葉である。「ハリカルナス出身のヘロドトスは、人間の業績が時とともに忘れ去られてしまわないように、また、ギリシャ人や野蛮人たちの偉大な驚嘆すべき行為が想起されることがなくなるのを恐れ」て、この著書を刊行するという（Hrdt/ S.1）。

文献表

（原書の頁づけはSによって、邦訳の頁づけはPによってしめす）

第一次的源泉

（イ）マキアヴェリ

Machiavelli, Niccolo: Il Principe, Biblioteca Universale Rizzoli, Milano 1975, 1995（M/PRと省略）．邦訳、会田雄次編、中央公論社世界の名著版、マキアヴェリ『君主論』（M/IPと省略）

Machiavelli, Niccolo: Discorsi Sopra La Prima Deca Di Tito Livio, Biblioteca Universale Rizzoli, Milano 1984, 1996. 邦訳、会田雄次編、中央公論社世界の名著版、マキアヴェリ『政略論』（ただし、私は論文の本文のなかでは、この書物をより正確に『ローマ史論』と呼んでいる）（M/DRと省略）

Machiavelli, Niccolo: Il Principe e altre opere politiche, Garzanti Editore, Milano 1981（M/PAGと省略）

（ロ）マキアヴェリ以外

Arendt, Hannah: Vita Activa oder vom tätigen Leben, München 1981（A/VA）

Arendt, Hannah: Über die Revolution, München 1994（A/R）

Durkheim, Emile: Les formes élémentaires de la vie religieuse, Paris 1960, 1994（D/FRと省略）．『宗教生活の原初形態』古野清人訳、岩波文庫、上（a）下（b）

Heidegger, Martin: Sein und Zeit, Halle a.S. 1927（H/SZと省略、以下同）

Heidegger, Martin: Gesamtausgabe Bd. 29/30: Die Grundbegriffe der Metaphysik, Welt-Endlichkeit-Einsamkeit, Frankfurt a.M.1983（H/GA-29/30）

Herodot: Historien, Griechisch-Deutsch, Hg. von Josef Feix, Darmstadt 1988（Hrdt/ ）

Homer: Ilias, Griechisch-Deutsch, München 1961（Ho/Il.）

Ogawa, Tadashi (ed.):『シュミッツ・身体と感情の現象学』、産業図書、一九八六（O/SCH）

Ogawa, Tadashi:『現象学と文化人類学』、世界書院、一九八九（O/GB）

Ogawa, Tadashi:『現象学と構造主義』、世界書院、一九九〇（O/GK）

Ogawa, Tadashi:『自由への構造』、理想社、一九九六（O/JK）

Ogawa, Tadashi:「「気」の哲学と雰囲気」、京都大学『人間存在論』刊行会編、『人間存在論』第三号、一九九七

（O/QF）
Ogawa, Tadashi:「司馬遼太郎と水戸学の理論」、『あうろーら』編集委員会（委員長河上倫逸）編、『あうろーら』第七号、二一世紀の関西を考える会事務局刊行、一九九七（O/SM）
Ogawa, Tadashi/Kajitani,Shinji (ed.):『新現象学運動』世界書院、一九九九（O/K-SG）
Ogawa, Tadashi:「マキアヴェリと現象学――政治の現象学の一つの可能性」、京都大学『人間存在論』刊行会編、『人間存在論』第六号、二〇〇〇（O/MP）
Ogawa, Tadashi:「二一世紀の新しい都市国家群」、『あうろーら』編集委員会（委員長河上倫逸）編、『あうろーら』第二〇号、二一世紀の関西を考える会事務局刊行、二〇〇〇（O/ATK）
Schmitz, Hermann: Leib und Gefühl, Paderborn 1992（S/LG）

◆書評

耳野健二『サヴィニーの法思考――ドイツ近代法学における体系の概念』（未來社　一九九九年）

赤松秀岳

サヴィニーの思想形成の時代は、フランス革命から一八一三～一五年の解放戦争に至る変革の時代であった（ちなみに『立法と法学に対する現代の使命について』が刊行されたのは、一八一四年である）。本書において耳野の課題とするところは、この時代、つまり『使命』に至る頃までにサヴィニーの法思考の核心部分は形成されたという前提の上に、『現代ローマ法体系』（一八四〇～四九年）の諸概念と方法の特質と意味を解明することである。だから、『法学方法論講義』（一八〇二／〇三年）、『使命』そして『体系』を一貫したものとして理解しようとする（したがってまた、『使命』を闘争論文としてその意義をやや軽視するヴィーアッカー説はとらないものと思われる）。

この変革の時代、ナポレオンの軍事的勝利を背景に、ライン同盟に参集したドイツ諸邦はナポレオン法典の導入へ向かって走り出す。他方で、ドイツの法律書といえば無味乾燥なマニュアルのようなローマ法の Compendien ばかり。それ以上に自分で法源と取り組み法を発見する能力は、法学生はおろか法曹ももちあわせていなかった。激動の変革の時代、時代の転換点であるにもかかわらず、「自分の生きる時代と社会が『法』を作りえない」（本書一五頁。以下、本書については頁数のみで示す）という苛立ちがサヴィニーにあったに違いない（ちなみに似たような苛立ちは、おそらく法典論争の相手方であった、フォイエルバッハやティボーも感じていたものと思われる。フォイエルバッハの心情は、本書の第三章「P・J・A・v・フォイエルバッハの『普遍法史』の構想」が伝えてくれる。また、サヴィニーは、『使命』三頁および一五五頁でティボーとの論争を目的は同じで方法が違うものと位置づけている）。そしてサヴィニーが見出した答えは、立法ではなく、普通法つまりローマ法を基盤に、法律学と法学教育を改革することを通じて、新しい時代の求めるものを提供しうる創造的な法律家を養成するという方向であった。「新たな時代の枠組みに対処しうるシステムを、根底的に作り出そうとする」（一五頁）このサヴィニーの作業の意味を内在的に読み解くのが、本書である。耳野は、このサヴィニーにとっての課題が、同じく時代の転換点を生き、また新しい法を産み出す生き生きとした力を備えた法律学を必要としている、われわれの課題でもあるとする（実践哲学の復権やコミュニケイション理論などの現代的文脈からサヴィニーを理解しようという視点が本書にみられるのも、このことと無関係ではないだろう）。

第一章「若きサヴィニーにおける法学と哲学」は、初期法学方法論講義に至るまでの時期に形成されたサヴィニーの思考の原型を明らかにする。それが晩年の『体系』にまで基本的に一貫して受け継がれていったわけである。

ここでは法学の哲学的基礎づけの問題のほか、直観と体系の観念、大学教育や学識者の共同体の問題などが扱われている。本書の考察の出発点をなし重要なので、少し詳しく紹介しよう。サヴィニーは、一八〇二年／三年の法学方法論講義で次のように述べたといわれる。すなわち、「法律学それ自体は、自然法〔これは哲学と同義であると解してよい〕がなくとも、研究することはできる……。哲学に心を引かれない者は、手をつけないほうがいい。哲学の研究とは、半年で足りるものではなく、一生を要するのだから」と（三〇頁）。しかし、耳野によれば、（ヤーコプスの解釈のように）これは法律学をする者は、哲学と決別せよ、と言っているのではない。サヴィニーの真意は、逆に法学そのものが哲学であること、「法学の研究そのものに哲学的精神を溶け込ませ、法学の研究によって哲学を具現化させる」こと（三五頁）、言いかえれば、法律学をひとつの哲学にまで高めることにあった。だからこそ、法律学はもはや哲学なしにやっていけるのである。

このようにサヴィニーによれば、法学は、それ自体がひとつの哲学として、総合的で確実な知の総体でなければならない。それは総合的な知として、形式主義的で一面的であってはならず、理論と実践を総合するものでなければならない。そのためには、実践的なもの、経験的なもの、個別的なものにまず目を向け、そこに具現される理論を見つめねばならない。一七九九年六月二一日の書簡に付された哲学的小論文は次のように説く。すなわち、「高貴な人間性」には、「倦むことなくひたすら外部に向かって努力する者があれば、自身で安心と平静を全うする者」、「常に善を欲する存在、つまり女性」あるいは「旺盛な力で意志を貫く存在、つまり男性」など多様な姿がある。しかし、このような「生き生きとしていることと静謐さ、愛情深さと熱っぽさ」など具体的で多様な姿が、抽象的な定言命法ではすっかり抜け落ちてしまう（「カントの見解には全く欠けているもの」）。それに対して、サヴィニーは、道徳の基礎を定言命法ではなく、「そのつどの個人的性格」（ネル。四九頁）におく。このような具体的なものから出発する道徳の課題は、「愛と友情」を通じて不確かな気分を確固とした「心的態度」に高めることである（以上、四八頁）。この哲学的小論文の解釈を通じ、耳野はサヴィニーの構えが、「まずその行為が生起した個別・具体的な場面をよく見ることにする。次にそれを普遍的な基準により裁くのではなく、その個別具体的なものとして現れた行為者の『内的』なものに目を向ける、つまり行為に内在する倫理的なものを肯定して評価する」ものだったとする（四八頁）。

さて、それでは、このような具体的なものの「肌触り」（一九〇頁参照）を失わない哲学をどのような方法で叙述すべきなのか。それは従来のような形式的な哲学を越えた境地にある知であるから、「学説の論理的な配列と説明」（六一頁）では叙述することができない。サヴィニーにとってのモデルは、個別的なものの中に絶対的なものが現れていく様を生き生きと叙述する、詩人・完全なる芸術家の文芸、あるいはロマーン（長編小説）により語られる物語であった。それは、いわばポエジーとしての法学であるが、自然を直観し世界を生き生きと「描出[Darstellung]」（五七頁）する詩人あるいはロマーンのように、「物語に触れることで読み手の内部に自ずとその事物の連関が体系として再生産される」（六六頁）ような叙述が可能な法学でなければならない。

また、教師もこのことができる教師でなければならない。つまり、大学教育の問題にも関連していく。すなわち、サヴィニーのような立場からは、哲学と同様に大学教育も、完成された知識［それは往々にして形式主義化する］を外から叩き込むような、「窮屈」で「押しつけがましい」ものであってはならない（三三頁）。教師と学生の関係は、「言語を媒介とする創造的な相互関係」（六六頁）でなければならない。

具体的なものの「肌触り」を失わない総合的な知としての法学、その認識と叙述の方法、そのような能力を養成するための大学教育、耳野によれば、若きサヴィニーが取り組んだこれらのテーマとその解答は、続けてみるように、生涯を通じてサヴィニーの仕事のあり方を決定したものとされる。

また耳野は、「歴史的素材の内的精神に入り込むことを核心とし、テクストと読み手の絶えざる相互作用のうちに認識の地平が融合し、無限に進み行くものと」とするサヴィニーの方法は、『読み』の認識論を通って人間の『実践的なるもの』一般へのかかわりにまで射程をもつ、哲学的解釈学の思考に通ずる洞察なのではあるまいか」とする（六五頁）。

第二章「『使命』における言語の位置づけ」は、サヴィニーにとって法を語る言葉がラテン語であったことを彼の法学の構想との関連で扱う。第一章で明らかにされたその構想に従えば、全体的理念が具現された現実的なもの個別的なものとして、文字で書かれた法と主として取り組まねばならない。ところで、『使命』における有名な法形成論によれば、フォルクの精神に法はその起源をもつ。社会がまだ単純な幼年期においては、法とフォルクの精神との関係はより直接的であり、そのため法はさまざまな象徴的行為の中に存在する。これに対して、社会がより複雑化・文明化する青年期には、法は専門家としての法曹に担われる学問法として、言語の形式の中で存在する。しかし、青年期においても、法とフォルクの関係は失われない。従って、法の言語もまた、この関連を滲み出させることができるものでなければならない。その意味で、法学は表面的に法の文章を明らかにすることにとどまらず、ポエジーと共通する文芸的感覚でもって、なおも法を語らねばならないのである。それでは、そういった性能を当時の法律ドイツ語は備えていたか。サヴィニーによると答えは否であった。ポエジーの感覚で法を生き生きと語るためには、文学の領域は別として、法の生命が最も豊かだった時代の言語、すなわちローマ法をラテン語で語るほかなかったのである。ただ、耳野によれば、サヴィニーはこの点を固定的にとらえていたのではなく、やがて法律ドイツ語がその能力を獲得すれば、その役割はドイツ語が担い、法が民衆の言葉で語られるようになる遠い未来の展望がサヴィニーにもあったとする。一九世紀末のドイツ民法典編纂へ至る道は、ここに示されていたということであろうか。

第三章「P・J・A・v・フォイエルバッハの『普遍法史』の構想」は、法典論争においてサヴィニーの論敵のひとりであったフォイエルバッハの普遍法律学を扱う。それは、各国民(それはヨーロッパの諸国民に限られない)の法律と法慣習を比較し、類似点と相違点を経験的に明らかにすることを通じて、時代の激変にも耐えて新しい法を示せる創造的精神に満ちた法律学となるはずであった。それは、過去の遺物や伝統を守ることだけに汲汲としている(としかフォイエルバッハの目には映らなかった)ドイツ法学に代わり、立法活動に生気を与えてくれるはずであった。サヴィニーとフォイエルバッハの心情における共通点と方法における相違点は今後より詳細に分析していく必要があろう。周知のように、フォイエルバッハは、バイエルン王国へのナポレオン法典導入に参画し、一八〇八/九年のバイエルン王国普通民法典草案、別名フォイエルバッハ草案を残すが、それが決して彼の本意でなかったことを伝える一八〇九年一月一三日付けサヴィニー宛ての手紙の一節がある(「古代の偉大な〔法典〕の模範を別にすれば、たとえばフランスのものだからという理由だけでドイツにとって強要された、フランスの法典のような法典は、必ず文芸的には野蛮状態に行き着き、自ら自分自身を形成するのではなく、精神のない機械主義へと堕落してしまいます。……国民法典は本来決して技巧による作品ではありません。それは、自然の産物と同様に、国民精神の奥深くから本能的に芽生えてくるものです。……〔しかし〕われわれ自身で固有のものを産み出すことができないから、偉大な模範例を学ばねばならないのです」)。

第四章「初期法学方法論講義(一八〇二年)における体系の概念」では、サヴィニーの体系観が扱われている。まず、一九五一年に刊行されたヤーコプ・グリムの講義ノートの一節が問題とされる。それは、「体系の内容は立法である、つまり法命題である。これを個別的に認識したり、あるいはまた連関のうちに認識したりするために、我々は論理的媒体、形式、つまりは立法のすべての内容の認識の論理的条件を必要とする」というくだり（一二八頁）であり、実証主義的なサヴィニー理解にきっかけを与えたとされる（ヴィーアッカーは、この講義が刊行された直後の一九五五年に、このような立場から一貫してサヴィニーの著作を理解すべきであるとし、そのため、『使命』や『体系』第一巻の哲学的部分を軽視したのであった）。

　これに対して、耳野は、今日では刊行されて利用できるようになったサヴィニーの手になる方法論講義の講義原稿などと比較し、「論理的媒体」という言葉が、実は、サヴィニーが否定されるべき体系観を表現するものとして、否定的文脈で語ったのが、グリムによって前述のようにノートされた可能性を指摘する。それでは、サヴィニーの体系観をポージティーフに言い表すとどのようなものか。それは、一七九九年の哲学的小論文以来の思索で示されていたように、読む者の直観に生き生きと訴えかける物語としての体系にほかならない。そして、さらに耳野は、この体系観が、浅はかな書物が氾濫する中で、講義を通じて教師が学生に直接に語りかけ、全人格的に感化することの重要性を強調したサヴィニーの大学教育論とセットであったことを説く。

　第五章「サヴィニーの方法と体系」は、サヴィニーの数々の著作に共通して見られる思考の型を明らかにする。それは、「対象を一般的要素と個別的要素に解きほぐし、それらをそれぞれ、内的構成要素の連関（＝体系性）とその連関の時間における発展（歴史性）として記述する」というものとされる（一八〇頁）。サヴィニーにおける「有機的」とはこのような謂いにほかならない。また、「直観」とは、構成要素の相互連関として空間的あるいは共時的には広がりをもち、しかもそのそれぞれが、時間的あるいは経時的に発展展開を絶えず続けるという生成のプロセスの全体を動態的に一息に見渡す認識方法のことである。そのためには、直観は、個別的なものを見るに際しては全体的なものを、全体的なものを見るに際しては個別的なものを常に見失ってはならない。というか、それを見失わないための認識の方法である（なお、直観が間主観的な、学識者の共同体によって共有されるものとされている点に留意。一三六頁）。耳野は、個別的なものと一般的なものの間の視線の往復という「法発見の解釈学的［hermeneutisch］な意味あい」（一八八頁）をここにも認める。さらに、規範的なものを扱う場合にも、個別的なもの具体的なもの現実的なものから離れないことで、サヴィニーの方法は、「何か超越的な規準を発見することではなく、むしろ具体的な肌触りのある、日常生活の中で感得される『常識＝共通感覚』に通ずるものであると言うべきではないだろうか」（一九〇頁）とされている。

『体系』における体系、法関係、法制度、類推といった装置も同様である。たとえば、そこでの体系とは、外的な配列ではなく、類縁関係を明らかにすること、その意味で、豊かで生き生きとした現実における有機的な構造を内的に描出することである。法関係と法制度は、諸要素が複雑に組み合わさりそれぞれが時間的に展開する生活関係と、その規範面での反映である。そして、類推とは、このような法関係と法制度の全体直観を有機的に一貫させて、欠缺を補充する解釈の方法である。法制度の観念が前面に出されてはいるものの、法学は以上のような意味で、体系的であり、歴史的であり、釈義的でなければならないというのは、初期法学方法論から一貫しているとされる。

第六章「サヴィニー『体系』「序論［Vorrede］」における方法理念」は、以上のような、法関係、法制度、体系、あるいは類型構成といった観念の成立過程を、未刊行の手稿（UB Marburg Ms 925/11）に即して明らかにする。評者の赤松自身はこの手稿は未見であるが、そこではサヴィニー自身により『使命』の執筆資料の参照が指示されている点（二五八頁）、『使命』と『体系』の連続性とサヴィニーの思想における『使命』の重要性を実証的に示すものとして非常に興味深い。『使命』の執筆資料の側では、「慣習法」と題された着想メモ（Ms 925/3, Bl. 72—74）には 2i や 2f、「ザイデンシュティッカー・パンデクテン書評の際の考え」（79r）に 2c や 6c や zu (8)、シュミットの『ドイツの再生』（一八一四年）からのメモ（80r）には 6h といった頁数と見られる書き込みがあるが、これらが Ms 925/11 に書き込まれた頁数を指している可能性があるのか、機会があればご教示願いたいと思う。

第七章「サヴィニー『体系』第五二節（「法関係の本質」）の執筆過程」は、キーフナーの研究を手がかりに、それを自らの手による Ms 925/11 の検討を通じて発展させ、『体系』の具体的な執筆過程を追跡するものであるが、弟子の批判に耳を傾け草稿を書き換える謙虚なサヴィニーの姿を明らかにしている。「愛と友情」を通じた絶えざる自己形成、学識法曹の共同体の中で相互批判を通じた法形成といった、若い頃の構えや考え方を、晩年になっても自らの生活でも実践していたということであろう。

キーフナー、リュッケルト、ヤーコプス、ディーター・ネルらの研究は、一九七九年以降利用が可能になった手稿を素材に、サヴィニー研究を一段と実証化・精緻化させた。耳野の本書は、これらのドイツでの研究動向を充分に自分のものとしている（カントが美的判断の領域に追いやってしまった反省的判断力の問題を実践理性と法学の領域へ再び取り戻す試みとしてサヴィニーを読む Stephan Meder, Urteilen, 1999 が参照されていないのは、本書の刊行の時期から見てやむをえないだろう）。のみならず、これらの手稿は、一九九三年以来順次刊行されてきているが、それらだけでなく耳野は、未刊行の手稿についても自ら検討を加え、ドイツの諸研究をさらに前へ進めている。他方で、どちらかというとサヴィニーのテクストの内在的理解に重点が置かれているように思われる。外的環境としての時代状況やサヴィニーを取り巻く言論状況などとの関連をもう少し前面に出せば、サヴィニーの構想の意味をさらにヴィヴィッドに描きえたのではないか。

また、文芸感覚で物語のように描く体系とは、いわゆる法律体系書といわれる場合の「体系」とは、全く異なるものであろうが（一六頁参照）、それをイメージするのは容易ではない。それは、結局、自ら『体系』を味読することで体験するほかないものなのか。たとえば、『体系』第三巻五五～六九頁（第一〇九節）は、ローマ法における完全な行為能力の前提としての性的成熟（Pubertät）の問題を扱う。ユ帝法ではそれは一四歳の満了であったが、古典期には学派の対立があり、サビヌス派は個別的に性的成熟を判断すべきであるとしたのに対して、プロクルス派は一四歳という画一的基準を提唱していた。この学派の対立と、後には一四歳という画一的基準が採用されていったことを、サヴィニーは、ローマの服装の慣行とその推移から説明しようとする。つまり子供は〔ブッラという首飾りをかけ〕プラエテクスタと呼ばれる子供服を着ているが、成人式を境に、ローマ市民の正装であるトーガを着用した。しかし、この慣行は帝政期に次第に廃れ、パエヌラという旅装束を日常的に着用するようになり、トーガが服装としては駆逐されていったことに関連させて説明する。確かに物語を読むような気分にさせられるが、これなどサヴィニーの理想とした描出の例といってよいのか、あるいは違うのか。

学問法の担い手として、学識者の共同体が想定されており、この意味で、学問法は公共性をもち、また同様に、直観も共通感覚に担われた間主観性をもつ、という指摘は、そのとおりであろう。だから、一八一五年の歴史法学雑誌の創刊という事業もこの文脈に位置づけられる（八九頁）。最近の Rückert, Geschichtlich, praktisch, deutsch, in: M. Stolleis (Hrsg.), Juristische Zeitschriften. Die neuen Medien des 18.-20. Jahrhunderts, 1999, S. 128 も同様に述べている。しかし、他方で、その公共圏の担い手は、限られた一部の学識者・エリートにすぎず、民衆・市民に対しては閉じられていたのではなかったか。この点、サヴィニーの現代的意義を考える上でも重要と思われる（Rückert, a. a. O., S. 144, 182ff. は、歴史法学雑誌の執筆者は少数のグループに限定されており、また、幾度も休刊を繰り返し、同じ時期の一八一八年に創刊された A.c.P. に比べて、雑誌として決して成功とはいえなかったとする）。

なお、『使命』の執筆資料（Ms 925/3）に関連して、細かい点であるが、Bl. 108r でフーゴーに言及しているのがアダム・ミュラー自身であるならば、この個所は、サヴィニーに対するフーゴーの影響を証明するものとしては、あまり重視しえないのではないか（一一三頁注37）。さらに、Bl. 73r のキーフナーによる nüzlich は、手稿の当該個所を見る限り、やはり nüzlich（nützlich の古い綴り方と思われる）でよく、また、möglich ではありえないように思う（二七八頁注33）。

学会動向

もう一つの明治憲法成立史は成り立ちうるか

——瀧井一博『ドイツ国家学と明治国制』に寄せて

大石 眞

はじめに

最近、西洋法史のみならず、憲法史・大学史などの関係者の間で話題になっているものに、京都大学人文科学研究所助手、瀧井一博氏の著した『ドイツ国家学と明治国制―シュタイン国家学の軌跡』ミネルヴァ書房（一九九九年十月刊）がある。

本書は、直接には、明治憲法の父とされる伊藤博文が親炙し、明治政府の要路者が相次いで詣でたオーストリアの碩学、ローレンツ・フォン・シュタイン（Lorenz von Stein, 1815―1890）の説いた「国家学」が、明治憲法体制の形成過程に与えた知的影響を実証的に跡づけ、その法史的意義について考察するものである。だが、それは、後でも述べるように、近現代国家における「知」のあり方を通して国政秩序の再構成を試みようとする遠大な構想の下に書かれた意欲的な作品でもある。

したがって、大学史研究の方々が瀧井氏の業績に深い関心を示されたのは当然であるが、本書は憲法史にとっても重要な視点を提供している。ここでは主として、この日本憲法史に対する寄与という観点から、同書のもつ意義について多少の感想を述べてみたい。

一　憲法史と「国制史」「国制知」との間

(1)　まず、本書の性格を――「国制知」という考え方について説明した序章中の著者のことばを借りて――言えば、「明治立憲制の成立と構造を比較法史と思想史・学問史の座標軸のなかに位置づける試み」であり、その基本的視点は、「これまでの明治憲法成立史の叙述を『国制史』へと書き換えること」及び「国制のなかでの『知』の役割」を究明することにある（一頁）。

ここで、余り聞き馴れない「国制知」――これは付録のドイツ語による要約では Verfassungswissen と訳されている――という観念が登場する。著者によれば、それは「国家の構成と諸制度を構想し……そのような国制の支柱となってそれを運営していく知的な営み、ないしそれに携わる学識集団」を指している（二頁）。

もちろん、こうした「国家の構成と諸制度」を表す観念は、瀧井氏独自のものではなく、憲法学でよく用いられる「実質的意味の憲法」に相当する。だが、ここで「憲法」の語を避け、西洋法史以外の分野では余り一般的でない「国制」という観念を提唱するのは、何より、同じく講学上の「形式的意味の憲法」に限局されがちな「憲法」観念の狭隘さを意識し、これを超えたところに真の問題があるという著者自身の立場を鮮明にするためであろう。同時に、しかし、読者にもそうした観念の拘束から自由になって欲しいというメッセージをそこに見ることもできる。

確かに、日本では「憲法」とは条文化された憲法典のことと思い込む傾向が強く、瀧井氏の基本的姿勢には賛意を表したい。ただ、憲法学が自覚的に用いる「憲法」観念を前提とすれば、敢えて「国制」観念にこだわる必要はないのではないか、とも思う。また、これに関連して言えば、その「国制」が日本法制史、とくに日本「公法法制史」又は「公法史」にいうところの「法制」「公法」観念などと一体どういう関係に立つかは、興味ある方法的問題たりうるのではあるまいか。

(2)　いずれにせよ、本書が標榜する「知」の役割の究明とは、およそ「制度の本質と動態の根拠を……メタレベルの次元で探求すること」（一頁）を意味する。したがって、それは法規範体系や法制度に対するイデオロギー批判の手法でもあるが、そうだとすると、その試みは独り明治憲法成立史のみの問題なのかという問いにつながっていくであろう。

これを言い換えれば、「国制のなかでの『知』の役割」という観点は、たんなる明治立憲制の問題を超えて、およそ憲法体制の成立と内実にかかわる統一的な視点を提供するはずである。したがって、この観点は、現行の日本国憲法の成立史・運用史についてはどう捉えるべきかという問いをも、われわれに突き付けるに違いない。

なるほど、従来の憲法史は、憲法学説史といった形でそれなりの対応をしてきたとはいえ、例えば日本国憲法にかかわる「国制知」のあり方について、本書のような丹念な手法で包括的に論じてきたかというと、そういう業績は皆無に等しい。著者は、「シュタイン国家学の軌跡」を辿るという、地味ではあるが実に緻密な作業を通して、アドホック・バランシングにも似た平板な解釈論議に終始してきた現在の憲法学に強く警鐘を鳴らし、常にそうした問題意識をもつべきことを教示しているようにも見える。

二　伊藤とシュタインとの間

——伊藤博文の滞欧憲法調査の位置づけ

(1)　シュタインと明治日本との関係を考察する第二部（二一一頁以下）は、十九世紀ドイツ国家学の系譜におけるシュタインの人となりを克明に描いた第一部（九頁以下）とともに本書の大部分を形づくるが、とくにその第五章「伊藤博文の滞欧憲法調査」（一七一頁以下）は、「ドイツ国家学と明治国制」という作品の主題そのものにとって、きわめて重要な位置を占めている。以下では、したがって、この部分に焦点を絞って私なりに気の付いたところをコメントすることにしよう。

まず、瀧井氏は、憲法学や憲法史ではほとんど検討なしに論じられている伊藤渡欧事情について、政府内外の知識人に対抗しうる立憲政治家たらんとする伊藤の複雑な内面的動機をも穿ちつつ、解明しようとする。これと同時に、約二十年前の早島瑛氏の提起にかかり、しかもこれまで憲法学や憲法史では全く論じられることのなかった「シュタインにおける日本問題」、すなわち、すでに伊藤渡欧以前に存したその内発的な対日関心はいかにして形成されたかという問題（五五頁以下）から、ドイツ国法学のあり方を批判し、孤立した感のあるシュタインがどうして日本政府当局者に重要視されるようになったかという「日本におけるシュタイン問題」（一三三頁以下）への転換の過程を、実に鮮やかに描き出している。

ここでは、とくにシュタインと伊藤とを取り巻く知的ミリュウや政治的環境が丁寧に分析され、両者の間に「国家形成における知の問題を巡って、看過し得ない思想的共鳴点」のあったことが強調される（一八二頁以下）。つまり、瀧井氏によれば、ステイツマンシップの養成を第一義とする大学における「国家学」の復権を図ろうとする孤立した老碩学と、国会開設勅諭渙発後の情況の中で英仏派を中心とする政談的知識人及びドイツ流「科学的」知識人に囲まれ、独自の存在理由をもちうる立憲制構想——「立憲制への第三の道」——を追求しようとした伊藤との間には、「赤い糸」があったというのである。

(2) 興味ぶかい指摘で示唆に富んでいるが、実は、この点についてシュタインは少し気になる発言を残している。というのも、後年の明治二十一年秋、元老院議官海江田信義のために行った国家学講義の中で、「国家実地上の機務」については先に伊藤博文に伝えたものの、「国家精神上の事」は伝えていなかったとの認識を示しているからである。すなわち曰く、「伊藤総理の当地に在るや、常に国家実地上の機務を談ずるの緊要なるが為に、敢て他事に移るに遑なく、国家精神上の事を談ずるは、今回が始めとす。故に、貴官［海江田］帰朝の上は、余の精神上の意見を総理にも伝へられむことを望むなり」（宮内庁編『須多因氏講義筆記』〈明二一〉二二六丁）と。

ここには憲政の「精神」について十分な説明をする時間がなかったとするシュタインの懸念というべきものが示されているが、これと伊藤博文が得たという——坂本一登氏の表現によれば——「立憲カリスマ」たるべき自信との関係は、一体どのように考えたらいいのであろうか。もちろん、シュタインが伊藤渡欧時の講義の中で、折りに触れ、憲政の要諦を説いていたことは容易に想像できる。実際、他方でシュタインは、日本人の受講態度について、「実地の事実のみを説き並ぶるときは……只だ感心して聴くに止まりて、敢て之を活用せむとするの色なし、故に精神より起て実地を説き、精神に依て実地上の知識の系統を修めて述ぶるときは、則ち速に日本人の中心に入りて、得意の色ある」様子だったことをも語っている（前掲『須多因氏講義筆記』二二七丁）。このシュタインの観察は、かつての伊藤にも当て嵌まるということであろうか。

この点では、さらに、後日、国家学会の講演会において金子堅太郎が「日本」行政法研究の必要を説いて物議を醸したという瀧井氏が紹介している事実も、やや気になる（二六一頁以下参照）。このことは、日本人は自国の歴史を知らなさすぎるので「日本歴史教育を改良すべし」と力説していたシュタインの提言（前掲『須多因氏講義筆記』二二〇丁以下参照）が、必ずしも日本では活かされていないことを示唆している。シュタインが教育問題を重視していたことは、瀧井氏自ら強調しているところでもある。だが、金子の説いたところをみると、シュタイン的「国制知」の影響には、やはり限界があったのではないかとも考えられる。

三　「国制知」の形成過程と知の体制化の問題

(1)　さて、第五章の最後の部分で、著者は、「伊藤の帰国後……いかに国制知の形成が進行したか」を「次章以下の課題」としている（二二二頁）。そして、第六章では、まず官制改革・帝国大学の設置などに言及した後、「帝国大学への大学の改組が、立憲制創出の一齣として、内閣制度の創出と同列に扱われている」ことに注意を促すとともに（二四六頁）、帝国大学（東京大学）スタッフを中心とし、その初代総長渡辺洪基を評議員長とする「国家学会と明治国制」との関係が詳述される（二四九頁以下）。

伊藤博文の肝煎りで設けられ、帝国大学と連動した国家学会というものが、東洋初の立憲制の船出に際して有していた重要な意味――瀧井氏によれば「国制知」の体現である（二五四頁）――は、確かに理解できる。そうはいっても、やはり「国制知」のあり方は独り国家学会の動向に尽きるわけではないであろう。そうすると、他の動きとの比較において国家学会を相対的に位置づける必要もあるように思われ、その意味で「国制知」の形成・展開が十分に跡づけられたとはいえないような気がする。

(2)　そもそも「国制知」は必ずいわば知の体制化を要請し、知の体制化は「国制知」の認知過程であるといってもよい。しかし、憲法体制の創出過程には、一般に三つのステージがあって、この展開との関連も少し気になる。

すなわち、ある憲法体制が創出されるには、まず大前提として、第一に実質的な意味における憲法規範が規制対象とすべき統一的な国権を形成する段階が必要であり、次に、憲政実施の前提条件、つまり「憲法秩序の前提であり、憲政導入後も円滑な国家運営を可能とする制度的保障」（二五二頁）――シュタインに教示された「憲政の前提となる行政上の制度改革」（二〇九頁）に相当するもの――を整備するという第二段階を経て、憲法典のみならず、憲法典を補充し、これを施行するのに不可欠な各種の憲法附属法令を制定するという第三の過程を必要とする。

しかし、これらの過程と「国制知」、とくにシュタイン的なそれとの関係に関する瀧井氏の論及はかなり限られており、伊藤帰国後の「国制知の形成」のあり方という当初の問題に応える論述としては、決して十分でないとの印象を拭うことができない。もちろん、明治十四年政変後を主たる対象とする本書は、右の第一ステージを前提とするので、この点は措くとしても、「日本におけるシュタイン問題」の解明を課題とする部分としては、第二ステージ以下におけるいわばシュタイン的「国制知」の動向について、例えば明治十七年三月に設けられた制度取調局の作業との関連はどうかといった点についても、もう少し余裕のある論述が欲しかった気がする。

(3) ただ、この点については、むしろ少し前に戻ってみると、第四章第五節「シュタイン詣で」において、簡略ながら、「国制知」全体の動きについて的確な展望が示されている。すなわち瀧井氏は、その期間に内閣制度・宮中制度・地方制度・大学制度の創設・改革といった、狭い意味での「立憲作業にとどまらない、各種国家制度の設計と建設にそれぞれ莫大なエネルギーが投入され、そしてそれらが有機的なかたちで結びついて明治国家の体制が構築されていく」ことを指摘しているのである(一五一頁)。

したがって、ここを見落としさえしなければ、余り問題はないのかも知れないが、それでは「次章以下の課題」だと宣言したことの意味が失われてしまうだろう。所詮、各章を形づくる論考が公表された時期の違いに由来するのかも知れないが、記念すべきモノグラフィーの構成としてはやや難があり、いささか惜しまれてならない。

四　国内政治情況との関連

(1) ところで、知の体制化は、同時に、反体制的な「知」の動きをも必然的に伴うであろう。その意味で、特定の「国制知」の浸透又は影響があるなら、これに対する抵抗又は反発といったものも当然ありえよう。しかも、この方面の動きは、必ずしも消極的に評価すべきものでなく、それを通して体制派における「知」のリファインメントが図られ、それ自体「国制知」として活かされるという意味において、むしろ積極的に評価すべきものである。

そう考えるとき、シュタイン的「国制知」への対抗軸として考えられるものがなかったかどうかは、大いに気に掛かる。この点で想起されるのは、加藤弘之の初期翻訳『国法汎論』で知られるJ・ブルンチュリ(Johann C. Bluntschli, 1808—1881)である。このスイスの国家学者の言説は——山田央子氏が丹念に追跡して明らかにしたように——いわば文献上の存在であったが故に、その翻訳を通して、政府及びその肝煎りで作られた独逸学協会のみならず、民権派にも広く流布し、活用されることになった。在外「政府顧問」だったシュタインの場合、そうした要素は全くなかったのだろうか。

(2) このことは、とくに伊藤博文を取り巻く当時の複雑な政治情況の問題とも関連している。つまり、ドイツ学に傾斜した政府と「英仏過激論者」を中心とする民権派との対立は当然考えなければならない要素だとしても、さらに明治政府内部には、とくに薩派・長派の対立を内蔵しつつ行政機構に依拠する藩閥勢力と宮中を聖域とする反藩閥勢力たる中正党との対立という構図もあった。

この対立は、とくに明治十七年夏の華族令の制定や十八年末の内閣制度の創設などをめぐって先鋭化することになる。この点との関係でいえば、シュタイン的「国制知」の制度化・体制化に対して、政府内における障害はとくになかったのか、それがあったとすれば、立場の相違によって検討に値すべき濃淡又は落差というべきものだったかどうかは、先に渡欧を決意した伊藤の内面的動機への言及があるだけに、気になるところである。

おわりに

以上、いろいろな感想や注文を述べてきたが、これらはいずれも、いわば望蜀に属することを承知の上で書き連ねたものにすぎない。

美しい装釘をもつ本書が、法規や制度などを支える「国制知」のもつ独自の働きを探るという観点から、瀧井氏自ら発掘された多くの史料を含めて、内外の第一次資料を広く渉猟しつつ、「シュタインにおける日本問題」から「日本におけるシュタイン問題」への推移を克明に描写し、「国制知」の展開過程を有機的に示すことによって、従来のシュタイン研究のみならず、比較法史・大学史などの研究水準を飛躍的に高め、憲法史の再検討を厳しく迫っていることは、改めて言うまでもないのである。

これに関連して述べれば、かねて私は、金子堅太郎が伝える憲法起草過程の見取図や伊藤博文の言動などについては（金子『憲法制定と欧米人の評論』〈日本青年館、昭和十二年〉参照）、当時主役でもなかった人物が後日得意そうに語り、しかも不正確な記述が目立つところから、胡散臭い話だと思っていた。だが、本書が十二分に示しているように、伊藤が滞欧憲法調査を通して、「大隈や福沢に代表される民権派を凌駕し得るような立憲政治家としての素養」（一九〇頁）を積んだ人物として再構成されるに及んで、案外それが真実の姿に近いのかも知れない、と感じ始めている。そういう素朴な反省をも迫るのが、本書のような実証性豊かな研究のもつ迫力というものであろう。

最後に、敢えて大胆な推測を付け加えることが許されるなら、著者は、国家学の復権に思いを寄せるシュタインに仮託して、総合的な「国制知」を探求する学というものの必要を訴え、その錬成の場としての大学及び公法学の充実・強化を図るべきことを説いているのかも知れない。その意味で、伝統的な大学及び法学部の像が揺らぎ、法学教育のあり方が大きく変わろうとしているこの時において、本書は貴重な一石を投ずるものといえよう。

［付記］

ここに記した内容は、昨年（平一二）五月二十七日に明治大学リバティタワーで開かれた、寺崎昌男教授を座長とする「大学史研究会」の二〇〇〇年度第一回例会において、堅田剛（東洋大学）、柴田隆行（独協大学）、長尾龍一（日本大学）の諸教授とともにコメンテーターとして用意した原稿を基礎にし、これに必要な補正を加えたものである。本稿をまとめるについては、各位のコメント及び全体討論が大いに役に立ったことをここに特記し、感謝の意を表するとともに、このような貴重な機会を与えて下さった大学史研究会のご好意に篤くお礼を申し上げたい。

特集＝文明と法の衝突

関ヶ原合戦と近世の国制

笠谷和比古

はじめに

近世の国制を考えるに際して、まず留意されねばならないことは、関ヶ原合戦直後、あるいは徳川幕府の開設の時点における諸大名の領地配置についてであり、それに基づく日本全国の地政学的状況についてである。

関ヶ原合戦は、一般的には豊臣と徳川との政権交代の舞台と見なされ、家康率いる東軍の勝利によって家康と徳川家による天下支配の覇権を確立した事件として理解されている。しかしながら関ヶ原合戦後の領地配置の現実を眺めるならば、およそそのような理解とはかけ離れた、地政学的状況を感得せざるをえないことであろう。

関ヶ原合戦ののち家康に味方して東軍として戦った豊臣系武将たちは、西軍諸大名たちから没収された領地の配分を受けて、それぞれ一国単位で領地を有する国持大名に昇格していった。

彼らの領国を見るならば、肥後（加藤清正）、豊前（細川忠興）、筑後（田中吉政）、筑前（黒田長政）、土佐（山内一豊）、阿波（蜂須賀至鎮）、讃岐（生駒一正）、伊予（藤堂高虎・加藤嘉明）、安芸・備後（福島正則）、備前・美作（小早川秀秋）、播磨（池田輝政）、出雲・隠岐（堀尾忠氏）、伯耆（中村忠一）、丹後（京極高知）、紀伊（浅野幸長）、若狭（京極高次）、加賀・越中・能登（前田利長）、越後（堀秀治）、陸奥会津（蒲生秀行）など二〇ヶ国余に

及び、日本の三分の一の地域に豊臣系国持大名が分布することとなったのである(1)。

残りの三分の一は島津・伊達といった旧族外様大名の領地であり、徳川家康および家門・譜代の諸大名が支配しえたのは関東から中部地方にいたる日本全国の三分の一の地域でしかなかったのである。

殊に注目しなければならないのが西国方面である。

ここでは徳川系大名の領地は井伊直政の近江佐和山一八万石が事実上の西方の限界をなしており、細かく見ても譜代の戸田一西が近江大津三万石を領するのみである。それより以西の地はすべて外様大名の領地が配置されることとなり、その外様大名も薩摩の島津、肥前の鍋島、長門の毛利などを除くならば、その大半が豊臣系大名であり、関ヶ原合戦において家康方東軍に属して戦った武将たちが戦後の論功行賞によって国持大名に昇格していったような者たちであった。

この西国方面には譜代大名などの徳川の勢力はまったく入り込んではいないのである。このような状況が異様なものであり、関ヶ原合戦の帰結をもって、家康の覇権を確立して徳川家による天下支配の画期をなしたという躰の評価がおかしいということは、誰しも気づかねばならないはずである。それにも拘わらず従前、ここに見られる矛盾については立ち入った穿鑿は回避され、ただ次のような言説で片づけられてきたのである。いわく、家康は豊臣系諸大名には大封を与える形をもって僻遠の地に追いやり、政治の中枢から排除していったのである、と。すなわち家康の深謀遠慮のなせる業として評価されてきたのである。

しかしながら、このような表面的な評価は退けられねばならない。西国方面を主として日本全国の三分の二が非徳川の領国であるという事態を直視するならば、外様大名を「僻遠の地」に追いやったなどという言説では、この状況の異常性を解消しうべくもないのである。

すなわち家康と徳川家とは関ヶ原合戦の勝利によって、以後二七〇年にわたる天下支配のための盤石の基礎を固めたのではなくて、実にその合戦の帰結として日本全国の三分の一の領土を獲得したにすぎなかったのであり、残りの三分の二は非徳川系領国であり、ことに西国方面は豊臣系国持大名がその大半を領有しており、それに加えて、大坂城には依然として豊臣秀頼が存在するというのが現実であった。

家康と徳川幕府とは、実にこのような地政学的状況を前提としながら、その全国統治を進めねばならなかったのである。それはどのようにして可能であったのであろうか。すなわち、右のような状況を踏まえた課題の達成のされ方の中に、近世の国制、すなわち徳川幕府による全国統治の政治システムの基本性格が立ち現れてくると考えられるのである。

一　関ヶ原合戦とその政治的帰結

一　関ヶ原合戦をめぐる五つの政治的対立構図

慶長三（一五九八）年八月、秀吉は伏見城に六十二年の生涯を終えたが、その死の前後より豊臣政権内部の矛盾はさまざまな局面に現れてゆき、それぞれに確執を深めながら政権の崩壊を進めていった。関ヶ原の合戦はこれら豊臣政権の抱えた諸矛盾、政治的葛藤の総決算なのであり、同時にその大規模な決着を踏まえて、新たな徳川幕藩体制の社会を形成していく画期をなすものであった。

関ヶ原の合戦をもって、単に豊臣と徳川との政権交代の舞台と見なし、家康の率いる東軍の勝利と、それによる家康と徳川幕府の覇権確立の出来事としてのみ捉えるのは、この合戦の歴史的理解としては誤っておらずとしても、浅薄のそしりを免れえないであろう。

豊臣政権の孕んだ政治的諸矛盾として、次のようなものが挙示されうる。

第一は豊臣家内部での秀吉の跡目を巡る争い。秀吉は天正一九（一五九一）年に長男鶴松を亡くすと、甥の三好秀次を養子として関白職を譲って豊臣家の後継者としたが、文禄二（一五九三）に側室淀殿に実子秀頼（拾丸）が誕生するや、秀次をうとんで終に謀反の嫌疑をもってその子女妻妾ことごとくを族滅してしまった。

この豊臣家の跡目を巡る問題は、幼少の後継者たる秀頼の実母淀殿の権勢を高めていくことで、秀吉の正妻の北の政所との対立を深めていった。この淀殿と北の政所との対立は、関ヶ原合戦の命運を決するほどに根の深いものであった。[2]

矛盾の第二は豊臣家臣団内部の対立であり、石田三成ら五奉行の吏僚派と、加藤清正・福島正則らの武功派との確執であった。行政官と軍人との対立はどの時代でも不可避なものであるが、豊臣政権下での朝鮮出兵における、作戦・補給・論功行賞の是非を巡る対立は、豊臣家臣団内部の亀裂を決定的に深めることとなった。

ことに講和問題の推進をめぐっては、加藤清正がこれを妨害しているとの弾劾を小西・石田らから蒙って清正は秀吉の怒りをかったという経緯、そして別稿で指摘したように、慶長の役における蔚山籠城戦後の処置をめぐる確執は、豊臣七将の三成襲撃事件という形で暴発することによって、武功派と吏僚派との対立を決定的にした。[3]

第三の政治的対立は、豊臣政権の全国統治における基本的姿勢に関わるものであった。石田ら豊臣五奉行の施策は、行政優位であるとともに、中央集権的な性格を強くもっていた。[4] 豊臣奉行の手による太閤検地は、豊臣蔵入地や豊臣系諸大名の領国を越えて、大身の外様大名の領国にまで施行された。

天正一八（一五九〇）年に始まる、浅野長政らの手で執行された奥羽両国の検地、文禄三（一五九四）年の豊臣奉行石田三成・細川藤孝による薩摩島津領検地、同年の石田三成による常陸佐竹領の検地、同四年の増田長盛による越後上杉領の検地などが代表的である。

そしてこれら大名領内に太閤検地を施行するに際しては、同時にその大名領国の中に一万石ほどの太閤蔵入地（秀吉の直轄領）を設定するのを常とした。[5] これをもって、大名・家臣およびその領内に対する支配の軛とすると共に、当該地方における豊臣政権の政治・経済面での活動拠点としたのである。これは当然にも、豊臣政権の中枢部・吏僚派と、内政干渉を嫌って独立的な領地支配を志向する諸大名との対立を引き起こすものであった。

第四の対立は豊臣政権内部での主導権闘争である。徳川家康・前田利家・毛利輝元・宇喜多秀家・上杉景勝の五大老および石田ら五奉行らの中で、秀吉亡き後の幼主秀頼の下において実権、ヘゲモニーを掌握するのは誰あるいはどのような勢力となるのかという権力闘争である。

そして最後の第五の対立として豊臣家と徳川家との覇権抗争があった。これは勿論第四の問題と関連しているのであるが、豊臣政権の下での実権掌握と、豊臣政権に代わる新たな徳川政権を樹立することとでは根本的な違いがある。特に三成ら五奉行派と対立している豊臣武功派の加藤・福島らは家康に親近しているが、それはあくまで豊臣家の天下支配を前提にしたうえでのことであって、豊臣秀頼の地位をそこねない限りでの与同なのである。この第四と第五の問題とのデリケートな質的差異は、関ヶ原合戦の展開のあり方、および戦後処理のあり方に重要な影響を及ぼしている。

関ヶ原の戦いはこのような複雑な対立図式の中で行われ、これら諸矛盾を解決すべき政治的課題を担った出来事であった。そのような観点において関ヶ原合戦の全体を眺めていこう。

二　関ヶ原合戦の推移

関ヶ原合戦は、周知のとおり、五大老のひとり上杉景勝の謀反を討伐する名目で敢行された会津遠征軍の派遣に始まる。すなわち慶長五（一六〇〇）年六月十六日、家康はその総大将となり遠征軍を率いて大坂を発し、東海道を会津に向けて進んだ。関ヶ原合戦を考察するうえで先ず問題となるのが、この家康の率いる軍隊の構成についてである。

もとより家康の配下には、彼とともに上方にあった井伊直政、本多忠勝、榊原康政、酒井家次ら徳川将士三千人余があることは言うまでもないが、それとともに数多くの豊臣系武将たちが随従した。そして注意されねばならないのは、この豊臣系武将たちは二つの類型に大別されるということである。

第一のタイプは、義務的動員によって家康と行動を共にしている一連の武将たちである。すなわち会津追討は徳川家康と上杉景勝との私戦ではなく、謀反人討伐を目的として豊臣公儀の名の下に行われる公戦であり、家康は豊臣秀頼の名代として進軍するのであるから、所定の武将たちは義務として動員されこれに従わねばならないのである。

そしてこれは当時の兵力動員の原則であるが、戦争に際しては敵に近接するところに所領を有する者から順に出陣の義務を負う。ことに敵方に対する最前線の戦闘位置を意味する先鋒を担当する義務がある。この義務的動員の原則によって東海道・東山道方面沿いに領地を有する武将たち、福島正則（尾張清洲）、田中吉政（三河岡崎）、池田輝政（三河吉田）、堀尾忠氏（遠江浜松）、山内一豊（遠江掛川）、中村忠一（駿河府中）、森忠政（信州川中島）、京極高知（信州松本）、浅野幸長（甲斐甲府）たちが家康に従軍することとなる。

ところが家康の部隊にはこれらとは性格を異にする一群の豊臣系武将が従軍している。黒田長政（豊前中津）、寺沢広高（肥前唐津）、加藤嘉明（伊予松前）、藤堂高虎（伊予板島）、生駒一正（讃岐高松）、蜂須賀至鎮（阿波徳島）たちである。彼らはその領地が中国や四国にあって今回の会津遠征には必ずしも従軍の義務を負わない、あるいはたかだか後詰めあたりに連なれば問題もないにも拘わらず積極的に家康と行動を共にしている。これは取りもなおさず、家康が大坂を離れるならば必ず生じるであろう大乱に際して、家康側に組みすることを予め表明した行為であった。

さて、東海道を進んだ家康の軍勢は七月二日、秀忠らの迎えを受けて江戸城に入った。

同十三日、徳川軍の先鋒をつとめる榊原康政の一隊が江戸を発ち、同十九日には秀忠の率いる征討軍の前軍が、そして同二十一日には家康の率いる後軍が会津に向けて出陣した。

このうち秀忠の率いる前軍には井伊直政・本多忠勝・酒井家次・大久保忠隣・酒井重忠・牧野康成・本多康重・高

力忠房・菅沼忠政らを始めとする譜代の重臣からなる徳川主力軍が従っている。この秀忠の率いる軍勢が、基本的にのちの中山道方面の進攻軍を構成しているわけで、関ヶ原合戦の全過程をとおして徳川主力軍を率いていたのは家康ではなく、嫡子秀忠の方であったことに留意されなければならない。

三　小山の評定と家康方東軍の展開

さて、家康は上方における石田三成らの挙兵の報を受けて、同二十五日に下野国小山の陣所に全軍の武将を召集し、上方の事態への対応を協議するための評定を催した。ここでは、上方から家康に随従してきた豊臣系武将たちの向背が焦点となるのであり、殊に東海道・東山道方面に領地を有していた関係上、義務的に家康に随従してきた豊臣系武将たちの動向が大きな問題となった。

しかしながら周知のとおり、黒田長政による説得工作が功を奏して、豊臣恩顧の大名の筆頭格たる福島正則が家康への忠誠を表明することによって、その場に居合わせた豊臣武将たちはそろって異議無く家康に味方することを誓ったのである。(6) それより会津征討と上方の石田三成方との戦いとのいずれを優先させるかを議し、上方に向けての反転進攻を第一とすることで一致し、その方針の下に作戦が展開された。

まず家康および家康に随従してきた上方、東海道諸国の武将たちは東海道を西上することとし、当面、福島正則の居城である尾張国清洲城に集結する。そして家康は、自身はしばし江戸にとどまり、この東海道方面の徳川隊の先鋒として井伊直政を、また軍目付として本多忠勝を豊臣武将たちに同道させる形で派遣することとした。

次ぎに、多くの徳川譜代の武将、および信州方面の武将たちは徳川秀忠に従って中山道を西上することとした。彼らは東海道方面の進攻軍とは美濃ないし近江のあたりで合流し、石田方の勢力との決戦に臨むこととしたのである。

結果的に見たときには関ヶ原合戦の軍事的意味を決定づけることとなるのが、この戦力配分であった。徳川秀忠の部隊は、西軍に属した真田昌幸の居城である信州上田城の攻略に時日を空費して関ヶ原合戦に遅れることとなる。関ヶ原合戦における家康方東軍は、この徳川譜代の武将を多数含む秀忠部隊を欠落させる形で戦いに臨まなくてはならなかったのである。(7)

九月十五日の関ヶ原合戦における東軍の布陣は、関ヶ原本道の南から順に、先鋒一番備の福島正則、藤堂高虎、京極高知、蜂須賀至鎮、本道の北に松平忠吉、井伊直政ら徳川の二隊、北の山手に田中吉政、生駒一正、加藤嘉明、細川忠興、金森長近、黒田長政、筒井定次と並び、これらがそれぞれ先鋒の備を構成した。

これに中小の将士が寄合勢として加わる。織田長益（有楽）、津田高勝、佐々行政、古田重然、亀井茲矩、加藤光直、兼松正吉、甲斐庄正房、柘植正俊たちである。

これらの後方の桃配山に本陣を置く家康の旗本の大部隊がある。しかしながら戦力構成の観点からしたとき、敵軍との正面に配備される先鋒部隊を受け持ちうる有力武将ということを考慮するとき、この関ヶ原にいた徳川武将で一万石以上の者というのは、松平忠吉、井伊直政の他には軍目付である本多忠勝、後備に配備された奥平信昌、松平（大須賀）忠政の五名を数えるほどでしかない。[8]

しかも本多忠勝は軍目付としてこの地に来たから、その手兵というのは小姓・雑兵の類「四百に足らざる人数」ばかりである。「よき者どもは、美濃守（本多忠政）、秀忠公の御供に参り候」[9]とあって、本多家の軍団の主要部分は忠勝の嫡子忠政がひきいて、秀忠の配下として中山道を進んでいたのである。

松平（大須賀）忠政も本来は館林城（忠政の実父榊原康政の居城）の留守を命じられたのであるが、家臣に同城を守らせて自身はおして家康に従軍したというのであるから、供の人数も充分ではないであろう。[10]つまり実質的には、家康随従の万石以上武将の数はさらに少ないのである。

かくて家康はただ本陣にあって戦況を眺めるのみであり、この合戦の帰趨はあげて前線諸将士、ことには豊臣系武将たちの奮闘に依存せざるをえなかったのである。

本論冒頭に述べた関ヶ原合戦後の領地配置に見られる特異性とは、このような関ヶ原合戦における家康方東軍の戦力構造の性格に由来しているのであり、その動員兵力そして軍功に見合った論功行賞の帰結に他ならなかったということである。

すなわちその前哨戦となった岐阜合戦をも含めて、関ヶ原合戦における家康方東軍の軍事的勝利に占める豊臣系諸大名の貢献には絶大なものがあり、投入が予定されていた秀忠率いる徳川主力軍が遅参するという不測の事態によって、その貢献度はいや増して高まることとなり、この戦勝への貢献に見合った形での領地配分として先述の状況を理解することができるのである。

家康と徳川幕府とは、実にこのような地政学的状況を前提としながら、その全国統治を進めねばならなかったのである。すなわち、そのような状況の制約を蒙りつつも、しかもそれを克服する形でその全国統治を実現しなければならないという課題の達成のされ方の中に、近世の国制、すなわち徳川幕府による全国統治の政治システムの基本性格が立ち現われてくると考えられるのである。

二　家康の将軍任官と慶長期の二重公儀体制

慶長八（一六〇三）年二月一二日、上洛中の徳川家康は伏見城に将軍宣下の勅使を迎えた。このおりの宣旨は、征夷大将軍、右大臣（従一位）、源氏長者、淳和奨学両院別当、牛車の礼遇、兵仗の礼遇という六種八通からなっており、まことに前例を見ない盛りだくさんなものであった。

この盛大に執り行われた、家康の征夷大将軍職就任のもつ政治的意味を考えなければならない[11]。関ヶ原の合戦における家康の覇権確立、そしてそれに続く将軍任官と徳川幕府の開設という制度的完成をもって、豊臣秀頼の政治的地位が失墜し、摂河泉三ヶ国六五万石余の一大名に落としめられるに至ったものと、これまで常識的に理解されてきた。

しかしこの理解に大きな誤りがある。家康が将軍宣下を受けて幕府を開いてもなお、将軍と幕府の政治的支配から独立した、別の種類の政治体制、すなわち豊臣秀吉が構築した関白型公儀の政治体制が解体されずに持続されてあり、豊臣秀頼はこの関白型公儀に君臨する者としての権威を、依然として保持していたと理解すべきなのである。それは以下に掲げるような諸事実によって裏付けられるところである。

（一）豊臣秀頼に対する伺候の礼

慶長八年の徳川幕府開設以後も、加藤・福島らの豊臣系諸大名はもちろん、上杉景勝や島津家久のような外様大名までも、大坂城の豊臣秀頼に対して歳首を賀し、伺候の礼を取り続けていたという事実がある。

ことに慶長一〇年の四月には徳川秀忠の将軍襲職と並んで、豊臣秀頼の右大臣任官の儀が執り行われたことから、上洛中の諸大名は大坂に赴いて秀頼に祝賀を述べているのである[12]。もっとも諸大名は徳川家への遠慮から、次第に大坂の秀頼の下への表立った伺候を控えるようにはなっていったが、それは幕府から禁じられたり、あるいは特定の時点で消滅してしまうといった性格のものではなかった。

家康という重石が取り外されるならば、そして慶長一〇年四月時点で、一三歳ながら朝廷官位が正二位右大臣にまで昇った秀頼が、やがて成人して関白に任官していくならば、往時に変わらぬ華やかさを回復しうると期待されるものであった。

(二) 勅使・公家衆の大坂参向

次に歳首の賀儀のため慶長八年以後も毎年、朝廷から勅使が大坂の秀頼の下に派遣されており、さらに親王・公家・門跡衆も参向していたという事実がある。一例を示せば、慶長一四年の場合、正月一七日に勅使が大坂城に赴いて秀頼に太刀、馬一疋を贈り、さらに八条宮智仁親王、前関白二条昭実、前関白鷹司信房、大炊御門大納言以下の多くの公家・門跡が大坂に赴いて、秀頼に祝詞を述べるのであった。これは慣例によるものとはいえ、後陽成天皇を長とする朝廷では家康の将軍任官ののちもなお、豊臣秀頼と豊臣家は依然として従前の政治的地位を保持しているものと見做していたことを示すものである。なおこの習慣は慶長一六年に即位の後水尾天皇の代になってからも続けられ、大坂の陣の同一九年にまで及んでいる。

(三) 慶長期の伊勢国絵図の記載

最近、慶長十年代に作成された伊勢国絵図をめぐって、興味深い指摘が上野秀治氏によってなされている[13]。国絵図は徳川幕府が全国の諸大名に命じて調進させた、国ごとにその郡村名と道路・山川を記した絵図である。

そのうち「桑名御領分絵図」と題された慶長の伊勢国絵図系統の絵図には、各村ごとにその領主名を記載していることで貴重である。たとえばこの伊勢の国には、関ヶ原の軍功で桑名一〇万石に封ぜられた本多忠勝の領地があり、その領地の村には彼の名前が記されている。ところが別の地域には丹羽左平太・道違(大蔵道違)・平井弥次右衛門などといった見なれぬ武士の名前が点在しており、それを調べた結果、かれらがいずれも豊臣秀頼の家臣であることが判明したのである。

もし秀頼が一介の大名に転落していたとするならば、このような記載にはならないであろう。そこには豊臣の名前が記されていなければならぬ筈である。しかし実際には、豊臣ではなく、その家臣たちの名前なのである。これは取りもなおさず、豊臣家が並の大名とは異なり、その上位に立つ存在であることを裏付けているのである。

(四) 慶長一一年の江戸城総普請における豊臣奉行人の介在

慶長一一(一六〇六)年の江戸城普請は「御一乱後、大国役[14]」と称せられ、関ヶ原合戦以後において最大規模で諸大名を動員した天下普請であった。これは特に江戸城石垣・城門の普請のために西国諸大名がほぼ総動員される形で遂行された。

ここには加藤清正・福島正則をはじめとする多数の豊臣系諸大名が含まれており、これら豊臣系諸大名を将軍の居城である江戸城の普請に従事させることをとおして、かれらを将軍に臣従させていくことが、この普請課役の中心的な目的であったと理解されている。

そのような理解で基本的には問題ないのであるが、しかしながら立ち入って考察したとき、このような普請課役への諸大名の動員をもって将軍による政治支配力の確立というだけでは済まない複雑な問題が介在していることを知るのである。

すなわちこの慶長一一年の江戸城普請に際しては公儀の普請奉行として八名の人物が任命されているのであるが、その八名のうち二名は豊臣秀頼の家臣であるという重要な問題が見られるのである。(15)

その八名とは内藤金左衛門忠清、貴志助兵衛正久、神田与兵衛正俊、都築弥左衛門為政、石川八左衛門重次、戸田備後守重元、水原石見守吉勝、伏屋飛騨守貞元であり、そのうち貴志正久・神田正俊の二名は家康付の幕臣、内藤忠清・都築為政・石川重次・戸田重元の四名は秀忠系の幕臣、そして水原吉勝・伏屋貞元の二名が豊臣秀頼の家臣ということである。徳川将軍の居城の普請に、豊臣秀頼の家臣が公儀普請奉行として参加しているという事実のもつ意味は、深く重いものであるといってよいであろう。

そもそも西国の諸大名を総動員したといってよいこの江戸城普請に、豊臣秀頼が動員されていないこと自体が留意されなければならないのであるが、それ以上に重要なこととして、秀頼は動員される存在ではなくして、この徳川の居城の普請を差配する側の立場にあったということである。

この事実は、関ヶ原合戦および徳川幕府成立ののちの政治情勢がきわめて複雑なものであったことを証示しており、徳川将軍が豊臣系大名をふくむ全国の諸大名をその居城たる江戸城の普請に動員しえたのは、単に将軍の政治支配力のみをもって実現したのではなく、豊臣秀頼の同意と協力のもと、公儀の名においてする全武士領主にとっての公共的事業として遂行されたということである。

この普請の公儀普請奉行に秀頼の家臣が参加していたことが雄弁に物語るごとく、秀頼と豊臣家は徳川将軍家とともに公儀を分有していたことを意味するであろう。

(五) 慶長一六年の三ヶ条誓詞

慶長一六年三月、豊臣秀頼は家康の招きに応じて大坂より京都に至り、二条城において家康と久方ぶりの対面を果たした。この会見によって豊臣―徳川間の融和が謳われ、また秀頼が徳川の城である二条城に赴いて家康に拝礼をしたことから、両者の関係では、徳川将軍を頂点とする政治体制の優位が確定したものと世上では受け止められた。

この事実を踏まえて、二条城会見直後の同年四月一二日、徳川幕府は「如右大将家以後代々公方之法式、可奉仰之、被考損益而、自江戸於被出　御目録者、弥堅可守其旨事」[16]として徳川幕府の発する法令の遵守を命じ、さらに将軍の法令や命令に背いた者の隠匿禁止、謀反人・殺害人の隠匿禁止をうたった全三ヶ条の法令を定め、このおり京都に参集していた西国・北陸方面の主要諸大名二二名から誓詞を徴する形でその遵守を命じた。

この誓詞に連署した諸大名は細川忠興・松平忠直・池田輝政・福島正則・島津家久・森忠政・前田利常・毛利秀就・京極高知・京極忠高・池田利隆・加藤清正・浅野幸長・黒田長政・藤堂高虎・蜂須賀至鎮・山内忠義・田中忠政・生駒正俊・堀尾忠晴・鍋嶋勝茂・金森可重であった。

この三ヶ条誓詞は翌慶長一七年正月には、上杉景勝・松平忠直・丹羽長重・伊達政宗・立花宗茂・佐竹義宣・蒲生秀行・最上義光・里見忠義・南部利直・津軽信枚ら東国の大身大名一一名が連署して提出し、さらに譜代・外様を含めた中小の大名五〇人も同様の誓詞を提出した。[17]

すなわち幕藩体制下のほとんどの大名が、この三ヶ条誓詞に署名しているのであるが、豊臣秀頼がこれには含まれていないという事実が問題となる。すなわち豊臣秀頼は別格であり、徳川将軍の支配下に編入される存在ではないということを、端なくもこの誓詞は明示することとなっているのである。二条城において秀頼が家康に対して行った拝礼という所作は、決して臣従礼を意味するものではなかったということが、この点からも裏付けられるのである。

この問題はさらに、この三ヶ条誓詞の先蹤をなしている天正一六（一五八八）年の後陽成天皇の聚楽第行幸のおりに諸大名から提出された三ヶ条誓詞と対比してみるならば、事態の意味がいっそう明瞭となるのである。

天正一六年の三ヶ条誓詞は、朝廷に対する尊重の念を銘記するとともに、特に関白秀吉の意命に恭順すべきことを主眼とするものであったが、この誓詞には秀吉の旧主家たる織田家一門の代表格である織田信雄も、また織田家の正嫡たる織田秀信も、徳川家康以下の諸大名とともに連署しているのである。[18]それとの対比において、この慶長一六年の三ヶ条誓詞の連署から、豊臣秀頼のみが除外されていることが一段の政治的意味を発揮することとなるのである。

すなわち、この秀吉が執り行った天正一六年の三ヶ条誓詞という前例がありながら、そしてそれは織田―羽柴の主従の関係を合法的に逆転させることを得た格好の前例であるにも拘わらず、家康はこの前例を踏襲することなく、慶長一六年の三ヶ条誓詞の連署から敢えて豊臣秀頼を除外するという措置をとっているのである。

豊臣秀頼に対するこの別格的な取り扱いという点において、慶長一六年の三ヶ条誓詞は、はしなくもこの時期の国制の形態がどのようなものであったかを雄弁に物語るものとなっているのである。

以上に述べてきた諸理由によって徳川幕府の成立にもかかわらず、豊臣秀頼と豊臣家は幕府の支配下に包摂される摂河泉六五万石の一大名に転落してしまったのではなくて、独自の支配体制の主宰者として、徳川幕府と並立する存在であったことを推定しうるのである。

徳川家と豊臣家とは、楕円における二つの中心のごとく、武家政権の相互対等の二つの頂点をなしており、徳川家は将軍職をその政権のシンボルとして世襲し、いっぽうの豊臣家はその政権のシンボルとしては関白職を潜在的に志向していた。そしてそのうえで、豊臣家と秀頼は豊臣系諸大名の蟠踞する西国方面の管理を委ねられ、徳川幕府はそれを通して間接的に全国支配を遂行していくという政治体制を構想していたかと思われるのである。

ことに慶長一一年に西国の諸大名を総動員して行われた江戸城普請に際して、豊臣秀頼はそれに動員されなかったばかりか、逆にその家臣二名を公儀普請奉行として送り込み、そのような形でこの天下普請に参画していたという事実に思いを致す必要がある。

すなわち将軍の居城である江戸城をめぐる全国諸大名を動員して行われた天下普請は、将軍の意向と命令とによってのみ施行されたのではなく、豊臣秀頼の同意と協力のもとに実現されているのであり、武家社会全体の公共的政治体制としての公儀の行為として執り行われていたということである。そしてこの公儀の意思の下に施行された天下普請に際して、西国の豊臣系諸大名も総動員されているのであるが、同時に豊臣秀頼の家臣が普請奉行としてこれに参加していたということは、秀頼と豊臣家とが徳川将軍家とともに、このような公儀を分有する存在であったということを意味するであろう。

すなわち、家康の将軍任官の慶長八年から同二〇年までの間を、国制的には二重公儀体制として把握すべきとする所以のものなのである。

三　徳川幕府と朝廷
——家康の外戚戦略

豊臣秀頼が幕府成立以前から保っていた政治的権威、その関白への任官の可能性、そしてその秀頼の周囲には関ヶ原合戦の論功行賞で国持大名に昇格し、西国方面の領地の大半を領有する豊臣恩顧の諸大名が蟠踞するという状況が考慮されなければならないのであり、この状況を前提とし、それを克服する形で家康と徳川幕府はその全国統治の戦略を進めなければならなかった。それはいかにして可能であったか。

一　徳川幕府の京都政策

徳川幕府にとって、その全国支配を完遂するために豊臣家を取りつぶして問題を解決しようとする武断的戦略は、その背後にある加藤清正・福島正則・浅野幸長らの反発を招き、西国諸大名全体の反乱を誘発するおそれが多分に存在していた。

徳川幕府としてはそのような危険を冒すよりは、豊臣家に西国豊臣系諸大名の管理責任を負わせて間接支配の形をとるほうが、そして時間をかけながら西国豊臣系諸大名に対する直接支配の程度を次第に高めていく形をとるほうが、はるかに現実的で安定した支配の方式であったのである。

思えば武家政治が歴史に登場してきてよりこの方、一つの政権が日本全国を一元的に支配したという経験がなかったことも想起されなければならない。東国と畿内・西国とはつねに二元的支配の下におかれていた。鎌倉幕府が成立したとき、その支配は東国地域を主とするもので、畿内・西国は朝廷の影響下におかれていた。室町幕府が誕生したとき、政権の中心は京都に置かれたが、足柄・箱根以東の支配は関東公方を任じてこれに委ねたのである。豊臣政権においても秀吉の天下支配を前提としつつも、その下では徳川家康に東国方面の、毛利輝元に西国方面の公事沙汰の処置を委ねていたのである[19]。

家康が関ヶ原戦後の政治体制として、豊臣家に西国方面の豊臣系諸大名に対する自治的管理を委ねる形での、徳川・豊臣の共存による二重公儀体制を選択したことはある意味で自然な流れであったということができるであろう。

以上のことを踏まえつつ家康と徳川幕府とは、このような二重公儀体制を安定ならしめるために、そしてその上で徳川による天下支配を確実なものとし、永続的なものとするための施策を進めなければならなかった。それが徳川幕府の京都政策であった。

関ヶ原戦後そして幕府開設後の時代において京都が重要な役割を有しており、国制の中心地としての意義を帯びていたということは、この時期における将軍および前将軍たる大御所の上洛行動の頻繁さという事実の中に端的に示されている[20]。

表1は初期三代の徳川将軍・大御所の上洛時期をまとめたものである。これによるならば、将軍および大御所はだいたい四年に一度の割合で上洛し、京都に滞在していることを知る。そしてまた全国の諸大名もまたこれに合わせて上洛し、伏見城ないし二条城において将軍・大御所に拝謁するのを常とした。すなわちこの時期の参勤交代は、江戸参勤ではなく京都参勤がその中心をなしていたのである。

表1　慶長～寛永期における将軍・大御所の上洛

家康	慶長	8(-10/18)・9(3/29-*8/14)・10(2/19-9/15)・11(4/6-9/21)・16(3/17-4/18)・19(10/23-)・20(-1/3, 4/18-8/4)
秀忠	慶長	10(3/21-5/15)・19(11/10-)・20(-1/28, 4/21-7/19)
	元和	5(5/27-9/18)・9(6/8-*8/21)・寛永3(6/20-10/6)
家光	元和	9(7/13-*8/8)・寛永3(8/2-9/25)・11(7/11-8/5)

関ヶ原合戦後における京都の地政学的な意義を考えるとき、次のような点が浮かび上がってくる。第一に、豊臣系を中心とする外様大名によって領有されつくしている西国方面に対する軍事的・非軍事的な諸政策を実施する場合の前線基地としてのそれである。第二に京都にある伏見城は公儀の城として、徳川幕府が全国統治を行う場合の中央城郭としての性格を有している。第三に京都は、そこに天皇と朝廷があることによって徳川幕府の全国支配にとって枢要の意味を有することとなるのである。

このように関ヶ原戦後の国制は、実に江戸ではなくして京都を基軸として展開されることとなるのである。

二　徳川和子の入内と高仁親王の即位問題

慶長一六（一六一一）年四月、後水尾天皇が即位する。先帝の後陽成天皇が秀吉政権と深い関係をもっていたのに対して、後水尾天皇は家康が擁立した徳川政権のための天皇という意義を担っていた。

そして後水尾天皇の即位を見るとともに、家康は徳川幕府による全国支配の遂行のための最も重要な方策となる外戚戦略に着手する。徳川の女子を天皇に入内せしめ、その間に生まれた皇子を天皇に立てることによって、徳川将軍は天皇の外戚となる。将軍の権力と軍事力とは、天皇のもつ至高の権威と合体することによって永続的な全国支配を実現する政治権力たりうることであろう。

　公家の山科言緒の日記には、早くも同一七年には徳川女子の入内問題に関して、家康と朝廷側で協議のもたれていることが記されている。(21) そして同一九年三月には駿府にあった家康のもとに武家伝奏広橋・三条の両名が勅使として派遣され、「女御入内」の内旨が伝達されている。(22)

　それ故に、何事もなければそれから時をおかずして、徳川女子の後水尾天皇のもとへの入内は執り行われるはずであったのであるが、おりから勃発した大坂冬・夏の陣のために延期となり、さらに続く元和二、三年には家康、ついで後陽成上皇が亡くなるということがあって事はさらに延び延びとなり、ようやく翌元和六年六月になって、徳川秀忠の末娘である和子が後水尾天皇の女御として入内することが実現した。家康によってその計画がなされてより、一〇年近い歳月がすでに流れていた。

　そしてこの入内より六年後の寛永三（一六二六）年、幕府はその年九月に後水尾天皇の二条城への行幸を仰ぎ、この二条城行幸を盛大にとりおこなうことによって、幕府の力を天下に誇示するとともに、朝幕一体の姿を遍く知らしめんとしたのである。

　そしてその行幸を成功裡におえた同じ年の十一月十三日、中宮和子（元和九年に女御から中宮に改め）は後水尾天皇の皇子を無事出産したのである。朝幕いずれからも待望久しかった皇子の誕生であった。同月二十五日、ただちに親王宣下が行われ、皇子は高仁《スケヒト》と命名された。(23)

　皇子高仁の誕生は、もとより将来における天皇即位を見定めたものであり、この徳川の外孫の即位、すなわち徳川系天皇の実現こそ、家康以来おし進めてきた一連の対朝廷戦略の完成を意味するものであったのである。

　さて若宮高仁の成長は順調にすすんでいたが、これを見定めた後水尾天皇は翌寛永四年の四月になると、若宮への譲位の内旨を幕府側に伝えた。同月二八日、秀忠・家光以下の幕府側は、年頭慶賀の勅使として江戸に参府していた武家伝奏の三条西実条・中院通村の両名に対して、正式に右の内旨に対する正式の「御請」の返事をなした。(24)

　こうして高仁親王の天皇即位は正式の日程にのぼるに至り、幕府はその準備に着手したのである。同年一一月、幕府は伏見奉行小堀政一を仙洞御所の造営奉行に任命し、同月五日には地曳・釿始の日時を選定して造営に取りかかった。

　だが寛永五年三月の末になって幼い高仁親王はにわかに病気に陥った。この年の春に畿内では痘瘡が流行しており、この病ではなかったかと思われる。そして同年六月一一日、高仁親王は三歳（満一歳半）の僅かの生涯をもってこの世から消え去っていくのであった。

この寛永五年九月二七日、中宮和子はふたたび皇子を出産した。だが関係者たちの願いもむなしく、この幼子は一〇日とたたずして、同一〇月六日に亡くなってしまうのである。幕府の対朝廷政策はここに深刻な行き詰まりを見せるのであった。

三　紫衣事件

このような折しも、幕府は対朝廷関係において深刻にして重要な問題の処置を迫られることとなる。いわゆる紫衣事件である。(25)

幕府はかねてより寺院政策には重きを置いてきたが、ことに大徳寺・妙心寺・知恩院・黒谷金戒寺など、紫衣勅許をもってする名刹の住持職や上人号についてはこれを強く規制し、また事前に幕府の許可を必要とすることを命じていた。

しかしながらこの問題は、これらの法度の存在にもかかわらず殆ど遵守されていなかった模様で、紫衣の住持職や上人号に対する勅許の乱発という法度無視の状態に対しては、幕府としてもなにがしかの対応に迫られていた。

寛永四年七月一六日、幕府は年寄土井利勝の江戸屋敷に所司代板倉重宗および金地院崇伝を会して、家康の定めた諸宗法度とその違反の横行の状況への対応について議した。そして同一九日には、この問題に関する新たな法令が大御所秀忠の御前において仰せ出され、所司代板倉重宗にその執行が命ぜられた。(26)同令の趣旨は以下のとおりである。

一、元和元年の諸宗法度に違反の件につき、三条西・中院の両武家伝奏を経て叡慮をうかがい、そのうえで元和法度以後に住持職を得たものは一旦これを止め、そして再度、本人の器量を吟味した上で住持職を命ずべきこと。

一、五山禅僧のうち紫衣・黄衣・西堂成りに関して、将軍の公帖を有せざるものについては元和以前のものに限り赦すべきこと。

一、知恩院より執奏した上人号で、濫りに授けられたものは一旦これを停止し、人物の器量を吟味したうえで再度命じられるべきこと。

以上のように、元和元年の寺院法度以後に勅許をもって授けられた五山十刹の住持職および浄土宗の上人号のごとき、みなその効力の消滅を宣告されたのである。

辻善之介『日本仏教史』を代表とする紫衣事件を扱った論著の多くは、この寛永四年七月の寺院法度をもって、天皇の勅許の権に対する幕府の著しい侵害行為であると見なしており、宗教面からする幕府の対朝廷統制政策のあらわれとして位置づけるのを常としているのであるが、実際にはこの時の法度の運用は、そのような強権的な性格のものではないように思われる。

すなわち第一に、この寺院の出世入院や上人号に関する新たな規制政策は、あくまで天皇に奏上して、「叡慮」を経たうえで実行するものであって、幕府が一方的に勅許の無効を宣告するようなものではないこと。

第二に、この規制は住持職や上人号を得た者から勅許の口宣や綸旨を没収することを目指すものでなく、「先相押、其上重而器量を被成御吟味、可被仰付事」とあるように当座その効力を停止させ、そして再度その人物の才徳を吟味したうえで許可を与えることを想定して処置すべきことを指示しているのである。けだし朝廷の紫衣等の勅許を統制するのが目的であれば、端的にその公許の書付を破棄すればよいからである。すなわち再許可を前提としたうえで、吟味の励行をアピールするのがこの政策の目的と解すべきである。

第三にこの紫衣問題は、幕府の朝廷の権限に対する統制という図式で一般に理解されているが、先述のごとく、問題はむしろ五山僧の紫衣などの資格が幕府の公帖なしに朝廷の勅許だけで通用しているということであって、これは朝廷側の勅許乱発による将軍の公帖発給権の侵害とも言うべき問題なのである。従来の議論ではこの点についての考察を欠いており、幕府の一方的な朝廷圧迫のみを強調していたのである。

この段階での幕府は高仁親王の即位を間近に控えていたことから、朝廷に対して事を荒立てるなどのことをできよう筈もなかったのである。幕府の政策態度は穏便なものである。住持職などの資格を一時停止はするものの、その器量についての再吟味を経たのちには、当該資格を追認するというのが当初の企図であったと判断される。

そして実際にも翌寛永五年三月に入ると、幕府はこの問題については穏便に終息させる方向で処理しようとしていた。すなわち幕府は同年が家康の十三回忌にあたっていたことから、これを機として、さきに住持職（紫衣）を停められたもののうち、三十年の修行に不足であっても入院開堂の儀を正式に経て出世した僧、および五〇歳で出世したものについては、法度の本旨にも大方は違っていないということでこれを赦し、自今以後は堅く寺院法度を遵守するという誓書を提出させることで、この問題を終わらせようとしていたのである。(27)

だが幕府の寺院政策に関しては、仏僧の器量というものの理念を正面に見据えた論争が天下白日のもとに晒されてしまったところから、問題が抜き差しならぬものへと展開していくのであった。

大徳寺では同寺塔頭の龍源院を中心として軟派が主となり、大仙院を中心とするものは硬派の議を唱えた。ことに沢庵宗彭・玉室宗珀・江月宗玩は硬派の代表となって、幕府の施策に強硬に抵抗した。

寛永五年春、当時、堺の南宗寺にあった沢庵は、その前年に出世入院に関する幕令の出されたことを聞き、京都に入って衆とともに議した。そして硬派の寺僧たちを代表し、玉室・江月とも三名連署によって幕府所司代板倉重宗の下に抗弁書を差し出した。その文は三千余言におよぶ長大なもので、元和元年の幕府の五山十刹法度を引きながら、禅宗の修行の理念を説き縦横に論じて、幕府の宗教政策に対して公然とこれを批議した。

この抗弁書が提出されるや、幕府内部では「上様と公事ヲ仕候様成躰」(28)として由々しい問題として取り上げられた。しかしながら沢庵らに対する処分は何故か直ちには行われず、それから一年ほどを経た同六年二月になって、沢庵ら三名は所司代板倉からの内意によって江戸に赴いた。

同六年六月に下された判決では、おのおの配流に処せられ、東源は陸奥津軽に、沢庵は出羽上ノ山に、玉室は陸奥棚倉に配され、また元和以来、幕府の許可を経ずして紫衣を着したものは皆剥奪されることとなった。

四　明正天皇の即位

紫衣問題がこじれて沢庵らが流罪に処せられるのが明らかになっていくや、後水尾天皇は退位の念を強めていったものであろう。すでに皇嗣問題では徳川の意を得られなかったことから、少なからず精神的な圧迫を受けており、さらに側室腹に皇子が誕生しても、ことごとく幕府の手で圧殺されているという事情も、同天皇の退位に大きく作用していたであろう。

この間の事情に精通していた細川忠興が国許に宛てた書状(29)では、後水尾天皇の欝憤の理由として、公家の官位や禁中の財政が幕府に全く支配されて天皇の意向が通らないこと、また紫衣事件において僧侶の衣が剥奪され、流罪に処せられ、口宣が一度に七八十枚も破棄されてしまい、「主上此上之御恥可有之哉との儀」であったことである。「又かくし題には、御局衆のはらに宮様達いか程も出来申候を、おしころし又は流し申候事、事の外むこく御無念に被思召候」と。そして何人子供ができようとも「武家の御孫より外は、御位には付被申間敷」という、幕府のあまりに強引なやり方に心痛の思いであった由である。

後水尾天皇は同六年一一月八日、突如譲位を行い、中宮和子との間に設けた女一宮（興子内親王）を践祚させた。奈良時代以来、絶えて久しい女帝の誕生であった。後水尾天皇の突然の譲位は、皇嗣問題での挫折が同天皇に対する精神的な圧迫となり、それが幕府の対朝廷政策のうちの否定的側面、すなわち強権的な一連の施策に対する不満を増幅させていき、ついに紫衣問題でそれが暴発するに至ったことに因るものであろう。

だが幕府にとって女帝たる明正天皇の即位を忌避していた事情は既述の通りである。明正天皇の即位は徳川系天皇の実現であるかに見えながら、家康以降、長年の年月と莫大な財力を傾注して推し進めてきた対朝廷政策を無に帰してしまうものであった。

ここにいたって幕府は対朝廷政策において、完全に手詰り状態に陥ってしまったと言うべきであろう。大御所秀忠は失意のうちに再び京都を訪れることもなく、程なくして病に臥せる身となり、寛永九年正月二四日に五四歳の生涯を終えるのであった。

むすびに

関ヶ原合戦後における国制の様態については以上のとおりである。関ヶ原合戦における家康方東軍の勝利は、必ずしも家康と徳川家、そしてそれに続く徳川幕府の万全の支配体制を築き上げるものではなかった。同合戦の結果として得た徳川系勢力の領土は、日本全国の三分の一にしかすぎず、残りの三分の二は外様大名に帰属していた。

ことに西国方面は、関ヶ原合戦の論功行賞によって国持大名に昇格していった豊臣系諸大名たちによってその大半が領有されており、残りも旧族系の外様大名の領地であった。加えて大坂城には摂津・河内・和泉の三ヶ国を直轄領として支配し、その身は関白秀吉の子として関ヶ原合戦後の政治世界においても独自の権威をもって諸大名のうえに君臨する豊臣秀頼が存在するというのが、関ヶ原合戦後における現実であった。

家康と成立間もない徳川幕府とが、その全国支配の政策をすすめるうえで直面しなければならなかったのが右のような政治状況であった。

豊臣秀頼は秀吉の構築した豊臣公儀体制の継承者として、潜在的には関白職への就任の可能性を有する者として、徳川将軍とは対等の立場において豊臣系大名を始めとする全国の諸大名のうえに君臨する存在であった。ことには関ヶ原合戦後の地政学的状況の下、西国方面に領地を集中させている豊臣系諸大名にとって、豊臣秀頼はその旗頭的な存在でもあり、家康と徳川幕府はこのような豊臣秀頼の政治的権威を尊重し、それとの共存をはかりつつ、それを踏まえてその全国支配を目指そうとするものであった。

慶長一一年の江戸城築造の天下普請に際して豊臣秀頼の家臣がその普請奉行として参画していたという事実、そして同一六年の全国諸大名から徴収した三ヶ条誓詞においても秀頼はこれに含まれることがなかったという事実、これらは右に述べたような豊臣秀頼の別格的地位を裏付けるものであり、秀頼は徳川将軍とともに公儀を分有する存在であったと解される。この時期の国制をもって、徳川将軍家を頂点とする徳川公儀と、豊臣関白家を頂点とする豊臣公儀とが並立する二重公儀体制と位置づける所以のものである。

そしてこのような特殊な政治構造こそ、実は近世社会に天皇制を存続させるにいたった根元的な理由なのである。天皇の存在は無条件の超歴史的なものではない。それはどこまでも歴史の諸条件に規定されたものとして存在しているのであり、近世天皇制をもたらしたものこそ、右に述べたような関ヶ原合戦を経て形成された近世武家社会の政治構造の特性に他ならないであろう。

家康は徳川・豊臣の共存を前提とする二重公儀体制を安定的に運営するために、孫娘の千姫を秀頼に配偶して、徳川・豊臣を血縁的に融合一体化させることを考えていたが、さらにまた家康は今一つの重要な戦略を実行に移しつつあった。それは千姫の妹にして、いま一人の孫娘（のちの東福門院和子）を天皇に嫁がせるという入内プランである。この入内によって、そこに皇子が誕生するならば、徳川将軍は天皇の外戚になる。

家康は徳川将軍家を基軸としつつ、豊臣関白家と天皇家と、その双方との血縁結合を取り結ぶべく構想し、かつこれを実行に移していた。

これが家康の本来の政権構想で、これが完成すれば徳川政権を倒せる勢力は存在しないことになる。豊臣家を潰す必要もなければ、豊臣家を潰そうとして、西国の豊臣系諸大名の反乱を誘発するという危険を犯す必要もないであろう。潰さないで、血縁結合による徳川・豊臣・天皇家のトライアングルを形成することが、むしろ徳川政権を強化する最善の戦略であった。

形式としては「二重公儀体制」の上に天皇家が立つという関係で、実質的には徳川将軍のヘゲモニーの下に、天皇家と豊臣関白家とを絡め取るという構造を想定していたと言ってよいであろう。

この構想は高仁親王の即位問題という形でその実現の歩みを進めていたのである。しかしながらそれは、紫衣事件に示された抜き差しならぬ朝幕軋轢の中でついに挫折の憂き目をみることとなるのである。

寛永一一（一六三四）年六月、将軍親政を開始した家光は三〇万の供奉の人数を率いて上洛した。そして京中の民に銀五千貫目を分かち与え、ついで大坂に赴いては大坂・堺・奈良の町の地子銭の免除を発表した。この堂を圧する供奉の武士の人数といい、この大盤振舞いといい、何人も争がえぬ将軍の武威と権勢のほどを上方の人間に印象づけるための一大デモンストレーションであった。家光の上洛は、家康、秀忠のそれと違って、京都の権威と結びつくためではなく、それと訣別する意思の表明であった。

上洛を終えた家光の次なる事業は、日光東照宮の大造替であった。寛永一三年四月、幕府の財力の限りを尽くしたあの豪壮華麗な東照宮の堂宇が完成し、正遷宮の儀と法会が盛大に執り行われた。これより将軍家光の課題はもはや上洛ではなく、それに代わって日光社参が重要な意義を担うこととなった。京都と天皇の権威に結びつくことではなく、日光の東照大権現の霊威によって聖化されることによって、将軍権力は新たな展開を示すことになるのである。そしてそれは京都にとっても、朝廷と天皇にとっても、徳川幕府との新たな関係の始まりを意味したのである。

（1）藤野保『新訂幕藩体制史の研究』（吉川弘文館、一九七五）二〇五頁。
（2）拙著『関ヶ原合戦』（講談社メチエ、一九九四年）九〇頁。
（3）拙稿「蔚山籠城戦と関ヶ原合戦」（『倭城の研究』第二号、一九九八年。拙著『関ヶ原合戦と近世の国制』（思文閣出版、二〇〇〇年）第一章に収録）。
（4）朝尾直弘『将軍権力の創出』Ⅱ「豊臣政権論」（岩波書店、一九九四年）。
（5）前掲拙著『関ヶ原合戦』三四頁。
（6）「小山の評定」の意義については前掲拙著『関ヶ原合戦と近世の国制』第三章「関ヶ原合戦の推移とその諸論点――「小山の評定」の再検討を中心に――」を参照されたい。
（7）徳川秀忠部隊の構成については前掲拙著『関ヶ原合戦』一一八頁以下を参照。
（8）関ヶ原における家康率いる徳川勢力の構成については前掲拙著『関ヶ原合戦』一三六頁以下を参照。
（9）板坂卜斎『慶長年中卜斎記』（『改訂史籍集覧』第二六冊）。
（10）前掲拙著『関ヶ原合戦』一三八頁。
（11）拙著『近世武家社会の政治構造』（吉川弘文館、一九九三年）第二章第二節「徳川家康の将軍任官と慶長期の国制」。
（12）『上杉家御年譜』（米沢温故会）慶長一〇年四月一日条。
（13）上野秀治「「桑名御領分村絵図」について」（『三重県史』近世資料編、三重県、一九八七年）。
（14）「毛利三代実録考証」（『大日本史料』慶長一一年五月条）。
（15）白峰旬「慶長十一年の江戸城普請について」（『織豊期研究』第二号、二〇〇〇年）。

（16）尊経閣文庫蔵。『御当家令条』第一号（『近世法制史料叢書』Ⅰ、創文社）。
（17）『大日本史料』慶長一七年正月五日条。
（18）大村由己『聚楽行幸記』。
（19）文禄四年七月付、徳川家康・毛利輝元等連署起請文（『大日本古文書、毛利家文書』三、九五八号）。
（20）前掲朝尾『将軍権力の創出』Ⅲ「幕藩制と天皇」。
（21）『言緒卿記』慶長一七年九月二一日条（『大日本古記録』、岩波書店、一九九五年）。
（22）『駿府記』慶長一九年四月二〇日条（『史籍雑纂』第二、続群書類従完成会、一九七四年）。
（23）拙稿「高仁親王即位問題と紫衣事件」（朝尾直弘監修『日本国家の史的特質』近世・近代、思文閣出版、一九九五年。前掲拙著『関ヶ原合戦と近世の国制』第九章に収録）。
（24）『新訂　本光国師日記』寛永四年四月二六日条（続群書類従完成会、一九七一年）。
（25）紫衣事件については辻善之助『日本仏教史』近世篇之二（岩波書店、一九五三年）、松田奉行『沢庵』（弘文堂、一九四三）、加藤正俊「伯蒲慧稜と紫衣事件」（『禅文化研究所紀要』第九号）などを参照。
（26）『東武実録』寛永一一年七月一九日条（『内閣文庫所蔵史籍叢刊』第二巻、汲古書院、一九八一）。
（27）前掲『新訂　本光国師日記』寛永五年三月一三日条。
（28）同前。
（29）寛永六年一二月二七日付、細川忠興書状［細川忠利宛］（『大日本近世史料・細川家史料』七八五号、東京大学出版会、一九六九年）。

特集＝文明と法の衝突

講座派史学と丸山眞男

蓮沼啓介

問題の所在

西洋史の現実の中から抽象した尺度に照らして日本史や東洋史を測定する場合に、時代区分論は比較の目安になる指標となる。それ故に、時代区分論に潜む歪みやズレは、比較に狂いが生じる原因となりやすい。そうした歪みやズレを含む時代区分論は、近似値として、異なった現実を認識する手掛かりとはなるものの、その精度には言うまでもなく割引が必要である。自然秩序実在観から作為の論理への転換を軸に、江戸思想史の発展を分析した丸山眞男の『日本政治思想史研究』は、割引が必要な研究の中でも、とりわけ大きな影響力を発揮した作品の一事例である。

荻生徂徠の学問において明快に成立し、本居宣長によって継承された作為の論理が、幕末には何ゆえに停滞してしまったのか。また維新の後には何ゆえに急速に氾濫するに至ったのか。停滞や氾濫を引き起こした思想要因や外部の歴史環境についての分析は丸山にあっては欠落したままである。丸山の分析においては、作為の論理の成立とそれと不可分の筈の作為の論理の担い手の析出とが分離したまま、作為の論理のみが中空に漂っているかの如くであるからである。

こうした分析の欠落が生じた思想要因を訪ねて、本稿では、丸山における講座派史学への依拠にその源があることを指摘したい。講座派史学の時代区分論に見逃しがたい歪みが潜んでいることは別に論じた通りである。講座派史学の時代区分論に潜む歪みとズレを矯正した時に、丸山の知見にどの様な変容が生じるか。かくて本稿では『日本政治思想史研究』に秘められた潜勢力を探し求め、かつ掘り起こすことになるはずである。

一　講座派への依拠とその得失

丸山がフランツ・ボルケナウへ依拠していることはほぼ間違いのない事実である。のちに丸山はこう語っている。(1)

当時でもマルクス主義者とは到底いえない私が、徳川時代の思想史的発展を跡付ける方法として、フランツ・ボルケナウ（Franz Borkenau）―（中略）―の『封建的世界像から市民的世界像へ』（Der Übergang vom feudalen zum bürgerlichen Weltbild, Paris, 1934）における分析に大きな刺戟と示唆を受けたのは、この著が（中略）あくまで基本的な思考範疇――『自然』とか『理性』とか『法』とか――の内的な構造連関に着目して、中世からルネッサンス期への「世界像」の微妙な変容過程を描こうとした点にあった。

丸山はこうも語っている。(2)

さらに、前に触れたボルケナウの著も、思想の『内からの』理解と『外からの』社会学的認識とを結びつける試みとして、私には啓発的であった。朱子哲学を特徴付ける『規範』と『自然』との連続性が、その後の儒教思想の発展のなかで分裂してゆき、その分裂がやがて国学の思惟方法の成熟を準備することになる――という本書第一章の構成は、ボルケナウの研究における聖トマスの自然法とその諸範疇の歴史的発展の叙述の仕方からヒントを得たものである。

「聖トマスの自然法とその諸範疇の歴史的発展」についてのフランツ・ボルケナウの研究をお手本としながら、自然秩序実在観の内在的な解体過程を復元することを主題とし、のちに『日本政治思想史研究』第一章に収められた論文である「近世儒教の発展における徂徠学の特質並にその国学との関連」の立論の構想が形作られたことは、丸山自身の回想から見ても、明白である。

中世ヨーロッパにおける「聖トマスの自然法とその諸範疇」に対応する思考体系は、丸山にあっては、「近世儒教」

のなかでも体系としての完成度の高い「朱子学的思惟様式」に求められることになった。だがここに問題が伏在していたことを見逃すわけにはいかないであろう。聖トマスが中世ヨーロッパに出現した思想家であることは余りに明白である。だが朱子は中国中世の思想家であって、近世日本の思想家ではなかった。聖トマスに対応する筈の思想家とは朱子そのひとなのか、それとも近世日本に登場した朱子のエピゴーネン達なのか。ここには比較精神史の研究を進める上で避けては通れない選択肢となる分岐点が存在していたわけである。儒教思想の発展の分析図式としてフランツ・ボルケナウの研究を用いる際に、適切な歴史的空間は近世日本なのか、それとも宋王朝や明王朝の支配した中国や李氏朝鮮をも含む儒教世界全体であるのか、問題は正しくここにあった。

丸山眞男はこの問題に対して、藤原惺窩や林羅山といった近世日本に登場した朱子のエピゴーネンを自然秩序実在観の担い手として選択し、思考範疇の微妙な変化発展の出発点に据えた。しかもこうした選択は暗黙の裡に行われ、選択の根拠は無自覚のままに置かれた。丸山が依拠した選択の規準はそれでは何であったか。丸山はここで講座派史学の歴史認識を密かに導入していると言わざるを得ない。近世日本と中世ヨーロッパとを同一の歴史発展の段階にあると見て封建制社会と時代区分する、講座派史学の打ち立てた時代区分論に依拠して、朱子ではなく、朱子のエピゴーネン連中を分析の出発点に選んだに違いない。

丸山が依拠した日本思想史の方のお手本を見るとこの点がはっきりする。まず津田左右吉『文学に現はれたる我が国民思想の研究』が挙げられよう。津田の思想史は思想の担い手であった社会層に応じて、日本における思想の発展を貴族文学の時代と武家文学の時代そして平民文学の時代へと三区分する構想に立って描かれているが、こうした構想は容易に古代貴族の時代、中世武家の時代、近世町人の時代へと読み替えが効く代物であった。津田の構想と新井白石が『読史余論』で論じた武家政権登場の歴史的必然性の論証とを重ね焼きするとき、徳川時代は封建制の完成期であるとする歴史認識が獲得される。

講座派史学は新井白石や津田左右吉の史論を正統に継承し発展させた立場に立つことをここで確認しておこう。永田広志の手になる日本思想の研究が丸山の研究にとって隠れたお手本であった。永田の研究がここで講座派史学に立つ力作であった点が決定的な意味を持つことになったに違いない。永田の『日本哲学思想史』と『日本封建制イデオロギー』の二書を紐解けば、講座派への依拠と引照は明白である。「徳川時代に思想界に優位を占めた儒教は（中略）

厳密に階層的組織に再編成された新たな型の封建制の秩序維持のために最も適当なイデオロギーとして起こったものであった[3]」と永田は語っている。また作為の論理への永田の着目はあざやかである。永田はいう。「自然と人間生活の法則とをこのように区別したのは、日本の儒者では徂徠が初めてである[4]」。また徂徠学への矛盾を孕んだ評価をこうも語る。「彼の矛盾に充ちた学説は、儒学の長所と弱点を同時に極端に迄展開した限り、日本儒学の極盛を代表すると共にその衰退の要素を孕んでいた。この意味で、徂徠の学説を検討することは極めて興味ある仕事であるが、ここでは例によって簡略な瞥見にとどめることにする[5]」。

永田が果たさずに後に残した「極めて興味ある仕事」を引き継いだのが丸山眞男である。政治思想の平面で切った江戸儒学の断面には荻生徂徠の顔が大きく写る。永田に導かれこうして丸山の内部で作為の論理と徂徠学への急接近が始まる。思想史一般ではなく固有の政治思想の発展を解明することが丸山にとっては本来の任務であった。政治秩序を基礎付ける論理の違いに着目した丸山は、作為の論理の生成を跡付けるという企てに向かい、朱子学的思惟様式の解体する廃墟の中から作為の論理が生成する見通しを抱くに至る。

こうして第二論文のテーマが発見される。自然秩序から作為の論理へと政治秩序を根拠付ける論理が変化し発展する道筋を丸山は追跡する。政治社会は人間の制作による産物である。『日本政治思想史研究』の第二章に採録された「近世日本政治思想における『自然』と『作為』」という論文こそ、徂徠の「矛盾に充ちた学説」を内在的に理解し、その論理構造を一の全体として鮮やかに剔出する作品であった。またそれは徂徠学と宣長学との間に外見からは思いも寄らない秘めやかな連関のあることをあらわに明るみに出す「極めて興味ある」作品ともなった。

永田広志の作品を隠れたお手本として丸山が得たものを確認しておこう。丸山が得たものは次の通りである。徂徠学における思考様式の旋回を見事に析出し得た。自然秩序実在観の内在的な解体のうちから作為の論理が生成するという、西洋の思想史に見られる発展と同様の発展が、東洋の思想的発展の内に確認できた。これは東洋思想が示す自立性の確証であり、更には東洋思想の有する独自性の主張ですらあった。

丸山が失ったものも確認しておきたい。講座派史学の時代区分論を密かに受け入れた結果、作為の主体としては未来における絶対王の登場がほぼ自動的に予想されることになり、作為の主体を呼び起こす論理の探求が不要とされることになった。こうして作為の主体を析出する思想要因の探求が丸山の視野から欠落してしまうのである。

『日本資本主義発達史講座』のインパクトの大きさが推し量られよう。しかもそこには論争の抑圧という不幸な歴史が先行していた。周知の様に、日本資本主義の歴史的性格を巡る論争が労農派と講座派の間で戦わされたが、学問の自由を欠く帝国憲法の下では十分な論争は不可能であり、その結果、労農派と講座派の史論を統合する道が予め閉ざされてしまっていた。ここに不運と不幸があった。真昼の暗黒に呪われた昭和国家の抑圧は学問の最深部にまで及んでいたということである。

作為の論理を抽出するだけでなく、作為の主体を生成する思想要因を探求することもまた政治思想の発展を追跡するという丸山にとっての本来の課題に含まれていた筈である。だが、講座派史学の時代区分論を密かに受け入れたことが仇となって、作為の主体を生成する思想要因を合わせ探求するという視点が丸山には欠落してしまったわけである。

こうした作為の主体への眼差しが欠落していればこそ、占領軍による思い切った官庁改革の断行を市民革命と取り違えることができたことは見やすい。革命主体を欠落させた市民革命という逆説に丸山眞男も搦め捕られてしまう。「目出度さも中ぐらいなりおらが春」(6)。作為の主体を問わない戦後啓蒙のお目出度さが、ここに集中的に現れていることは明白である。

二　講座派批判

明治国家は絶対王制であるとする断定に講座派史学の核心があることは見やすい。この断定は、言い換えれば明治国家は絶対王制であるとするこの信念は、権力悪との苛酷な対決の体験から生まれた政治認識である。この政治認識は戦後改革こそ市民革命の到来であるという確信を生むきっかけとなった歴史認識でもあった。

天皇はアジア的な専制君主であり、荘園領主は古代勢力であるとする思い込みが更にここから発生する。この思い込みはアジア的停滞という見方にぴったりの誤謬であった。こうした思い込みは上代と古代との区分が出来ないために発生した思考の混乱の産物である。もともと大化の改新の位置付けを巡る論争になかなか決着が付かないところに理論的な混乱の根があったと言えそうである(7)。

講座派史学は鎖国の思想である。鎖国を国是とする徳川政治体制の下で自閉した学問が産出した虚妄にそれは依拠しているからである。講座派史学の特色はその一国主義にある。それは一国社会主義の確立を介して世界支配を夢想したスターリン主義の理論的な支柱であった。スターリン主義こそ東洋的な専制と癒着した社会主義の特殊形態であった。スターリンは明治国家の内に自らの似姿を発見してしまったのである。

ここでスターリン主義が発生する哲学的な根拠を掘り起こしてみよう。レーニン主義がなぜスターリン体制への移行を阻止する抑制力にならなかったのか。レーニン主義の思想的弱点とも呼ぶべきレーニン的段階の哲学の逆説を瞥見しておくことにしよう。永田広志の早すぎる死が後に問題を残すことになった。問題の焦点はレーニン的段階の哲学に伴う両義性にある。ここでいうレーニン的段階の哲学とは政治権力と精神的権威の結合、更には統合という境地に定位する思想、それも自らを体系として構築する思想活動の事である。東方キリスト教の正統派では皇帝即教皇の伝統から容易に統合がなされる。レーニンが登場した歴史的な位置の特質がここに求められる。レーニンは容易に統合の地平に到達できた。なぜなら、正統派キリスト教の教義からマルクス・レーニン主義へと思想の内容こそ完全に入れ替えが完了してはいるものの、それはロシアの思想的な伝統の中では極く当たり前の事態であったからである。だが代償も生じた。そこでは分離の伝統が欠落しているため、たちまち病理である政治に対する哲学の従属が発生した。やがて哲学の低俗化が避けがたく進行する。スターリン的段階の哲学が低俗でしかあり得ない根拠がここにある。(8)

ちなみにマオイズムとはレーニン主義からエリート主義を取り除いて大衆路線を付け加えた立場である。毛沢東思想の哲学水準は概念の定義や体系性が不足しているので哲学青年並である。毛沢東思想は大衆の哲学であるから専門家の目から見ればその水準は低い。ただし思想としては深い。毛の著作や発言は洞察に富んでいて、この点でジャン＝ジャック・ルソーの著作を思い起こさせる。毛沢東の歴史的位置はレーニンのそれに類似する。中国思想の伝統においても政治権力と精神的権威との統合は容易であるからである。従ってまた病理の発生も不可避である。ただし死後に皇帝の勤務評定があり歴史的な評価が定まる伝統が健在なので、同時代には難しい政治と哲学の分離も一世代ずらせば可能となる。かくて哲学の自立は絶えず一世代分だけ遅れ、哲学史という形態を取ることになる。(9)

レーニン的段階の哲学には両義性が伴い、哲学と政治の統合という高貴な目標が哲学の政治家への従属という卑俗かつ醜悪な結末に容易に転化するという逆説が発生する。ここには難問が控えているわけである。政教分離の伝統が確立しているヨーロッパや英米、また政教癒着を断ち切った後の日本の如き地域で結合が実現されて始めてレーニン的段階の哲学は自立的な発展軌道に乗る。これはまだまだ先の話でしかあり得ない。Third millennium つまり二千年紀の宿題である。

ポスト・レーニン主義の段階の哲学にとっては、哲学と政治の統合は深刻な病理を招かずには簡単には実現できない高貴な理想である。従って統合は遠い遠い将来目標としてのみ受け入れることにして、いわば完全実施を棚上げしてしまうことが望ましい。その上で政治権力と精神的権威の分離を前提とした再結合という方針を打ち出す。まず事実と価値の分離を説くカント主義の段階の哲学にまで一旦戻って、政教の分離という原則を掲げ、精神の探求における宗教の教義から学問の自立を模索し実現する。かくて自立した学問の達成として確保された自然認識や社会認識に適う、教義や政策を提出することを政治権力や各方面の精神的権威に要望していくわけである。それは人間の自由の観点からレーニン主義を一旦解体して再構築する立場である。ここでは、結合の前の分離という福本テーゼに一旦戻って、政教癒着を切断することが要をなす[10]。

延暦十（七九二）年に廃止された養老令が弘仁三（八一二）年に復活したと錯覚する養老幻想こそ講座派史学の産みの親である[11]。この錯覚に基づいてそこから委任の法理が派生する。武家政権はあくまでも朝廷の権限に基づき権限を委任したものであるという錯覚がそれである。源頼朝は鎌倉に新しい政府を樹立したが、文治元（一一八五）年に生じた頼朝に対する権力の付与は権限の委任ではなく実は権力の割譲であった。

ところが牧健二は次の様に語っている。「文治元年地頭職補任の降勅以後に於ける関東の支配にかかる地頭職は朝恩である。（中略）。源頼朝に於ては諸国の地頭職を朝廷より拝領したのである。（中略）。そこで起る一の疑問は、鎌倉殿と御家人との関係を封建的と言ひ得るならば、朝廷と武家との関係も亦封建的と言ふべきではないかと言ふ點である」。「然るに朝廷と武家との関係を封建的なりと言ふに就ては躊躇せざるを得ない理由がある。蓋し朝廷の基礎法は律令であるが、律令は領地領民を容さぬことを以て主義とし、且つ官職制度を以て統治する點に特色を存した[12]」。牧健二が養老幻想に陥っていることに疑いの余地は無い。しかもここで養老幻想とその帰結は明白である。牧健二は既に廃止された養老令が文治年間にも現行の法であるという錯覚に立って、「朝廷と武家との関係」を「封建的なり」と断定することに躊躇を覚えているのである。しかしながら、実際には令は既に廃止されて久しい。この時代の朝廷法は牧自身が語る様に「天慶より文治に至る二百六十年間に於て律令格式が慣習の為に実質を變じ、且新に慣例（先規）を加へたる」[13]つまり律令法が中世的に変容した形態である「公家法」[14]であった。従って朝廷と武家との関係もまた「封建的な」関係であり、諸国惣追捕使の権能を朝廷は源頼朝に、委任ではなく、割譲したことになるわけである。封建関係であるから、「今度の御謀反」[15]違約者は上皇といえども謀反人になり、軍事警察権を有する惣追捕使による成敗の相手となる。

こうして見れば、鳳凰尊治[16]の失敗がどこにあったのかも明白になる。足利尊氏に惣追捕使の資格を認めればそれで済んだ筈であったからである。鳳凰尊治と足利尊氏との同盟関係を維持しさえすればそれで良かったのである。そうすれば畿内を直轄地とする神聖王国を建設できたと考えられる。その場合、七道諸国は間接統治になった筈である。多分、足利尊氏が鎌倉殿となり、室町殿は副将軍格となったであろう。おそらくは足利直義が副将軍となったはずである。

やがて嫡男が副将軍格の室町殿となり、庶系の同族は管領兼守護となっていったものと想像される。

鳳凰尊治の失敗の代償は高くついた。荘園領主と武家領主の全面的かつ持続的な交戦状態が出現し、荘園は武家領主に次第に蚕食され「押領」[17]されてしまうのである。ここに荘園領主にとっての歴史的な不幸があったことは見やすい。武家領主に荘園を蚕食され「押領」されるという事態がどうして発生したのか。なぜ回避できなかったのか。荘園領主とその末裔には今なお事情が飲み込めないからである。こうした事態の発生に対して、どこの誰に責任があるのか、失敗の内容と責任の所在が明らかにならぬままであり、どうにも納得が行かないから、「押領」の恨みをどうしても晴らすことが出来ない。要するに荘園領主とその末裔には失敗の歴史的な総括が出来ていない。公家が反動勢力に転落しやすい思想の根拠とその源泉がここにあることはもはや明白であろう。

講座派の提出した日本史に関する時代区分論を組み替える方針については別に論じた通りである。[18]新しい時代区分論に拠れば、一国から東洋世界へと視野が広がりを見せるし、日本列島における古典古代と呼ぶべき時代を確定することも可能となる。かくて日本列島における古典古代はわずか一世紀余りにしかならない束の間の時代であったことが明白になる。奴隷体験の不足に日本社会の一の特質が見られることも明らかである。こうした新しい時代認識に立って、丸山眞男の手になる『日本政治思想史研究』を根本から見直すとき、そこにどのような変容が生じるであろうか。

三　作為の論理の生成と発展

日本という一国から東洋世界へと視野が広がるとき、徂徠学および宣長学の位置付けは劇的に変化する。また丸山が見逃していた政治的リーダーシップの調達を巡る思想の発展に新たな照明が当てられる。そもそも作為の担い手はどこから調達されるのか。

日本一国から東洋世界へと視野が広がると、中国や朝鮮の儒学を先行形態とする東洋世界における思想の内在的な発展という図式が描かれる。この場合に徂徠学の位置付けにはどのような変容が生じるであろうか。士大夫の国である中国や兩班の国である李氏朝鮮において朱子学的な思惟様式を担う大量の担い手が出現するが、こうした官僚の王国において安定していた朱子学の思惟様式や基本範疇には、官僚の王国から武家の王国へ移動することによって、見逃すわけには行かない程の変容が発生する。言葉を変えて言えば、家産制から半身分制への移行に伴い、思想にも変容が発生する。概念の前提する史実に差異があるため、概念の内容に変質が生じるからである。中国や朝鮮の儒学と対照して見ると、林家の朱子学は折衷であるし、崎門の朱子学は偏狭であるという風に、日本朱子学の独自性が透けて見えて来る[19]。日本に移植されるとたちまち気一元論への傾斜が強まり、理は虚妄ないし抽象として遠ざけられ、早くから理の実在性が希薄になる。

古学が成立する思想環境がこうして用意される。それは朝鮮儒学における実学と同時平行的な発展であり、更に徹底した発展であった。伊藤仁斎にあっては古代中国への接近は急であり、孔孟への肉薄は古典学としての古学を成立させる。そして荻生徂徠が登場する。徂徠学は武家の学問である。つまり身分制武士団の儒学である。もともと官僚の学問である宋学を武家の関心に強引に引き寄せて再構成する試みとその所産にほかならない。官僚の好む合理性に対して徂徠は非合理的な決断を全面に押し出す。徂徠は天命説により徳川支配の弁証を企てる。家康は天命を受け徳川政治体制という制度を制作した聖人である。また太平策を唱える。天下太平を謳歌して下手な政治改革の企ては笑いのめしながら澆季という体制末期の到来を待つ。

徂徠学には自己否定的な性格が伴っていることは見逃せない。太平の世に聖人は不要とする実際論からの敬遠が生じて来るからである[20]。また理論から生じる困難も見逃せない。徳川政治体制は偶然の所産であり、作為の産物とは言えない。精々良く言って俄造り、急拵えの体制にすぎない。既成事実の積み重ねの結末に過ぎない政治秩序であるからむしろ自然の秩序に近い。自然秩序実在観による政治秩序の根拠付けの方が歴史の実際に近い。制度を欠いた徳川体制の弱みがここに集中的に露呈していることは見やすい。制度の確立を目指した新井白石の苦心も空しく、田舎武士どもに白石は煩がられ邪魔にされる始末であった[21]。

官僚の王国が儒教の国であったのとは対照的に武家の王国はまた神仏の国でもあった。こうして神仏の世界においても自然秩序実在観から作為の論理への思考様式の発展変容が生じ、政治秩序一般を無意味と観じ、政治的な作為を自然な人情に反する押し付けとして嫌悪する虚無的な政治論を産み落とすに至る。国学の勃興である。儒学の内部における作為の論理の発展は、国学の内部における作為の論理の登場を誘導し媒介する。ここで国学の有する政治離脱性に基づき神々が作為の主体であるとする見地が生まれる。これは自然秩序実在観を徹底的に否定する立場である。自然はもはや永遠不易の安定した事態としては認識されず、おのずから変化して止まない流動する事態として再認識される。政治秩序の自明性は完全に剥奪され、人々の作為や意図を越えた歴史変動の予兆が呼び覚まされる。賀茂真淵から本居宣長へと思想は受け継がれ、未来に向かって運ばれて行く。

賀茂真淵の立場は現状肯定であり、現状賛美ないし現状謳歌の基調が顕著である。人間社会は真淵にあっては自然秩序実在観により把握されている。既成事実の累積によって成立した徳川体制についての解釈の一例である。真淵は日本仏教に色濃い現世回帰を更に突き抜け、現世否定の契機を全く欠いた、現世肯定へと邁進する。真淵にあっては現状賛美は極端に向かう。理念に照らした現実の批判を一切拒否した揚げ句、お国自慢が昂じて皇国の観念を産み出すに至る。外国から渡来した理念を一切受け入れないで拒否する真淵の立場は排外的である。これは掛け値なしに鎖国の思想であり内向きの思想である。

真淵と宣長の思想では人間社会成立の絡繰りが異なっている。宣長にあっては自然秩序実在観から作為の論理への飛躍が見られる。徳川政治体制という政治秩序は宣長にあっては作為の論理により把握されている。但し人知の賢しらを越えた、神々の仕業として位置付けられる。それに合わせて家康は神君の位置に祭り上げられている。「其時々の公の御定を守リ、世間の風儀ニ従ヒ候が、即神道[22]」宣長は現前する政治秩序への柔順を説くが、宣長のいう神道は passive obeidience を精神の基調とする行き方のことである。それは政治秩序の安定に無関心なままに秩序を担う積極性を全く欠落した行き方であるから、政治秩序の担い手には「どこか不穏でいかがわし(23)」い印象をどうしても与えることになる。

実際、宣長のいう神々の作為は人知の賢しらや意図を越えた結末の可能性を開示している。こうした観念がやがて歴史変動の意識を呼び覚ます可能性を内包していることは見逃せない。しかも作為の担い手が神々である結果、一方で人知の賢しらにより政治秩序を補強する道は頭から閉ざされてしまう。作為の不能を公然と掲げる宣長の秩序論が、政治支持の摩耗による徳川政治体制の空洞化に見合う政治認識であることは明白であろう。政治秩序が安定するか瓦解に向かうかは予測を越えた事態である。こうなると何もかもが神頼みの世界になることは見やすい。宣長にとっては徳川家の存続も瓦解ももはや徳川家の意向を越えた事態にほかならなかった。空洞化するご威光を前に、本居宣長は、公方権力の衰退に伴う政治主体の摩滅という時代の動きとその行く末を冷ややかに見極めていくのである(24)。

ひとたび作為の主体が神々に限定されるや、神学が問題の焦点に置かれることは避けがたい。古文辞学の方法を転用して古事記を解読した結果、本居宣長は新たな神話解釈に到達する。こうして書紀神学からの離脱が生じて、記紀神学の成立を促すに至る。国常立尊から産す日の神へと主宰神の変更が生じて、作為の担い手を移動させる用意が調う結末となる。古書の解読という現実政治とはまるで無縁に見える古色蒼然たる学問の内部において密やかに不気味な思想の発酵が進展する。武力の象徴であるご威光から、日神の末裔である禁裏へと、政治秩序とその将来構想の中心が移動する。まず現体制の解釈が代わる。徳川政治体制はもはや御威光に基づく公方権力としてではなく、朝廷から授与された征夷大将軍という官職に伴う将軍権力と読み替えられる。これは後期の水戸学への発展である。次いで現体制とは異なった体制構想を産み落とす。朝廷を中心に見立てた王政復古論の登場である。

後期水戸学の衝撃は記紀神学を受け入れた時点に始まる。大名領国への蔑みの視線が広まり、藩という眼差しの成立が画期をなす。水戸学は徳川家の観点に立って支配秩序の正当性を論証する理論である。もともとは徳川家のご威光が相対的に弱体化するのを補強するために禁裏の権威を動員する試みであった。ところがご威光の衰弱を補強するのに必要なだけ禁裏の権威を高める工夫と苦心が実行された果てに、思わざる結果が生じて、雄藩連合に新たな結節点を提供するという、徳川家が最も警戒していた筈の皮肉な効果が産出されてしまうのである。

やがて禁裏から朝廷へと天皇の在所の名称が一変する。徳川家の他の大名家に対する圧倒的な優位が、いつの間にか比較的な優位に取って代わられる。こうした力関係の変動に対応して、禁裏の観点から徳川家という巨大大名家を蔑視する視線が登場する。幕府という概念の登場である。朝廷という観念の復活である。こうして幕藩制という、支配の正当理論とセットになった、体制認識が普及する準備が調うのである。ここで幕府の代わりに朝廷を代入すればたちまち朝藩制という新しい政治体制への展望が開かれてくる。政治的なヘゲモニーの移動が思想の内部で密かに準備されていることは明白である。後は作為の論理を担う作為の主体が歴史の舞台に登場するのを待つばかりである。

だが作為の主体はそう簡単に登場できたわけではない。既成事実の積み重なりから産出される慣行と伝統の総体を宣長は神々の仕業であり神々の作為の産物として認識したのであったが、宣長の認識は、ご威光の空洞化が進んでからの徳川政治体制には権力構造の中心に空洞が広がっていて制度の制作を担う政治的なリーダーシップの登場を阻む仕組みになっているという史実に実は正確に対応していたことをここで見逃すわけには行かないであろう。

四　吉田松陰の先見性

作為の主体を呼び覚ます論理がかくて探し求められる。幕末にあって作為の主体を呼び出すという思想課題に直面して、新たな発想の糸口を見いだしたのは吉田松陰であった。政治思想家としての吉田松陰の面目は、その独自性はどこに求められるのか。

政治行動を内面から支える実践道徳への着眼にまず松陰の新しさがあった。支配の正当性を裏付ける任命の論理を、松陰は服従対象を選択する実践道徳として読み替えたが、その挙げ句、松陰は朝廷は無力であるという的確な政治認識に至る。「幸に上に明天子あり。深く爰に叡慮を悩まされたれども搢紳衣魚の陋習は幕府より更に甚しく（中略）事の成らぬも固より其の所なり」[25]。それは権力構造における中空の発見にほかならなかった。沈着で的確な政治認識に松陰の持ち味があった。むやみに理想ばかりを追い求める夢想家とは違い、軍学の家に育った吉田松陰は、理想を抱きながらも冷静な政治認識を見失うことのない、それなりの現実家であった。松陰は幕末にあって初めて権力の中空を発見した人物である。いくら作為の論理を発見しても、政治構造の中心部に空洞があり続ける限り、作為の論理は発効せず、政治秩序は人々の賢しらや営為を超越した自然秩序に準じた実体に止まらざるを得ない。政治構造に中空のある幕末の日本社会では、役割による政治的リーダーシップは機能しない。それゆえに志によって活動する人々しか作為の主体にはなれない。作為の主体が登場することを妨げている隘路を松陰は発見したのである。

ここに松陰の創見があった。幕末において作為の論理の普及が停滞する理由はこの隘路にあった。松陰こそはこの隘路を突破して作為の論理を全面的に展開する突破口を掘り抜いた人物である。作為の主体となり制度を制作する能力は、ひとたびは本居宣長によって神々の世界という人々の実践能力の彼方に追いやられてしまっていたのであったが、松陰は今再びこの能力を人々の手に取り戻そうとしている。作為の主体が出現することを妨げている政治構造の中空を的確に認識するという迂回路を通って、松陰は、政治の中空に入り込む工夫とその成功を見通すことの出来る地点にまではるかに登りつめることができたのである。政治認識を横軸とし政治思想を縦軸とする座標軸を松陰は心中に描くことができた。ここに松陰の面目があった。目前の政治構造の内部に作為の論理を持ち込む交点と接点を松陰はここぞとばかりに鮮やかにくっきりと確定する。この瞬間、吉田松陰は、政治思想の歴史に新たな一頁を加えることになる。

振り返って見れば政治行動を内面から支える実践道徳への着眼に松陰の新しさがあった。松陰は、極く素朴な形ではあれ、人間の本性というか人間の内部にある自然の性質を発見し、こうした人間の自然に実践道徳を支える基礎を求めたわけである。官僚の王国を支える外在的で受動的な自然から神仏の国に根付く内在的で能動的な自然へと転回する自然観の変遷を経て、松陰は、志により行動する政治主体の可能性にめぐり会う。「草莽の志士」[26]の発見である。家柄による武家とは異なる、志による武士という新しい人間類型を松陰は発見したのである。それは新しい政治主体との出会いにほかならなかった。「草莽」の発見により、松陰は、幕末日本に立ち塞がる隘路からの脱出口を確保することが出来た。

こうして松陰にあっては政治的リーダーシップを調達する理論が次に求められる。

東西文明の交錯する薄明の思想領域をさ迷いながら、「フレーヘード」[27]の観念と「那波列翁」[28]という政治リーダーに手本を求めるところまで松陰は進んで行く。「ナポレオン」[29]への引照の意義はどこにあったのか。それは、政治中枢における中空を埋める松陰ならではの工夫であった。また、政治構造の中枢に空洞を産み出すメカニズムの認識を介して、大名領国の併存という歴史的な現実を認識するに至る。こうして松陰は徳川家という巨大大名家の衰退により、戦国乱世が再び訪れるという必然性を認識するに至るのである。志の内容をなす「浩然の気[30]」とは古代中国の戦士貴族のエートスつまり精神態度を戦国武士の気風を土壌として復活させる試みであった。志による武士の集団である「草莽の志士」とは具体的には地侍を再結集する企てにほかならなかった。松陰はかくて政治改革を担う担い手を輩出するに必要なエートスと社会層の双方を発見し得たわけである。松陰に残された未決の課題は、どこから政治的なリーダーを調達するのかという一点であり、政治改革を担うリーダーの動向にほかならなかった。松下村塾に集う少年たちに自らの志を託して吉田松陰はこの世を去った。

その願いが適ったのであろうか、松陰の志はこの世に留まった。そして塾生の中から松陰の志を汲んで「防長回天[31]」の偉業を成し遂げるリーダーが出現する。戦国乱世の再来が不可避であり、地侍の再結集が政治改革の要をなすとすれば、戦国武士の気風が強く残る周防長門の二国はとりわけて有利な戦略拠点となる。しかも大名は既に決断型のリーダーではない。戦国の世とはここが決定的に違う。大名領国の内部における的確な権力構造の認識によれば、リーダーシップは制作しないかぎり調達できない。とすれば毛利家家臣団とは異なる奇兵隊の創出は不可欠の任務となる。誰が奇兵隊を組織するのか。家柄によるリーダーとは異なる、志によるリーダーを創出することによってである。ここで自らが政治的リーダーになるという決断は不可避かつ不可欠である。自ら開闢総督として、高杉晋作は、志による武士という人間類型を、奇兵隊という組織に定着させる。こうして作為の論理を担う作為の主体が歴史の晴れ舞台に登場する。時は今。功山寺に決起する長州男児の肝っ玉とは何か。それは古代中国の戦士貴族が有していた精神態度を、戦国武士の気風を土壌として復活させる試みにほかならない「草莽」決起の論理を、更に延長して、自ら政治的リーダーシップを創出する企てにほかならない。内戦への道とその勝利による権力掌握すなわち「防長回天」を遂げて、更なる大割拠に向かうという戦略が「フレーヘード」という自立と自発の論理に裏打ちされる形で打ち出される。哲学と政治の統合という高貴な目標に向かって内なる思想と現実政治とが堅く結び付く至福の瞬間がほんの一瞬だけ訪れる。政治リーダーに率いられた作為の主体が歴史の中に登場し、政治構造の中空を埋める。

高杉晋作に見習い高杉の死後松陰や高杉の志を継いだのは西郷隆盛であった。高杉晋作が奇兵隊に定着させた新しい人間類型に学び、身分制軍隊を市民軍に再編するという途方もないことを西郷は企てたのである。幕末内戦を勝利の内に戦い抜いた西郷はしかしながら早々と朝藩制へ見切りを付け、鹿児島に帰還してしまう。西郷が朝藩制に決別した理由は何か。軍制を巡る混乱に典型的に表出されている政治権力の中空がそのままであったからに違いない。島津斉彬の死後、既に島津家の内部でも政治的リーダーシップに混迷が発生していた。権力の中空を誰がどう埋めるのか。西郷の解答はこうであった。家柄による武家から志による武士へと人間類型を転回させることを介して、島津家の支配から革命派兵士の結集へ藩権力を移動させてしまう。大割拠から雄藩連合へ駒を進めるという戦略に立ち、維新政権側の提案に乗って渡りに舟とばかりに御親兵と呼ばれた革命派兵士の武力を東京に集結させ、大名公卿の支配から革命派兵士の結集に政府の全権力を移動させてしまう。こうして政権の掌握を首尾よく無血で果たすことに西郷は成功したが、その企ては制度化の一歩手前で挫折の憂き目を見ることになった。西郷には得意の軍制の近代化から、政治の近代化へ前進する絶好の機会に恵まれたにもかかわらず、西郷隆盛から板垣退助や後藤象二郎へのバトン・タッチが円滑には行かなかったためである。

政権の内部で権力闘争が発生し、明治六年十月の政変により政治的リーダーシップは瓦解し消滅する。(32) 政治的リーダーシップの代わりとばかりに天皇大権が持ち出されてくる。権力の中空への回帰がこうして開始される。大日本帝国憲法の制定では「欽定憲法」であることが強調され、作為の主体は天皇（とその側近）に限られてしまう。天皇には不釣り合いな巨大な大権が賦与されたものの、実際には大権を行使する政治的なリーダーは肥大化した天皇大権の陰に消え去ってしまう。そこから権力の中空が避けがたく発生する。日本国憲法の制定によって大権を剥奪された天皇こそ、リーダーシップ不在の象徴である。権力の中空への回帰がこうして完了する。(33) 政治構造の権力中枢に空洞を産み出すメカニズムが再び全面的に作動し始める。

吉田松陰の先見性はかくて見失われてしまうであろう。「身はたとえ　武蔵の野辺に　朽ちぬとも　留め置かまし大和魂」。あとはただ吹き抜ける風に誘われて辞世の歌が空しく武蔵野に響き渡るばかりである。

（1）英語版への序文、丸山一九六三、三八八―三八九頁。
（2）同、丸山一九六三、三九四頁。
（3）永田一九六八b、四頁。
（4）同、一一三頁。
（5）同、一一一頁。
（6）永田広志と丸山眞男という戦後啓蒙を支えた二人のイデオローグにここでエールを送っておきたい。

(7) 蓮沼一九九四参照。

(8) ロシアの将来は、レーニンやゴルバチョフに続いて再び登場するに違いないカリスマ的な立法者による新憲法の定立に待つしか無い模様である。

(9) 中国の将来には党官僚制の合理的な経営能力を累積することが肝要である。こうした経営能力を自前の伝統に求めるだけでなく外資に学ぶこともまた必要である。

(10) 永田広志が問題の根である。永田広志が後に遺した負の遺産である哲学の政治への従属が、党派政治の学問への優位という民科と呼ばれる政治団体の活動に顕著な思想的な病理現象の精神的な源泉である。民科こと民主主義科学者協会は民主主義という政治概念ないし政治スローガンを指標として成員を選抜する明白な政治党派である。民科は哲学的な債務超過に陥っている。党派活動に精神のエネルギーを投資するという投機的な行動に出て失敗し、学問的な利得はおろか投資した元手すら回収できぬままに、巨額の哲学的な負債を抱え込んでいる。しかも悪いことに負債は次々に利子を生み負債が増殖を続けている。負債の増殖を停止するには、早い段階での学問的な破産宣告が必要である。

(11) 蓮沼一九九八a。

(12) 牧一九三六、六一頁。

(13) 同。

(14) 同頁。

(15) 石尾一九九九、一八八頁。

(16) かって大覚寺統に属する天皇であって後に後醍醐という送り名を贈られた人物を、本稿では鳳凰尊治と呼ぶ。

(17) 蓮沼一九九八d。

(18) 蓮沼一九九八abc。

(19) 渡辺一九八七/一九九七。

(20) 渡辺一九九七、一六〇〜一六八頁。

(21) 渡辺一九八七、一八一頁。

(22) 『くず花』附録。『本居宣長全集』第五、五一三頁。

(23) 渡辺一九九七、一八八頁。

(24) 「御所千度参り」(藤田一九九四、六四頁)の熱狂に見舞われた年に、本居宣長が大政委任の論理を完成させている点は見逃せない(同、一一九頁)。

(25) 安政六年四月七日北山安世宛書簡。全集九巻、三二六頁。丸山一九八三、三五七頁参照。「彼理」に倣って既に横井小楠が「日本全国の形勢」を「区区に分裂して統一の制」が欠けた「無政事の国」と断じているが、小楠にあっては、全国民の利害を追求する全国政府の不在という事実と、そうした事実を結果する大名権力の均衡というメカニズムの関連にはまだ目が向いていない。横井小楠「国是三論」(小楠遺稿、三九頁)。丸山は、徳川一家の私的支配に対する小楠の指弾を、封建制支配が示す私的性質には公共の観点が全く欠落しているという歴史法則に合致した史実⁉に対する先駆的で根本的な批判であると解しているが、ここで丸山が、講座派史学の提出した時代区分論に引き摺られて、封建制の後期に絶対王制の観点を早くも打ち出す先駆的な思想家に小楠を見立てていることは見やすい。丸山はここで徳川家の支配が私的利害に片寄る原因を完全に見誤っていると言わざるを得ない。「徳川御一家」の政治支配がその「便利私営」に過ぎない根本の理由は次の様に説明できる。すなわち大名領国の間で続く勢力争いに武力の行使によって決着を付けることを介して、自らを全国的利害を代表する全国王権の位置に高めるという歴史的な賭けを完全に回避した「覇府」の弱腰の結果、徳川家は残存した大名領国との潜在的な勢力争いにその後も全勢力を傾けるという運命を甘受せざるを得なかったからである。丸山一九八三、三三五頁参照。

松陰は朝廷における空洞の方が幕府における空洞よりも更にひどいという尊皇家には目を背けたくなる事態をも的確に認識することを介して、日本政治の中空構造を発見するに至ったわけである。

(26) 安政五年九月二十八日付大原卿に寄する書、全集五巻、二五六頁。なお丸山一九八三、三五六頁参照。

(27) 前掲、北山安世宛書簡。

(28) 同。

(29) 同。

(30) 孟子のいう「浩然之気」が日本の思想の特質である「無構造の伝統」(丸山一九六一、二〇頁)と結び付く時、志の変動が避けがたく発生する。政治的リーダー自身が志操堅固な行き方の見本を一方で示しながら、志の内容を具体的に描く制度改革の構想を掲げ続けるのでない限り、無節操や変節への転落が大量に発生するというあさましい事態を阻止することは難しい。

(31) 末松一九九九参照。

(32) 蓮沼一九九〇参照。

(33) それでは日本政治の宿痾である権力構造の中空を克服することはいかに可能であろうか。この問題に対する私の考える正解はこうである。すなわち主権者である日本国民を呼び起こして、主権者である日本国民が権力の中空を埋めたら良いというものである。そのためには家柄や生まれによる国民ではなくて、志による国民を動員することが必要不可欠である。ここで志による国民とは、自らの志によって歴代の天皇と皇族方に名字を贈呈する人々のことである。こうしたやり方で禁裏から朝廷へという江戸後期に生じた認識の転回を再度逆転させて、朝廷から禁裏へという歴史の流れに沿った本来の認識を回復することを図る。これが、恐らくは、この難問を解く一番の近道である。特に光嚴院こと鳳凰量仁とその直系の子孫のうちで北畠親房のいう正統の系譜に属する人々とその子孫の皇族に、禁裏という名字を贈呈することが適切である。こうすれば、後花園院こと禁裏彦仁より後の皇族方が、禁裏様とか天朝様とか呼ばれた名門の祭司の一族であったという認識を再び回復できそうであるし、後光嚴院とその子孫である持明院統の天皇やその子孫には持明院という名字を贈る方がふさわしいことも明らかになるからである。尤も光格天皇こと禁裏兼仁より後の皇族方には、復活した王朝祭儀を主宰するというその新しい仕事振りから見ても高天乃原という名字の方が似合いそうである。光格天皇ならば高天乃原兼仁となるし、孝明天皇ならば高天乃原統仁となる。従って禁裏という名字は光嚴院から後桃園院に至る――但し後光嚴院とその子孫である持明院統に属する天皇とその子孫を除く――皇族方に限る方が適当かも知れない。

参考文献

『新井白石』一九七六　日本思想大系35　岩波書店

石尾　芳久　一九六九『法の歴史と封建制論争』三一書房
黒田　俊雄　一九七四『日本中世封建制論』東京大学出版会
末松　謙澄　一九一九『防長回天史』東京国文社
津田左右吉　一九一六『文学に現はれたる我が国民思想の研究』〈貴族文学の時代〉洛陽堂
一九一七同〈武家文学の時代〉
一九一八同〈平民文学の時代上〉
一九二一同〈平民文学の時代下〉
永田　広志　一九三八b『日本哲学思想史』　日本思想史研究第一巻　法政大学出版局　一九六七
一九三八a『日本封建制イデオロギー』同第二巻
蓮沼　啓介　一九九〇「明治維新の法哲学」神戸法学雑誌四〇巻三号
一九九四「国家改新の詔と律令革命」神戸法学雑誌四四巻二号
一九九八a「コロンブスの温泉卵——養老幻想と日本学術会議」あうろーら一〇号
一九九八b「教科書論争への提言——講座派史学の病弊」あうろーら一二号
一九九八c「皇国思想の残照」本誌七号
一九九八d「太閤検地の歴史的源流」神戸法学雑誌四八巻二号
藤田　覚　一九九四『幕末の天皇』講談社選書メチエ26
ボルケナウ　一九五九『封建的世界像から市民的世界像へ』I　水田洋・花田圭介・矢崎光圀・栗本勤訳　みすず書房
Franz Borkenau 1934, Der Übergang vom feudalen zum bürgerlichen Weltbild. Paris.
牧　健二　一九三五『日本封建制度成立史』弘文堂書房
丸山　眞男　一九五二『日本政治思想史研究』東京大学出版会　新装版　一九八三
一九六一『日本の思想』岩波新書四三四
『本居宣長全集』一九〇二　吉川弘文館　増補再版　一九二六
横井　時雄　編　一八八九『小楠遺稿』民友社
『吉田松陰全集』一九三九　岩波書店
渡辺　浩　一九八七『近世日本社会と宋学』東京大学出版会
一九九七『東アジアの王権と思想』東京大学出版会

特集＝文明と法の衝突

香港の一国二制度下の法制と諸問題

薮下義文

一　はじめに

香港の主権は一九九七年七月に英国より中国に返還された。返還後の統治は、社会主義の制度と政策は香港に適用せず、従来の資本主義と生活方式が維持されている。この統治のスタイルは一国二制度と呼ばれ、故鄧小平が構想したと言われる。いかなる法が適用されるかについては、憲法は国家の統治体制の基礎を定めるもので、普通は、主権を持つ中国の憲法が適用されることになるが、香港では香港特別行政区基本法（以下、基本法と略）で住民の権利、義務、政治体制が定められており、この基本法も憲法というべきものである。法は国家権力によって強制を持ってはじめて法たるものである。中国の主権に裏打ちされた法支配が存在する一方、「二制度」のもと経済、社会制度を規定する法体系が当地域内で完結している。そうすると、二つの法体系が存在することになり、比較法史上、世界でも極めて特殊な事例になる。香港と中国側の深圳との間では毎日一〇万人のオーダーで人が行き来している。香港の民主的政治システムの拡大は一自治区の例外に留まらず、中国全体への多大な影響力を与える。

一方、自由主義を謳歌した香港の主権が社会主義国中国に移管され、香港の自由が死ぬと予想した人が返還前に多数いた。「一国二制度」下で、自由は、法制の中でどのように扱われているのか？　また、中国は、台湾の統一にもこの一国二制のシステムが使えないか、の構想を持っている。香港の法制の行方は、中国のみならず台湾にとっても重要な意味を持つ。

以上のようなモチーフをもって、英国、中華人民共和国を含めた比較法史の観点から香港の法制の歴史的構造と新しい法制の問題点をまとめてみる。

二　香港の植民地下における法制

一　植民地香港

英国は一七世紀に入って東インド会社を拠点に中国との貿易に乗りだし、中国貿易を独占するに到った。一九世紀始めにはその通路であるマラッカ海峡も支配下に収め、貿易の利益拡大を求めて、一八四〇年、アヘン戦争を起こし、香港の割譲を得た。一八四二年二月、英国は香港の自由港を宣言した。同年八月、南京条約によって英国に香港島が割譲された。そして、この香港を統治する法体系については次の通り、南京条約の三条で定められた。「英国女王陛下の適当と認める法律規則をもって香港を統治する」とある。一八六〇年、北京条約で、英国に九竜市街地が割譲された。香港島と九竜の土地は英国王の所有であり、土地の売買は使用権の売買となる。一八六五年、英国は植民地法律効力法（Colonial Law Validity Act）を制定し、香港の法制定の権限は英国議会にあるとした。一八九八年、香港境界拡張専門協約（拓展香港界址専条）、英国に新界地（New Territories）と付属する二三五の島嶼が九九年の期限を付けて租借された。英国の枢密院令（Order in Council）でも新界地の九九年後の返還を決めた。この条約は割譲ではなく、リースの形態であるが、一八九八年の新界枢密院令により、新界地は、もともと植民地の一部として形成されたかのように、方法、意図、目的において女王陛下の香港と九竜の一部と位置付けされた(1)。

香港は当時、英国の評価では「不毛の島」であったが、アヘン貿易などの中継貿易、いち早く銀行の開設など基盤作りが行われ、領有後、二〇年で香港の財政は黒字化した。その後、中国の革命、戦争の難民を受け入れながら、安価な労働力を確保し、繁栄への道を歩むことになる。香港の統治の方法は、香港住民への不干渉、経済活動については自由放任と自由競争、そして、英国法に基づいた法治システムを徹底することであった。

二　香港における法の構造

(1)　基本的枠組

植民地を支配する本国英国には、憲法法源として権利章典などのいくつかの法律が成立していた。そして、英国全国に共通のコモン・ロー（制定法）とエクイティー（衡平法）が存在していた。香港の植民地統治にあたって本国の憲法の中の国会主権などは全くの適用外である。

香港統治の基本的枠組は二つの法律に依拠している。一つは、一八四三年四月、クラウン（Crown：当局）によって発行された、特許状の形での憲章（A Charter in the form of Letters Patent）である。特許状は香港では英皇制誥と呼ばれている。英皇制誥により、英国女王の名において派遣される総督（Governor of Hong Kong）に統治の権限を与えるものであった。この憲章によって香港政庁の組織と権限が規定された。特許状は法的な拘束性を持つ。立法評議会（Legislative Council）が設置され、立法について総督に勧告する機能を持つ。また、行政評議会（Executive Council）が設置され、政策、管理に関して総督に勧告する機能を持つ。

二つ目は、英皇制誥に付随して布告されたポッティンジャーへの訓令（Instructions to Sir Henry Pottinger）である。訓令は皇室訓示と呼ばれている。訓令は英国王権と総督の間の事項を規定するものである。憲章は定期的に修正される特許状によって置き換えられ、訓令とともに政庁の基盤を形成する。住民の権利と義務を規定した。

南京条約を締結してから早くも二年後には、香港で英国スタイルの最高法院が開廷された。刑法の取扱いについて言うと、中国では自白が有罪の拠り所とされ、拷問なども行われていたが、新しく客観的な証拠による英国の審判制度が導入された。[2] 司法制度が迅速に確立され、後の香港の経済発展を支える基盤となった。

(2) 政治制度

権力は香港総督に集中されている。香港総督のもとに政策決定の諮問機関として行政評議会が置かれ、立法の諮問機関として立法評議会が置かれ、両評議会の議長は総督である。政策及び法律を執行するのは、行政長官を長とする香港政庁である。一九八〇年代にいたるまで香港住民の政治への参加の道は閉ざされていたが、行政、司法、立法の三権分立の形を一応整えている。

立法評議会は、行政評議会の決定した政策に基づいて、法律と条例案を作成する。総督が、立法評議会の助言と同意の下に制定する。また、立法評議会は、政庁の財政支出に関し承認を与える。英国女王は、総督の同意の採択した法案を拒否できる。英国議会が香港の法律を制定でき、また、英国女王は勅令によって法律を制定できる。立法評議会の議員は、官職議員（行政長官などの当然議員）、官吏議員、そして非官吏議員から成り、官吏議員と非官吏議員は総督が推薦し、英国政府が任命する。

司法制度については、判事は女王または総督が任命する。三審制が取られ、最上級裁判所は英国枢密院司法委員会である。香港内での上級裁判所は最高法院で、控訴院（Court of Appeal）と高等法院（High Court）からなる。第一審は地方裁判所（District Court）、もしくは、治安裁判所である。地方裁判所は民事、刑事を扱い、治安裁判所は刑事のみを扱い、地方裁判所より軽量の事件を管轄する。以上の通常裁判所の他に検死官裁判所など五種類の裁判所があった。香港の司法には歴史的に多くの英国の法律家が参加しており、英国と同じ陪審制度や、そして、弁護士が法廷内活動を行うバリスター、法廷外活動を分担するソリシターに分かれているなど、英国同様の特色ある司法制度が発展した。

(3)　法支配の二重性

①　英国法と中国法の関係

一八四四年八月、法令一五号で、「香港には英国法が適用される。しかし、香港での地域事情に合わない場合は、英国法は適用しない」とした。地域事情によっては中国法が有効だとしており、一八七三年にこの法令は最高法院令（Supreme Court Ordinance）五節で再制定され、この後、一九六六年に、英国法の適用に関する法令（The Application of English Law Ordinance）によって置き換えられるまで一世紀の長きに亘って継続された。

②　中国法と慣習

香港の慣習を重んじる一方、正確には英国法のコモン・ローとエクイティーを適用した。コモン・ローは次のコンセプトからなる。個人の人権尊重、法支配、司法の独立、当事者対等の原則、陪審制度、無罪推定である。[3] こうしたコモン・ローの適用により契約に基づいた自由な経済活動が保証され、自由港香港の繁栄が建設された。

割譲時に地域事情によっては適用される中国の法は、清朝法典と慣習法であった。清朝法典は公法と罰則を対象としており、私法は慣習の領域に属していた。法典と慣習法が食い違った場合の法的取扱いの例としては第二妻の取扱いの事例がある。この時代の華南地方では、第二妻は正妻と同じ扱いを受けていた。しかし、清朝法典では第二妻を認めていなかったので、香港での法の適用では、清朝法典を優先して第二妻の法的立場を認めなかった。[4] 但し、香港では慣習上、一夫多妻が認められ、婚姻を無効にするものではないという状態が長く続いた。一〇〇年に亘って古い家族制度に基づく中国法、慣習法が適用されてきた。しかし、一九七〇年になって一夫一婦制度と西洋の家族観が香港にも持ち込まれ、英国で制定された法律が香港に適用された。一九七一年に結婚改革令、養子令、婚姻者の地位令、一九七二年、婚姻事件（修正）（第二）令、婚姻訴訟手続及び財産令、不動産遺言令、病死家系維持令などが制定された。しかし、新界地では女子が土地所有権を相続できないという慣習法が存在していた。この女性差別の慣習法は、やっと、一九九四年になって新界地土地（除外）令が成立して廃止された。

　一九六六年、英国法の適用に関する法令（The Application of English Law Ordinance）が制定された。第三章でコモン・ロー及びエクイティーは香港の環境及び住民に適合する限り、その環境に従って修正された上で適用される、としている。治安判事令、人身保護令などの英国の法令の一部が香港に適用される。

③　基本的人権の取扱い

　香港割譲以来、香港住民は官職就任などの面で差別を受けていたが、一八五五年、香港総督は、中国人が行政上の責任ある地位に就くことを承認した。また、一八五八年、英国政府、植民地における原住民差別禁止政策を打ち出した。一九二六年、行政委員会の委員に初めて中国人を任命した。

　香港住民は、コモン・ローの原則に基づき、法の前の平等が保証されている。官吏や公共機関の決定によって苦痛を受けた個人、団体は救済を求めて訴訟を起こせる。司法は立法、行政の合法性をチェックできる。この法制は財産の権利、相互が自由に締結した契約を重んじる。植民地時代を通して法の前の平等によって経済的に市場が機能する枠組が確保された。

　国会主権、国民主権について触れると、英国の植民地下にあるため香港住民の政治参加は長い間、禁止されてきた。一九四九年五月、社会団体登記条例を制定し、一切の政治活動を禁止した。しかし、法律の規制はそのままで、一九六三年一〇月、香港政庁は、民主自由党の設立を認可した。香港住民の政治への参加は香港の中国返還が決まる頃から加速化する。

　英国が締結した国際条約、市民権と政治的権利に関する国際公約（The International Convenant on Civil and Political Rights）と経済・社会・文化的権利に関する国際公約（The International Convenant on Economic, Social and Cultural Rights）を一九七六年、香港に適用した。この二つの国際公約は、一九九一年、人権法案（The Bill of Rights Ordinance）を制定し、香港の法規に統合された。この人権法には、法の前の平等、良心に基づく自由、拷問のない保障、結婚、家庭の権利などがうたわれている。この人権法は返還後に廃止されたが、基本法での人権の尊重の条項に織り込まれ、基本法でこの二つの国際人権条約は引き続き有効とされている（第三九条）。国際人権規約は英国を通して香港に適用されているが、中国は締約国になっていない。この規約を香港特別行政区と第三国との二国間条約に改めるよう日英共同宣言に盛り込まれた。

三　香港返還交渉から返還までの移行段階

一　香港回収への準備

香港に接し大陸南端に位置する所に深圳という新しい都市が一九八〇年代に生まれた。もともと中国の一寒村であった。鄧小平は一九七九年四月に深圳、珠海、汕頭、夏門の四地区の輸出特区の設定を提案、同年七月に決定された。翌年、名称は経済特区に改称された。今では経済特区は中国における経済活性化、いわば民活導入が目的のように解釈されているが、当時の第一の目的は別にあった。当

時、香港の新界地は香港住民のベッドタウンとして急発展を遂げており、一方、この新界地は香港境界拡張専門協約の期限切れで、一九九七年七月に中国へ返還されることとなっていたが、中国側は、悪名高い不平等条約に対する国際世論を背景に永久租界地の香港島、九龍も加えて回収しようと企図していた。こうした状況下にあって、資本主義国香港の政治・経済運営を返還後にどうするかが、文化大革命後の余燼くすぶる共産党内で幹部の頭を悩ましていた。当時のマクリホース香港総督が中国を初めて公式訪問した一九七九年に、権力を手中に収めたばかりの鄧小平は返還後の香港運営をイメージして「香港の投資家は安心して下さい」と答えた。発言の背後に一国二制度の考え方で香港問題を解決しようと構想していたと、推察される。

筆者が、一九八〇年代はじめ、建設を始めたばかりの深圳を見学した際、北京の共産党幹部から聞いた話では、経済特区、特に、深圳の開発を決めたのは、返還が予定される香港の資本主義をいかに取込むかの実験場とするためとのことであった。当然、香港の住民の私有財産は認めつつ、かつ、中国の社会主義体制と調和しながら香港の発展を維持する方法を見つけるのが目的であった。この時点では、一九九〇年代になって出てくる「社会主義市場経済」という概念は更々なかった。経済特区が民活導入などとい

う生やさしい目的でなかった証拠に、基盤がまだ磐石でない鄧小平の特区推進論に対し、古参の共産党幹部は一九八〇年代に次々と苦言を呈していた。例えば、胡喬木は、「特区は旧中国の租界と同じである」。王震は「特区はソ連のネップ（新経済政策）と同じく一次的措置」。保守派の領袖の陳雲は「四つの特区には目玉製品はない」と牽制した。いずれも、鄧小平の特区推進の足を引っ張るもので、折りあらば、鄧小平の足をすくおうとするものであった。

しかし、建設から一九年経ち、香港側の羅湖駅を出て深圳駅の前に降り立つと、四〇階以上の高層ビル群が立ち並ぶのが見られ、一瞬、米国のヒューストンの郊外からダウンタウンの高層ビル群を見ているかの錯覚にとらわれる。深圳特区の面積は三二八km²と香港と同じく狭いが、人口は一九八〇年の八万人から八五年の五〇万人、今や一三三万人とヒューストンの人口に近づく規模にまで成長してきた。深圳のGDPの規模は全中国の一％に満たないものの一人当たりのGDPは約三、九〇〇＄と全中国平均の七倍以上のレベルに達している。

中国は、香港返還の受皿を一八年という相当期間をかけて深圳で準備し、ミニチュアであるが、市場経済導入による具体的な経済目標、運営の手法を学んできた。これだけの時間をかけたので、返還時の香港の混乱がミニマイズされたわけである。

二　香港返還の中英交渉

(1)　英国の立場

中国が香港に北接する深圳に市場経済導入の実験をしつつ香港回収の準備をしている一方、英国は植民地という旧時代のイメージを払拭すべく一九八〇年代に入って民主的政治システムの導入に手を付けだした。

一九八〇年六月、「グリーンペーパー・香港の地方行政」と題する改革案を住民に提示した。香港各地区に区議会を設け、議員の公選を行う改革案であった。更に、一九八一年一月、香港政庁は次のような「ホワイトペーパー」と称する改革案を公表し、実施に移した。香港島、九竜地区を管轄する市政評議会のメンバーの一部を公選制に変える。更に、市を細分化した八つの区議会の一部も公選制に変えるという内容である。

一方、一国二制の法的根拠を与えるために全国人民代表者会議（全人代）は、中華人民共和国憲法の改正案を可決した。「国家は必要時に特別行政区を設立する。特別行政区における制度は、具体的な状況により全人代が法律で定める」。

(2) 中英合意

中国、英国それぞれが、自らの基盤の強化を図る工作を続ける一方、英国首相サッチャー女史が、一九八二年九月に鄧小平と会い、香港問題の協議を開始した。一九八三年七月から合計二二回の中英交渉が行われた。サッチャー首相が人民大会堂を出る時、強い挫折感から階段で躓いたとかの逸話があった。英国が永久租借地に香港と九竜を返還したので譲歩したとか、中国が一国二制で妥協したとかの勝ち負けの議論があるが、基本的には両大国の落ちつくべき所に落ちついた感がする。

一九八四年九月、香港返還に関する中英共同声明が仮調印された。九九年の租借期限の来る新界地に加え、永久割譲地の香港島、九龍市街地を含め、一括返還となった。

合意文書は、八項目の共同声明と三件の付属文書からなっている。主権移行後五〇年間は、現行の資本主義経済、社会体制は維持する。第三項目で返還後の香港に対する一二原則が記されている。香港を特別行政区とし、現行の社会、経済制度、生活様式は五〇年間は不変とする。高度の自治権を付与し、行政、立法、独立した司法権（終審裁判権を含む）を付与される。法律については、「現在、香港で有効な法律は基本的に不変とする」と明記されている。その後、英国が住民の民主的権利を拡大したことも影響して、中国側は、返還後も継続される「現状」が、返還直前の「現状」ではなく、中英合意当時の「現状」だとするなど、[5]形式的な合意の解釈をめぐって、中国に都合の良い解釈が大手をふるってまかり通っている問題が出てきた。

(3) 移行期

① 中国で一九八五年、香港法が制定され、香港は基本法に沿った形で返還後の法整備を行うために香港法規を制定することが認められた。香港準備作業部会（A Localization and Adaptation of Laws Unit）が設置された。香港政庁の政策担当局や外部の関係者グループとも協議の上で法案の草案を作成し、香港の司法長官府法案局に提出する。総督はこれを立法評議会にはかり、法規を制定・施行する。まず、作業の第一段階として英国法の現地化（Localization）を進める。次の作業としては、現地化した香港法の適応化（Adaptation）を行う。現地化された香港法が基本法に抵触しているか否かを審査し、抵触している場合、適宜修正が加えられる。基本法によると、中国の全人代常務委員会が基本法に抵触すると布告した法律以外は、既成の法律は新しい行政区の法律となる（一六〇条）。この条項に基づき、一九九七年二月、同常務委員会は、一四の法律を全文廃止、一〇の法律は一部の章を廃止と決定

した。廃止を決定された法律には、人身保護法（Habeas Corpus Act）、人権法の一部条項が含まれている。こうした中国側の方針を受けて、返還後の一九九八年四月、法適合（解釈条項）令を制定し、解釈・一般条項令に多くの修正を加えた。

② 一方、香港の一括返還を決めた後、英国は民主的政治システムの拡大を加速化した。一九八五年三月、区議会議員の約半数の議席の直接選挙が初めて行われた。一九八五年九月、立法評議会に間接選挙を導入し、五六名の議員の内、間接選挙で二四名を選出した。一九八九年六月に「六・四天安門事件」が起き、香港の先行きに不安を覚える香港住民の政治への関心が高まるとともに政治への参加の道が開かれ出した。一九九一年九月、香港史上で初めての立法評議会の直接選挙を行い、一八名が直接選挙で選出された。一九九二年一〇月、バッテン総督が施政方針演説で行政評議会と立法評議会の分離、選挙制度の大幅な改革案を発表した。一九九五年九月、英国統治下の最後の立法評議会議員選挙を実施した。六〇議席中の二〇議席が単純選挙区で実施された。民主派が一六議席を獲得して圧勝した。中国にとって民主派の躍進は脅威であり、返還時に、この立法評議会を解散し、中国側が設置した推薦委員会の「自薦自選」によりメンバーを決め、臨時立法会議を設置

表1 香港の立法評議会議員の選出制度

	立法評議会			臨時立法会	立法会	基本法による構成		
	'89	'91	'95	'97.7	'98.5	'97	2000	2004
直接選挙		18	20		20	20	24	30
選挙委員会が選出			10		10	10	6	
職能団体が選出	14	21	30		30	30	30	30
総督が指名	20	18						
官職者	10	3						
選挙委員会が選出	12							
準備委員会が選出				60				
計	56	60	60	60	60	60	60	60

直接選挙枠の選挙結果

内、親中派		1	3		5
民主派		16	16		14
中間派		1	1		1
小　　計		18	20		20

した。前後するが、一九九六年一一月、推薦委員会が初代行政長官に建董華氏を選出した。一九九七年一月、香港特別行政区準備委員会が発足した。

四　香港特別行政区基本法

中英合意に基づき、返還後の香港の枠組を規定する基本法の起草を行うために、一九八五年七月、香港特別行政区基本法起草委員会を設置した。また、香港サイドの意見を反映する機関として香港基本法諮問委員会を設置した。一九八八年四月、香港基本法の第一次草案が全人代で採択された。一九八九年二月、香港基本法の第二次草案が全人代で採択された。最終的に一九九〇年二月、香港基本法が全人代で採択された。

憲法とは、国家の枠組を定める基本法である。香港は一九九七年七月以降、中国の領土の一部となり、香港の国防、外交に関わる問題は中国政府が決定し、この決定は中華人民共和国の憲法に沿って行われる。しかし、返還後の香港の経済、社会の規範である基本法には序言、総則、住民の基本的権利と義務、政治体制、経済、社会、教育の章、節を含み、まさしく、憲法の体を成している。二つの憲法が

存在していると言えよう。

基本法は、九章、一六〇カ条、三つの付属文書からなっている。総則として、従来の資本主義制度と生産様式を保持し、五〇年間は不変である（第五条）[6]、返還以前の香港の法制度は継続される（第八条）などと中英合意文書に基づいて基本的な枠組が規定されている。政治体制については、行政区は独自の立法権を与えられており（第四章・第三節・第一七条）、立法会が立法機関であり（第六六条）、選挙によって選出される（第六八条）。植民地下の立法評議会に比べ、新しい立法会の権限ははるかに大きい。従来の立法評議会では法律は提督の同意のもとに制定されており、どちらかと言うと提督の諮問機関に近かった。住民の政治参加は既に移行期の一九九一年から拡大していた。同年の立法評議会選挙では六〇人の議員の内、三〇%が直接選挙で選ばれた。この直接選挙の割合は第二期（基本法では一九九九年、実際には二〇〇〇年）で四〇%、第三期（基本法では二〇〇三年、実際には二〇〇四年）で五〇%に拡大する。

一九八〇年代には一部、地方だけでしか認められていなかった住民の政治参加が制度として保証されている。主権返還によって中国の支配下に入り、香港の自由が奪われると危惧する評論家が多かったが、その後の事態はこれらの

悲観論とは逆の展開になり、一九九七年から一九九八年にかけての通貨危機も香港は乗り切った。「香港の先行きは絶望的」と長谷川慶太郎氏と中嶋嶺雄氏らが悲観論を唱えた。長谷川氏によると、そもそも改革・開放路線と中国共産党の一党独裁体制は合い入れないもので、返還後、香港の中国化によって香港はゴーストタウン化する可能性がある。香港ではインターネットの接続も禁止され、金融センターの存立基盤である情報発信の機能が失われ、金融センター香港は即死するというものであった。

行政については、行政長官は行政区の首長であり、行政区政府を指導し、法律施行の責任を負う（第四三条）。従来、提督が立法評議会の議員を任命するなど提督に権力が集中していたが、新しい行政長官の権限は立法会によってチェックを受けるなど制限が設けられている。立法会が採択した法案が、行政長官より再審議させられた時、立法会で三分の二以上の賛成があれば、法案は成立する（第四九条）。

一方、司法の独立は、植民地下であっても英国憲法下で同じように保証されていた。三審制が取られ、最上級裁判所は英国枢密院司法委員会である。香港内での上級裁判所は最高法院で、控訴院と高等法院からなる。第一審は地方裁判所である。以上の通常裁判所の他に検死官裁判所など五種類の裁判所があった。

しかし、返還後は、香港内に最終控訴院を設け、訴訟事件は全て最終控訴院で最終的に確定される（第二章・第一九条、第四章・第四節・第八二条）。外交と防衛分野を除き、香港内で自己完結的な法体系をもつよう司法制度も変更された。英国に最上級裁判所があった時代から、香港内に最上級裁判所がある時代に変わった。更に、中国という一つの主権国家内に全く異なる自己完結的な法体系・司法制度が誕生することになった。二つの憲法に対応し、司法も中国本土の最高裁判所と香港内の最終控訴院という二つの最上級裁判所が並存する矛盾を抱えることになった。法運用面では返還後、この矛盾が表面化することになり、これは後述する。

但し、中国として香港への法支配を担保するために、基本法の解釈権は中国の全人代常務委員会に属するとしている（一五八条）。

基本法は経済について第五章で経済面において享有する自治権を規定している。個人、企業の財産保護、財政の独立保持、独自に国際貿易・経済機関との協定を締結できる、としている（第一〇五条、一〇六条、一五一条）。

香港住民の基本的人権は、植民地下と同じく保証されている。言論・報道・出版の自由、結社・集会・行進・示威の自由に加え、ストライキ権も保証されている(第二七条)。中華人民共和国憲法にも言論・出版・集会・結社・行進・デモの自由（中国憲法第三五条）が成文化されている。但し、中国では地方条例でデモが禁止されていたりして基本的人権が空文化している問題がある。

五　返還後の香港の法制の問題

(1)　香港統治を規定する法には、中国側の憲法、そして、香港内で完結する司法制度を規定する基本法という二つの異質の法体系がある。しかも、英国統治の一九八〇年代から香港では民主的政治システムが拡大してきた。立法議会で直接選挙枠が拡大している。返還後の臨時立法会では、中国派で固め、一旦、民主派を追いだしたが、返還の翌年の一九九八年五月、基本法に沿って、返還後初めての立法会選挙を実施した。直接選挙枠では、二〇議席中、民主派が一四議席を取り戻した。この直接選挙枠は、今後、三〇名まで拡大することが基本法で定められており、中国政府に批判的な民主派が更に、増える可能性があり、中国政府にとって頭痛の種である。

(2)　中国が主権を持つのは、国防と外交に限定されているとしているが、香港で決定される住民の権利に関わる事項に、中国は介入度を高めている。二つの法体系下にあって、中国の権力と住民の権利の拡大のぶつかり合いの例を紹介する。

香港最終控訴院は一九九九年一月末の判決で、香港人を親に持つ中国本土の子供の香港移民資格を幅広く認め、こうした子供の移民に中国機関の許可は不要とする寛容な判決を下した。移民が可能になる対象は一六七万人と言われる。しかし、香港政府は基本法の解釈を握る全人代に解釈のやり直しを要請し、香港移民資格を出生時点で親が香港永住権を持っていたことと制限し、移民の対象を二〇万人に削減した。(7)

二〇〇〇年五月、台湾の呂秀蓮次期副大統領の台湾独立論を香港のマスメディアが報道したことに対し、中国香港連絡事務所が台湾独立を支持する発言の報道をやめるよう発言した。基本法二三条で反乱扇動、国家機密窃盗、外国組織による政治活動などを禁止する法令を制定することが定められている。こうした報道の自由を制限する中国側の発言が、政治活動制限の強化へと結びつくことに香港の民主派の人達は警戒を強めている。(8)これらは香港住民の基本的人権をめぐっての中国と香港側の攻め合いの前哨戦とも言えるものである。

(3) 以上のように、二一世紀の新しい実験国家とも言える香港の法制を比較法史の観点から見てくると、三つの新しい事実と意味が浮き上ってくる。ひとつは、国家権力と住民統治の構図である。通常の国家では、国家権力と統治システムが不明瞭な形で一体化している。香港という世界でも珍しい法制史を持ったシステムでは、「国家権力」と住民統治の間に切れ目が入った形でより鮮明に「国家」の形が見えてくる。二つ目は国家権力の存在する中国本土側では非民主的政治システムが温存されている一方、香港側から拡大する民主的政治システムの情報が本土に向かって発信されている。いわば、獅子の尻尾を持って獅子の体全体を振り回すようなものである。立法会で、中国が嫌がる民主派議員が増加していることも中国にとって脅威である。三つ目は、台湾統一への影響である。中国は台湾にも一国二制を使えないかという意図を持っているが、香港の今後のあり方が台湾の将来の姿に影響を与えるだろう。一五五年近くに亘る英国の支配では英国法と中国・慣習法の二重支配が見られ、また、返還後も英国法をベースとする基本法と中華人民共和国憲法の相克があり、こうした相克の中で実験国家香港の新しい形が生まれてくると考えられる。

(1) Yashi Ghai, "Hong Kong's New Constitutional Order", Hong Kong University Press, 1999, p. 7.
(2) Tak-Wing Ngo, "Hong Kong's History", Routledge, 1999, p. 48.
(3) Berry Fong-Chung Hsu, "The Common Law System in Chinese Context", An East Gate Book, 1992, p. 49.
(4) Yashi Ghai, "Hong Kong's New Constitutional Order", p. 374, 375.
(5) Yashi Ghai, "Hong Kong's New Constitutional Order", p. 376.
(6) 基本法の日本語訳は、伊藤潔『香港ジレンマ』、中央公論社、一九九七年による。
(7) 日本経済新聞、一九九九年六月二七日、『イミダス二〇〇〇』、集英社、二〇〇〇年。
(8) 日本経済新聞、二〇〇〇年五月七日。

参考文献

Peter Wesley-Smith, "An Introduction to the Hong Kong Legal System", Oxford University Press, 1998
Business Week, June 8, 1998
Far Eastern Economic Review, January 27, 1998
Economist, June 9, 1998
Economist, May 30, 1998
Economist, August 14, 1998

Philip S. James, "Introduction to English Law", 1979（矢頭訳『イギリス法』、三省堂、一九九七年）
日本貿易振興会、アジア経済研究所『東アジアの憲法制度』、日本貿易振興会・アジア経済研究所、一九九九年
元山　健、キース・D・ユーイング『イギリス憲法概説』、法律文化社、一九九九年
小口彦太他『中国法入門』、三省堂、一九九八年
中野謙二他『香港返還』、大修館書店、一九九六年
外務省アジア局中国課編『香港・マカオ』、日本国際問題研究所、一九八二年
日本貿易振興会『香港&華南』、日本貿易振興会、一九九四年
野村総合研究所（香港）有限公司編『香港と中国』、日本能率協会マネジメントセンター、一九九四年
中嶋嶺雄『香港』、時事通信社、一九九七年
中嶋嶺雄『香港回帰』、中央公論社、一九九七年
稲垣　清『香港返還と中国経済』、蒼蒼社、一九九七年
藪下義文「香港返還と華南のエネルギー事情」（『石油開発時報』、石油鉱業連盟、一九九七年）

紀年論の今日的意義

——高城修三『紀年を解読する——古事記・日本書紀の真実』を評す

白鳥ケイ

危機迫る！　とでもいわんばかりの勢いで、鬼気迫る形相の高城修三が、遂に記紀の真髄に肉迫した。津田左右吉による記紀批判を継承して、戦後に、時代精神の座に登った講座派史学とその追従者によって、史料としての資格を剥奪され、史学の世界から一旦は追放された筈の日本書紀の紀年を、高城は再び史料として復権させようと呼びかける。

　しかも日本書紀の紀年はおろか、古事記に出現する崩年干支つまり大王たちの崩御年を示す干支にまでも史実への跳躍台という資格を賦与するというのであるから、高城の意気込みたるや軒高である。古事記の帝王本紀に付されたいわば分注に過ぎない崩年干支は、後世に追加された注釈であるのか無いのかもはっきりしない、これまで研究者泣かせの難物であった。

　実際、古事記や日本書紀に用いられた各年を示す干支は、地中から発掘された金石文の記録や他国の史書に登場する干支とあまり符合することがないし、そもそも同一の大王の死去年を示す干支が記と紀でまるで喰い違っていることも珍しくない。こんな具合であるから、それは信憑性を完全に欠落した記号である。要するに、記紀干支は、その出典や根拠が不明であって、その来歴や由来に全くと言ってよい程に納得の行く説明がつかない代物であった。それは記紀の記事に対する不信感を募らせ、更には記紀二書に対して信憑性を失わせる、いわば、上代史のアキレス腱であった。

そこに颯爽と高城修三が登場する。舞台中央で高城は思いっきり大見栄を切る。

高城修三は何を行ったのか。

高城は、発想の転換を企てたのである。すなわち、これまでの探求が共通に陥っている限界にまず探求の目を向ける。いくら文献の精緻な読解を丹念に重ねても、いくら内外の史書を博覧しても、記紀干支への不審が消えないのはなぜか。それはこれまでの探求者が実世界の中に該当年を探し求めていたからである。だが、そもそも記紀の干支が実年代を示すというこれまで多くの論者が暗黙の内に抱いていた隠された前提には根拠があるのか。

高城は、この問題地点にひとまず踏みとどまって、記紀干支の存在論的位置を再考する。そして精神の高みにおいて思い切った一歩を踏み出す。記紀干支は、歴史的世界に存する実年代を示す記号ではない。それは紀年的世界に存する紀年を示す符号である。記紀干支は上代史の史実に属する年月を示す記号ではない。それは上代人の精神世界に所属する符号に過ぎない。上代人の実生活から、上代人の思想の世界へと、高城は探求の視野を一変する。

新しい視野にはそれでは何が映じたのか。高城には何が見えたのか。

著しい乖離から推測される予想とは異なり、記紀は同一の材料に基づいて、各年干支を確定しているという事態がである。しかも允恭ことヲアサヅマの大王の崩御年を境に、その前後で異なった材料を用いているらしい様子がそこにくっきりと映じたのである。既に山本武夫が日本書紀では允恭紀以前の紀年には一年二倍暦が用いられているという仮説を提出しているが、高城はこの仮説が古事記にも当てはまることを発見し、初めて崩年干支の謎を解く鍵を手に入れたことに得心したわけである。また允恭ことヲアサヅマの大王の崩御年以後の紀年には元嘉暦による暦日が用いられているらしいことも次第にはっきりと浮かび上がってくる。記紀の崩御年の干支も、允恭以後は接近し、やがて多くは符合するに至る。記紀の間に見られる干支の乖離も、つぶさに点検すれば、編者の編集方針の差異から生じているらしい様子が明白になる。

とすれば元嘉暦以前には春秋暦が用いられた可能性が大きいと高城は力説する。春秋暦は春秋年により時間を測定し記録する暦である。太陽年つまり四季年が一年を春夏秋冬の一サイクルからなるという風に測定するのとは対照的に、春秋年は春のサイクルと秋のサイクルとどちらも一年と数える年の数え方である。春秋年の一年は、従って、太陽年の半年つまり約一八〇日の長さになるから、春秋年で年齢を数えると通常の四季年つまり太陽年で数える場合のほぼ二倍となる。上代の大王たちの中には驚くほど長寿の人物がいたと伝えられているが、それは春秋年による年齢であり、実際の年齢は、太陽年に換算すれば、数字の半分に過ぎないので、さのみ驚くには当たらない。記紀は信用できないという戦後史学の撒き散らした通念は、春秋年による年月の計算をそれと気づかず四季年による年月と取り違えたところから発生した、と高城は言いたいわけである。

ところが日本書紀の編者たちが、春秋年の年数を四季年の年数に読み替えて紀年を編集したために、允恭紀以前の紀年の長さは実際の年月のほぼ二倍に拡大され延長されることになった。おそらくはヲアサヅマの治世に春秋年に拠る系譜の編纂が行われ、古記録が残っていたものと推測される。日本書紀の編集に際しては、伝説の女帝である神功皇后を、魏書東夷伝に伝える親魏倭王こと耶馬台国の女王卑弥呼に比定するという基本方針が採用され、それに合わせて時間を一二〇年ほど引き伸ばす必要が生じたと推定されるが、春秋暦に基づく古記録は神功皇后から允恭ことヲアサズマまで太陽年に換算すると一二〇年分ほどあって、極く簡単に二倍暦に編集できるという編纂者たちにお誂えの都合のいい材料であった。

こうして上代人の精神世界に存した春秋暦が日本書紀の編纂者たちの思想の内部に投影されて新たな写像を産出し、日本書紀の紀年の骨組みが確定する。

歴史的世界を超出する紀年的世界の成立である。

允恭紀以前の記紀干支はそれゆえまず紀年的世界に存する「符丁」(二〇五頁)として、その相互関係を解明することが問題として浮上し、上代史を探求する上で先ず解決すべき問題となる。この問題を解決した上で、再現された紀年の年月を半分に縮小して古記録の復元を企て、歴史的な世界を探求する材料に使う可能性を求めて行く。戦後史学の総体に対して挑戦状を投げ付ける高城の戦略はおよそこう要約できよう。

それでは高城の戦略はどれ程の成功を収めているか。神功伝説に始まるワケ王朝の大王たちに対応する範囲で記紀の紀年を再現することを企てて、その成否を占うことにしよう。神功治世に含まれた虚構年を外した、日本書紀の治世数と古事記に見られる崩御年の干支を組み合わせて表に纏めれば、表1の通りである(干支に続く括弧内の番号は甲子を1番とし、癸亥を60番とする干支の順番を示す)。

古事記に注された崩御年の間隔と日本書紀が伝える治世の年数が巧いことと重なってしまう。各年の干支こそ違え、記紀が同一の紀年に拠って年月を測定していることは明白であろう。

　しかしながら、ここで新たな謎が発生する。古事記には応神の宝算つまり死亡年齢は一三〇歳とあるし、仁徳の宝算は八三歳とあるが、この年齢は表1に見られる紀年にはどうにも収まらない。表1から計算する限り、応神の宝算は九二歳となり、古事記に伝える一三〇歳という年数との間に三八歳の年齢差が生じてしまう。一方、仁徳の治世は八七年に及んでいて死亡年齢に収まり切らない。これは、一体どうしたことであろうか。

　高城はこの謎に対して、仁徳の治世は八七年であり、空位年六（春秋）年プラス代替わり年一年を加えると九四年になるとする九四年説と、仁徳の治世は九四年から応神の年齢差に当たる三八年を引いた五六年になるという五六年説の二つの選択肢を並立して、「後勘校者知之也」（二二三頁）という態度を踏襲することを仄めかしているが、応神の死亡年齢が二種類ある理由については特に探求を行ってはいない。

　だが宝算と崩年干支という形で二種類の死亡年齢が別々に伝えられているということは、一体いかなることであろうか。これは応神ことホムダワケの大王が二度死亡したという事態を伝える言い伝えなのではないか。別の言葉で言い直せば、二人の大王の事跡がホムダワケという同一の名の下に伝えられているのではないか。ホムダワケが二人い

表1

仲哀	崩年	壬戌（59番）
応神	生年	癸亥（60番）
神功	元年	甲子（ 1番）
51年＋虚構年18年＝69年		
	崩年	甲寅（51番）
応神	元年	同　上
41年		
	10年	癸亥（60番）
	11年	甲子（ 1番）
	崩年	甲午（31番）
空位　6年		
仁徳	元年	辛丑（38番）
87年		
	23年	癸亥（60番）
	24年	甲子（ 1番）
	83年	癸亥（60番）
	84年	甲子（ 1番）
	崩年	丁卯（ 4番）
履中	元年	丁卯（ 4番）
6年		
	崩年	壬申（ 9番）
反正	元年	癸酉（10番）
5年		
	崩年	丁丑（14番）

たことを示唆する別の記事もある。応神紀にはホムダワケの死亡地として二か所の地名が登場する。本文には「明宮」と記されているが、「一云」と始まる注には「大隅宮」という別の地点が挙げられている。これはホムダワケという大王が二人いたことを微かに伝える伝承なのではあるまいか。応神と仁徳の間にもう一人の幻の大王がいたと仮定すれば、応神の治世は四一年であり、次に三八年の治世に当たった幻の大王がいて、その後に空位六（春秋）年を挟んで、仁徳による四九年（空位年と代替わり年を加えると五六年）に亙る治世が実行されたことになる。これを纏めれば表2の通りである。

表2から表1へと紀年的世界もまた生成発展することを窺わせる結論であるが、表2から表1へと紀年的世界に変形が発生するにつれて、幻の大王の治世三八年は一面ではホムダワケの大王の治世の延長と見做され、ホムダワケの本来の宝算である九二歳に加算されて九二＋三八＝一三〇歳という古事記に見られる宝算となる。また一面ではオオサザキの大王の治世の一部とも見做されて、オオサザキの本来の治世である四九年に加算されて四九＋三八＝八七年という日本書紀に見られる治世年数となる。

表2

応神	元年	甲寅（51番）
41年		
	10年	癸亥（60番）
	11年	甲子（ 1番）
	崩年	甲午（31番）
幻王	元年	乙未（32番）
38年		
	29年	癸亥（60番）
	30年	甲子（ 1番）
	崩年	壬申（ 9番）
空位　6年		
仁徳	元年	己卯（16番）
49年		
	45年	癸亥（60番）
	46年	甲子（ 1番）
	崩年	丁卯（ 4番）

何かほかにも幻の大王の存在を暗示する記事が見当たらないであろうか。古事記の下巻の始まりの箇所にある表題の下に付された次に引く注釈はその一例である。

起大雀皇帝盡豊御食
炊屋比賣命凡十九天皇

実際には古事記の下巻には一八人の大王しか現れない。それなのにどうして一九人とここにあるのか。この注は一八人の大王のほかにもう一人幻の大王がいたことを示す微かな痕跡なのではなかろうか。この幻の大王はまたオオサザキとも呼ばれていた可能性がある。

例の一は髪長媛の説話である。美人の誉れ高い髪長媛をホムダワケの大王が呼び寄せたところ、皇子のオオサザキが媛を見初めてしまったので、息子に見合わせることにして詠んだ長歌に続く、次の長歌の詠み手が古事記ではホムダワケとされている。

みづたまる　よさみのいけの
ゐぐひうちが　さしけるしらに
ぬなはくり　はへけくしらに
わがこころしぞ　いやをこにして
いまぞくやしき

ところが日本書紀の応神紀を見ると次に掲げる返歌の詠み手はオオサザキである。

みづたまる　よさみのいけに
ぬなはくり　はへけくしらに
ゐぐひつく　かはまたえの
ひしがらの　さしけくしらに
あがこころし　いやうこにして

ほぼ同一の内容を伝える説話における歌の詠み手がホムダワケであったりオオサザキであったりする。これは上の歌の詠み手が、もともとはホムダワケとオオサザキとの中間に立つ幻の大王であるところから発生した、見せかけの混乱なのではないか。紀年的世界が表2から表1に変形した結果、幻の大王が系譜に占める位置について二種類の位置づけが行われ、大雀の父であるからホムダワケであるという見方と、誉田別の子であるからオオサザキであるという見方が併存するに至ったものではないか。

例の二は古事記に見られる次の国栖歌である。

ほむたの　ひのみこ　おおさざき　おおさざき
はかせるたち　もとつるぎ　すえふゆ
ふゆきの　すからが　したきの　さやさや

ホムダワケのことをオオサザキと褒め讃えているこの歌謡は、ホムダワケがオオサザキでもあることを仄めかしているのではなかろうか。この歌謡はホムダワケともオオサザキとも呼ばれた幻の大王の事跡を讃えているのではないか。木の葉をすっかり落とした冬の巨木のようにそそり立つ偉丈夫であり、上代の甲冑に身を固めた武神のごとき精悍な人物であったことを伝承歌は讃えるが、倭王武の上表文にいう「祖禰」（二一二頁）もまたひょっとするとあるいは幻の大王のことを伝える伝承中に登場する人物であったのかも知れない。

またホムダワケの事跡と幻の大王の事跡とが混同されたふしもある。例えば、応神紀三七年春二月には呉へ阿知使主を派遣したという記事（二六五頁）があるが、これはもともとは幻の大王の治世三七年の記事であって、それを日本書紀の編者たちが応神紀に振り当てたものであろう。応神紀四一年春二月には筑紫に到着したとあるが、これも、もともとは幻の大王の三七年に当たる辛未年から数えて足掛け五年目の乙亥年の記事であって、それを日本書紀の編者たちが応神紀四一年に振り替えたものと解することができそうである。

高城による紀年的世界から実年代への写像に準えれば、幻の大王は広開土王の即位に先立つ三年前の三八八年に即位して三九一年には渡海して半島南部に侵攻し、その後も半島侵攻を繰り返し四〇七年に死去したことになる。五年後に宿敵ともいうべき広開土王も死去し、四一〇年に即位したオオサザキと四一三年に即位した長寿王という新王たちは競って晋に使節を派遣し、晋を盟主とする冊封体制の内部に入って新しい外交関係を保っていくわけである。ちなみに阿知使主が筑紫に到来した乙亥年は、高城の比定に拠れば、四〇八年に写像される。それはオオサザキの即位する二年前の出来事であった。

こうして見れば、もし幻の大王がいたという仮定が史実になっているとすれば、高城の戦略には留保が必要となる筈である。三品彰栄や山本武夫に倣い、高城は「天皇の代数と治世年数を正しいと仮定する」（一一九頁）という方法に拠って紀年的世界の再現を企てているが、この方法が正鵠を射る射程は、ほぼ古事記の下巻に描かれた大王たちの時代に溯る範囲に限られてしまうからである。ホムダワケやオオサザキの事跡には幻の大王の事跡が混入している疑いが濃厚であるし、ホムダワケより以前の大王の系譜や事跡に関しては、既に紀年的世界そのものに変形が生じてしまっているらしいという類推がどうしても働くことになる。しかもホムダワケやオオサザキに先行する先王の時代については紀年的世界の生成発展の帰結としてどの程度の変形が生じてしまっているかを測定する方法を欠いているという結論は避けがたい。とすれば、新たな証拠が地中から出現しない限り、もはや紀年的世界の原像を再現することは無理な企てとなってしまうのではあるまいか。敢えて変形した紀年的世界から実年代へと逆方向への写像を試みたとしても、首尾よく歴史的世界としての像を結ぶ事はまず期待しがたい。精々、史実と虚構との混成体いわばアマルガムを産出するだけに終わるのが結末ではないか。虚実皮膜の間に姿を現すのは歴史の真実ではなくて文学の真実ではないか。これでは人間の真実は探求出来ても、歴史の真実は不明に終わるのではないか。

結局、ホムダワケより以前の史実を探求するには、まず巨大古墳の発掘調査を強力に押し進めて、稲荷山古墳に続いて銘文入りの鉄剣やら鏡やら銅板などを更に発見することがどうしても必要な学問の方法である。とりわけ、なぜイリ王朝の系譜の中にオシロワケというワケ王朝の大王の名を連想させる名前が入り込んでいるのかという、イリ王朝とワケ王朝との訳の分からない入り組んだ関係を説き明かすためには巨大古墳の発掘は必要かつ不可欠である。どうやらそれが学問の王道であるという結論は避けがたいみたいである。

高度情報文明・プライバシー・法

福永英雄

一　高度情報化

「高度情報化」（後で、《高度情報文明》状況として規定し直す）というタームが主にマス・メディアにおいて盛んに用いられるようになって久しいが、当論考では、タイトルの他のタームである「プライバシー」と「法」との関連と併せて順次検討していきたい。

日常的な実践者として「高度情報化」と呼ばれる事態を実感することは、もはや珍しいことではなかろう。携帯電話でインターネットができる時代である。《居ながらにして》双方向通信できる段階から、今や、《移動しながら》

グローバルな通信を展開し得る段階に達している。都会のランチタイムには、ビジネスパースンが昼食後のコーヒーを飲みながらモバイルのパソコンのキーボードを叩いて、ビジネス上の競争に鎬を削る姿をよく見かけるようになった。電車の中で携帯電話のキーを打って、友だちとメールの交換に余念のない学生の姿もよく見かけるようになった。ちなみに、携帯電話やＰＨＳを持たない人は、公衆電話の設置間隔が疎になってきていることに不便さを感じるということを耳にするようにもなった。

これらの現象から帰結できることは、よく言われるように、双方向通信を相当な程度随時・随所で行い得るようになった、ということだ。行為主体間（もしくは、行為主体と組織との間）の双方向の情報のやりとりは、地上の時空の制限を加速度的に乗り越えつつある。——これは、「高度情報化」というタームが指す事態の一面である。〔この場合の「情報」を《通知情報》とする。〕

だが、筆者が他の論考で示した通り、「高度情報化」というタームの「情報」は、もう一つの事態を含意しているとみるべきだろう。——それは、通信される「情報」が、或る対象・関係を操作するためのコードとなる場合である。〔この場合の「情報」を《操作情報》とする。[1]〕

実際の局面においては必ずしもこのように画然と二分できるとは限らないにしても、日常的な実践者がふつう感知する「高度情報化」の「情報」とは、《通知情報》のことである。「情報」の働きがここにとどまる限りは、高度情報化と法のありようについて殊更に論考を加える喫緊というほどの要もなかろう。だが問題は、「高度情報化」が含意する一層喫緊の事態として、《操作情報》としての働きが尖鋭化してきているということなのだ。

いや、さらに言えば、携帯電話やPHSのように一見《通知情報》にしか関係がないように見える情報ツールにしても、その所持者の位置確認機能や、交信記録の確認作業が、必ずしも本人の知らない間に実行されていることもあり得るのだ。「国民背番号制」まで行かなくとも、クレジット・カード、電子貨幣、不動産関係、その他さまざまな消費者信用情報など、また、医療情報、履歴情報、各種名簿、図書閲覧歴など、さまざまな謂わゆる「個人情報」が、本人の知らない間に利用され得るようになっている。もちろん、《操作情報》のターゲットは個人とは限らない。例えば、国家間の関係にまつわって、多種多様な手段で国家またはそのエージェンシーが相互に操作情報を仕掛け合っている。[2]対個人にしろ対組織にしろ、往々にして仕掛けられた側には不可視の操作情報が飛び交う時代になっている。後で考察するように、主に対個人の場合について、「高度情報化」の事態のもとにおける個人の位置価を、特に「プライバシー」という関係性に焦点を当てて明らかにしていく喫緊の要があるともみられるのである。

二　高度情報文明という状況

先述のように「高度情報化」の段階に至っている文明状況を、《高度情報文明》という状況と名付けたい。この《高度情報文明》という状況とは、果たして、どのような事態を含んでいるものなのであろうか。スミスが『国富論』で体系的に論述して以来、謂わゆる《社会分化》という事態は、物的生産の局面について捉えられてきた。つまり長い間、産業文明における《社会分化》は、主に《分業》という事態について捉えられてきた。ところが、産業文明が高度化し、生産性が高度化していくにつれて、《社会分化》は、生産の局面よりも消費の局面に一層明瞭に現れるようになっていった。生産性の高度化は、人々の実践の重心をその成果たる消費の方へシフトさせる。しかも、生産性の高度化につれて安価かつ多様になっていく消費は、多くの一般庶民の多様な日常的実践を可能にする。「情報化」「高度情報化」によって実現される《社会分化》は、生産の局面においては一部の生産者しか関与しないが、消費の局面においては消費の多様化として一般の人々が経験するところとなっていった。

多様な消費は、しかし、画一的で管理の行き届いた生産システムが充分効率的に機能する段階にまで行き着いてこそ可能となる。生産効率が高まるにつれて、当然に物的需要は一層充足され、生産・消費ともに情報の領域にシフトしていくことになる。生産の局面における生産効率の高まりが消費の局面における多様化を招来するわけだが、もちろんこの作用は逆のベクトルにも作用していく。消費の局面における多様化は、生産の局面における多様化に連なる。そこでは、生産プロセスを制御する情報の機能も多様化し高度化していく。情報が生産プロセスをも高度に制御するようになってはじめて、「高度情報化」は普遍化したと言い得るだろう。換言すれば、「高度情報化」の段階では消費が生産をリードする、と言うこともできよう。かつて、記号論的な消費社会論が流行したことがあったが、「消費社会」とは詰まるところ、生産効率が行き着いた一つの着地点でもあったのだ。《高度情報文明》は、「高度生産―消費多様化」文明とも言えるのだ。

端的に分けて論ずるならば、消費が生産をリードするベクトルが稼働するようになってから、以前は自己の労働力しか生産プロセスに投入し得なかった労働者は、消費の様態によって或る程度は生産プロセスに影響力を及ぼし得るようになった。その場合の主たる消費の様態が、他でもない情報操作力である。労働者は今や、自己の労働力以外に、情報操作力をも生産プロセスに投入し得るようになったのである。例えば今日、就職しようとする企業を選ぶに当たって、消費の局面で蓄積した情報操作力は、強い武器となり得る。その動きに企業の方も対応していかざるを得ないという面が出て来る。

三　企業・公的団体等の情報操作力の圧倒的優位

但し、いかにパソコンを中心とした高度な情報操作力を労働者が有することが一般化しても、企業や政府・地方公共団体等の公的団体等が顕在的または潜在的に持つ情報操作力は、依然として圧倒的優位のレベルにある。それら組織は、単独でも圧倒的に優位な情報操作力を持っているが、さらにそこへ謂わゆる「ネットワーク化」が加わる。巷の読み物的な情報に関連する書籍では、「ネットワーク」というと、主に個人間の〈コミュニケーション〉網を指すのが一般的であるようだが[3]、もちろん、企業や政府・地方公共団体等の組織間の情報ネットワークもある。この組織間のネットワークが、個人間の〈コミュニケーション〉網よりも遥かに強大な支配力を持ち得ることは言うまでもない。例えば、次のようなケースを列挙し得る。

＊問い合わせ、申し込み、アンケートなどで収集した個人情報を、企業が相互に利用し合う。

＊名簿、各種アルバム、人事録などから得られる個人情報を、営業活動に利用する。

＊キャッシュ・カード、電子マネー等に記録される購買歴を、企業等が営業活動に利用する。

＊各種金融機関や不動産会社等に記録される個人信用情報を、相互に利用し合う。

＊日本では、住民基本台帳（・住民票）は容易に閲覧できる場合が多い。それを或る事情で特定個人が閲覧したり、企業が営業活動に利用したりする。

＊インターネット上で流れる諸個人のアクセス歴を、企業や政府・地方公共団体等が他の目的で利用する。

＊政府・地方公共団体が収集した国民・住民に関する個人情報を、何らかの支配・統制の道具として用いる。

など、さまざまな形で、企業や政府・地方公共団体等の組織が、個人に関する情報を大きな規模で利用し得る。そのさまざまな形で記録されている情報は、ネットワーク化することによって、さらに新たな情報価値を有するに至る。

ところが、諸個人の方には、それら諸組織間の巨大なネットワークに対抗し得るだけの凝集力はない。消費の多様化も進行する分、なおさら凝集力を形成することは困難である。いかに一般的に社会分化が進行してきたとはいえ、企業の目的は利潤の追求であり、政府・地方公共団体の目的は国民・住民の管理・統制であることに変わりない。統一性のある目的を持った諸組織のネットワークが、多様化し差異化してやまない諸個人のネットワークに対して基本的に圧倒的優位を維持することは、明らかだろう。高度情報化によってむしろ見えにくくなった諸組織のネットワークの管理・統制力のもとにあって、諸個人は、往々にしてみずから気付かぬ間に制御されている。既にそのような事態が出来している状況のもとにおける諸個人のネットワークなのである。今後も一層、高度情報化が進行することは間違いなかろう。やたら、〈個人がグローバル・スケールで発信するメッセージ〉が画期的に強い社会的影響力を持つかのような論調が目立つ。だが、個人でもネットワークを形成できるということは、企業や政府・地方公共団体のような組織なら、なおさら強大なネットワークを築き得るということにほかならない。

——その強大なネットワークに対抗するには、先ずは法の力をたのむことになる。

四　「個人化」の趨勢と《情報化の多面化》

ウルリヒ・ベックが「個人化」(4)と呼ぶ社会的趨勢は、「新しい近代」における高度情報化を考察していく上でも、一つの重要な視点と考えられる。ベックの提示で一躍名を馳せた「危険社会」という事態は、〔高度情報文明・プライバシー・法〕という社会的側面の今日的問題性を捉えていくに当たっても、欠かすことのできない事態とみなすことができる。ベックも言うように、「文明による危険は捉えどころがなく(5)」、「危険に曝されたことを知りうる人々は高学歴者か情報感度の高い人間であるということを意味する。(6)」「個人化」の趨勢が顕著になってくる背景には、福祉国家による画一的な教育保障・生活保障・その他種々の保障という社会的条件があった。それら保障によって、個人の私的領域も或る意味で《自律性》という領分を獲得するようになってきた。ただ、同時に社会の速度・複雑さが大幅に上昇し、それにつれて、そこから出て来る「危険」を平均的な個人が認知することは困難になってきた。今や、どこにどのような「危険」が潜んでいるらしいかということを推測することさえ難しいレベルに達してきた。

高度情報化によって引き起こされ得る諸危険のうち、特に形として認知されにくいものが、情報にまつわる危険だろう。高度情報化の段階において情報にまつわる危険は、殊に《操作情報》の次元で顕著である。高度情報化は、物流が中心を占めていたかつての社会における危険とは異なり、基本的に不可視の危険を内蔵している。しかも、特に「デジタル情報革命」と呼ばれる段階に至ってからは、オリジナルと変わらない上質の複製を高速かつ低廉・大量に生産し得るようになった。つまり、オリジナルと複製との差異は概ね消失しているのだ。オリジナリティなるものは、客観的データの形態でも特定し難くなっている。――このことは畢竟、「プライバシー」なるものの不安定さを出来させる。アイロニカルなことに、「個人化」の時代には、「プライバシー」なるものは不安定になるのである。

ただ、「個人化」がもともと産業社会化の行き着くところに顕著になってきたことに鑑みれば、それもアイロニカルなことでないとも言える。ミシェル・フーコーが示唆したように、「主体」化する「個人」も、そもそもは社会を横断するディシプリンによってこそ構成されてきたものであった。但し、田中智志のまとめを部分的に借りるならば[7]、産業社会化の段階では計量可能な「人口」として国民は把握され「国富」として意味付けられていたのだが、さらに福祉国家化の段階に至って諸個人は「主体」として自律化していったのであった。つまり、「主体」として自律化していった諸個人の行き着くところが「個人化」の趨勢なのであり、元来、福祉国家下の社会編成原理の画一性と並行しているのである。画一性が或る限界にまで到達したからこそ、「個人化」という社会の要請が出て来たのである。言わば「個人化」は、《画一性の余剰》として出て来たのであった。

他方で、「個人化」の進行と相俟って、《情報化の多面化》も進行することになる。物的な生産―消費が充分に高度なレベルにまで達した後は、当然ながら、「情報化」による差異化が必要となり、謂わゆる「情報資本主義」[8]と呼ばれるような社会編制が一般化してきた。高度な「資本主義」のエンジンを得た情報化は、以後加速度的に進展していった。「情報資本主義」は短期間のうちに取り分けコンピュータの汎用化と各種高度情報ツールの一般化を実現し、「資本主義」の言わば《情報化的転回》とも呼ぶべき飛躍が成し遂げられた。

《情報化的転回》以後の「資本主義」のもとでは、《情報化の多面化》は著しいものがある。多種多様な社会的実践の場で、「情報化」というタームが頻繁に用いられるようになっていった。マスコミはもちろんのこと、例えば、仕事場における各種オフィス・オートメーション、遊んでいる時に手にするゲーム類やいろいろな広報・予約・購入の手続き、また、さまざまな家電機器やホーム・オートメーションなど、「情報化」という社会の趨勢は遍く話題に上り、日常的実践においても、見える形・見えない形を問わず、「情報化」の影響は多方面に及んでいる。

ただ、先にもベックの言葉を借りて指摘したように、「文明による危険は捉えどころがなく[5]」、「危険に曝されたことを知りうる人々は高学歴者か情報感度の高い人間であるということを意味する。」(6)――つまり、「情報化」そのもののみならず、その高度化が引き起こす「危険」もまた多面化する。本来、物でない「情報」にまつわる「危険」は、捉えどころがないものの最たるものでもある。そして、それが生み出す「危険」もが多面化してしまう。「情報化」――特に「高度情報化」の事態をメタ・レベルで操作することは、簡単なことではなかろう。物件ならば、その危険が明らかであるが故に捉えやすく、それを計画的に操作することも所定の科学的知識をもって行い得た。ところが、《高度情報文明》という社会関係的事態は、［所定の科学的知識］によって計画的に操作するための客体性を持ち合わせてはいない。加えて、《高度情報》には、《知識を操作する知識》もしくは《情報を操作する情報》の次元も含まれている。《情報化の多面化》は、このような《メタ情報［メタ知識］の多面化》をも伴うのである。

五　高度情報文明とプライバシー

① 「プライバシー」

観てきたように、高度情報文明において、《画一性の余剰》として出て来た「個人化」という事態は、文字通り捉えどころがない危険を個人にもたらすことになった。その最たるものの一つが、プライバシー〔ここでは、個人情報の概念を中に含む広義のものとして捉える〕の（侵害の）問題である。周知のようにプライバシーの問題は、殊にアメリカでは早くも一九世紀末からの永きにわたって、さまざまな面から問題視され、公的領域・私的領域両面について法制化が図られてきた。またヨーロッパでも、アメリカのあとを追うように法制化が進められ、時代の趨勢に応じて改良も図られてきた。ただ日本では、プライバシーの保護に関する法律としては、欧米諸国に比べるとかなり遅れて、一九八九年に「行政機関の保有する電子計算機処理に係る個人情報の保護に関する法律」が制定され、先ずは行政機関という公的組織が管理する個人情報の一定部分に限って法制化による制限が課される形となった。

ただ、先に少し断っておいたように、ここでは「プライバシー」というタームを「個人情報」をも含意するものとして、広く捉えておきたい。というのは、「個人情報」という概念で、「プライバシー」という概念が表し得る内容を包摂しきれるとは考えられないからである。「プライバシー」という概念は、「個人」は措くとしても、特に「情報」という言わば［直線流通的］とも言うべき概念が表しきれない〔空間的広がり〕とか〔テリトリー〕とも表現し得るような含みを持っていると考えられるのである。[9]また、例えば欧米の「プライバシー権」論史[10]においても、その含みが一つの重要なポイントでもあったとみられるのである。

「プライバシー」という問題意識が初めて明示的な形で社会問題として提出されたのは、一九世紀末にアメリカで「イエロー・ジャーナリズム」が横行する中、夫人の私生活を報道されて困惑していた弁護士のサミュエル・D・ウォーレンと、ルイス・D・ブランダイスによってであった。ただ当時はまだ、主なメディアが「プレス」（新聞や雑誌類）くらいに限られていたために、「プライバシー」にまつわる問題も、そのような本人の情報が報道されるかどうかという概ね明示的なものにとどまり、「プライバシー権」の保護に関する法的対策も比較的立てやすかった。だがそのような段階は、とうに過ぎ去っている。「プライバシー」というタームで示し得る問題領域に一定の通有される共通性が認められるにしても、「プライバシー」が置かれている客観的諸条件については、大きな相異がある。

そもそも今日、著しく多様化してきたメディアは、「プライバシー」というタームで個々人に守られようとしている「権利」に、四方から侵入してきている。ベック流に言えば、捉えどころがないプライバシー侵害は多種多様な手法で行われ得るようになってきているのだ。プライバシー侵害のための技術は、まさに日進月歩だと言えよう。その最たるものとして、ここでは《盗聴》をとり挙げておきたい。

② 盗聴

《盗聴》というプライバシー侵害が他の種々のプライバシー侵害行為と最も異なるところは、仕掛けている者が周囲の者に気付かれることはほとんどなく、仕掛けられている者が仕掛けられていることを自然に気付くこともほとんどない、ということである。つまり、盗聴装置が発見されない限り、《盗聴》というプライバシーの〔侵害―被害〕の事態が客観的に証明されることはないのである。しかも、盗聴装置の進歩は一般生活者から見るならば驚嘆に値するものである上に、年間一五万個以上売れているのである。

盗聴装置には、大きく分けて「無線式」・「有線式」・「レーザー式」の三種類がある。

「無線式」――盗聴電波を発信する装置を、狙う場所の見付かりにくい所に設置し、そこからの電波を数百メートル以内の近辺で受信するもの。受信する場所が狭く限定されないため、受信者の位置の自由度が高い。盗聴器の設置も比較的容易である。つまり、電波さえ発信するならば、設置場所はどこでもよいのである。但しその盗聴の発見も、電波をキャッチすることで比較的容易になされ得る（が、発見困難な電波を使用する盗聴器も出回りだしたと聞く）。また、盗聴発信機の電源を確保するための工夫が必要となる。つまり、電池やバッテリーだと永続性がない。が、AC電源を取り込むとなると、設置場所が限定される。

「有線式」——狙う場所の見付かりにくい所に盗聴音を伝える有線の集音器（（超）小型のマイク等）を設置して、そのままマイクのコードでテープレコーダー等に接続し入力するものである。例えば、単純な仕掛けとしては、普通に行われるようにマイクで集音するのと原理は変わらない。この場合、電源の確保を特に工夫する必要はない。但し、仕掛けるのに比較的大きな手数・労力・危険性が伴い、また発見された場合、仕掛けた者の特定が比較的容易となる。

「レーザー式」——狙う場所へ向けてレーザーを照射し、窓の振動から内部の音声を拾う。最新型である。但し、レーザーを照射しているところを目撃される可能性がある。

（また、壁に振動してくる音声をそのまま平たいマイクで拾って拡大するという、メカニズムは単純だが、最も発見されにくい盗聴装置の一つに「コンクリート・マイク」というものがある）

盗聴技術があまり進んでいなかった頃は、よく電話回線に盗聴を仕掛けて、主に電話による通話内容を盗聴するものが多かったが、盗聴発信機および盗聴受信機の飛躍的発達により、狙う場所全体の音を盗聴するというやり方が増えている。もちろん、電話だけよりも狙う場所全体の音を盗聴する方が、当然得られる情報内容は多いわけである。つまり、仕掛けた場所でターゲットの発信する情報を四六時中ほとんどすべて明瞭にキャッチし得るようになっている。その上、デジタル処理にも付され得る。――ここにこそ、《盗聴》というプライバシー侵害行為の今日的重大性がある。初めに挙げたウォーレン夫人の事件にしろ、また、日本で判決が出た「宴のあと」事件にしろ、大方のプライバシー侵害事件は、あくまでターゲットの情報の断片を切り取って他者がその情報の何らかの価値を享受するものだった。ところが、盗聴技術の著しい発達によって、ほとんど《いつでもどこでも》狙う場所の盗聴をリアルタイムで行い得るようになったのである。さらに、人が特定場所に入って来た時のみ正確に作動する盗聴機も出現している。もちろん、高級機の感度は抜群である。ささやかな音声まで明瞭に採取することが可能となっている。

「プライバシー」というカテゴリーは当事者の置かれているコンテクストによって変化するものだ、という側面を強調する捉え方も見受けられるが、もちろん、それにも一定の意義があろう。ただ、今日のように盗聴技術が著しく発達して、《いつでもどこでも》ターゲットの会話や、その他仕掛けた場所の諸々の音声、非常に微かな音声に至るまでを採取し得るとなると、もはや、〈コンテクスト〉という概念にどれだけ実質的位置価が残ると言うのが妥当なのだろうか。確かに人は、さまざまなコンテクストの負荷に規制されて生活する。人は、コンテクスト負荷的存在である。しかしながら、他者に《いつでもどこでも盗聴され得る》状況にあって、なお包括的に〈コンテクスト〉によるプライバシーの差異を強調するとするならば、そもそも〈プライバシー〉という概念の存在意義自体が削ぎ落とされることになるのではなかろうか。〔そのような〈コンテクスト〉は、実に多様なものであり得るが、端的な場合を想定するならば、例えば盗聴しなくても《いつでもどこでも》他者に聞かれる状態にあるオープンな場・時代にあっては、そもそも「プライバシー」という概念自体が流通しないだろう。〕

いや正確には、随時盗聴の危険に晒されるのは、特定個人の「プライバシー」というよりも〔プライバシー空間〕である、と念のため今一度断っておくべきだろう。ターゲットは必ずしも特定の個人に限らないのである。盗聴が仕掛けられた場で立ち居振舞いをする者は皆、そのプライバシーを侵害されるのである。さらに、個々人固有のプライバシーとは別に、複数のプライバシーが相互作用を展開することによって、そこにまた相関的なプライバシーの意味が生じることになる。

③　プライバシーの実質

従って一応端的には、プライバシーの実質は、《個人的空間における私秘性》である場合と、《相互作用負荷的な私秘相関》である場合の二種に分けることができるだろう。世間一般に「プライバシー」という語を用いる場合は、通例前者の意であろう。世間一般がそのように用いるからには、社会科学上「プライバシー」を考察する場合にも、先ずはその意を第一にとり上げるべきであろう。だがもちろん、「プライバシー」を考察していくことが難しいのは、殊に後者の意味合いが出て来るからである。《高度情報文明》の段階においては、なおさらである。

《高度情報文明》の社会状況においては、そもそも情報の採取・加工・流通・浸透などの様態は、実に多様性を極めている。特にパーソナル・コンピュータやモバイル情報ツールが一般に普及してからは、それが著しい。冒頭にも指摘した通り、高度な情報交換は今や《居ながらにして》の段階に加えて、《移動しながら》の段階が占める位置が大きくなってきている。つまり、情報の採取・加工・流通・浸透などが《移動しながら》でも行い得るようになってきているのである。この事態は、プライバシーという問題性にどのような複雑さを加えているのだろうか。

先に二分した「プライバシーの実質」のうち、《個人的空間における私秘性》については、特にモバイル（移動しながら）という様態が普及し始めて以来、その《個人的空間》の意味合いは変容してきていると指摘し得る。例えば、《いつでもどこでも》盗聴し得るにしても、そのターゲットは必ずしも空間的に固定した場所に位置するとは限らない。もちろんターゲットが或る特定の空間に位置する時間もあろう。だが他方で、《移動しながら》情報交換を行っている時間もあるわけだ。その際の《個人的空間》はまさしく「モバイル」なのであって、その状況においては実質的にはもはや、《空間》という概念が本来担うべき意味合いが変容しているわけである。「モバイル」状況においては、《私秘性》は言わば《脱空間化》して、文字通り《情報化》すると規定すべきであろう。「プライバシー」概念が近年「個人情報」概念に〈発展〉したかのごとく狭隘化されるのも、或る程度は、このような事態を反映してのことであると考えられる。ただ、もちろん、高度情報文明においても「モバイル」でない《個人的空間における私秘性》の領域は残っているわけで、やはり「個人情報」よりも、「プライバシー」という概念の方を採用していくべきと考えられるのである。

すると、《相互作用負荷的な私秘相関》としての「プライバシー」は、ますます複雑な様相を呈してくる。例えば今の盗聴技術からすれば、例えば政治的事件絡みで話題になることがあるように、時々刻々と移動する「モバイル」

な《相互作用負荷的な私秘相関》をも、相当程度追尾してキャッチすることが可能な段階にまで至っている。しかしながら、個々の通信をリアルタイムでキャッチし得たとしても、通信を交わす者は、いずれの者も空間的に移動し続け得るわけだ。となると、この場合にこそ、移動していく通信当事者の置かれている場の状況による意味措定の方は捉え難いため、そのコンテクストの読解は正鵠を射難いだろう。つまり、そこではプライバシーは固有性を持つ枠として捉え難いわけである。

　情報文明の今日的状況における「プライバシー」は、このように重層的な部分がある。まとめるならば、既に言及したように、特定場所をターゲットにした盗聴は、その場に生起する「プライバシー」をほぼ完全に侵害し得る。特に、《個人的空間における私秘性》はほとんど根こそぎ侵害され得る。しかし、「モバイル」性が加わるとなると、事情が違ってくる。この場合の〈私秘性〉は、移動していく通信当事者の置かれている場の状況が多かれ少なかれ負荷される。しかも、〈高度情報ツール〉による通信であるだけに、通信当事者の置かれている社会的位置を解読するに当たって、障壁は少なくなかろう。――「モバイル」性が加わった上でのプライバシー侵害は、より複雑で入り組んだものとなる。

六　高度情報文明における プライバシーと法

　では、このような高度情報文明状況におけるプライバシーの問題性に対して、法が担い得る機能およびその限界は、どのようなものであろうか。

　そもそも法という旧来の社会的規制形態は、既述のような事態を出来させている高度情報文明状況においてプライバシーを充分に守っていくことができるものなのだろうか。既述の内容に鑑みつつ、プライバシーを守るに当たって出来する困難を挙げるならば、例えば次のようにまとめることができよう。

（1）プライバシー侵害を出来させ得る技術に対するセキュリティ技術の劣位

（2）［企業社会・行政国家］に対する［私的領分―《プライバシー》］の劣位

そして、（1）（2）を含んだ上での

（3）高度情報文明における問題状況に対する法制化の実効性の劣位

　そもそも社会全般にわたる高度情報化に対して、「プライバシー」という領分は、或る特定の意味合いにおける《私秘性》を表すのであった。つまり、プライバシー侵害を行い得る方の領域は概ね社会全般にわたるのに対して、プライバシー侵害を被る方は或る特定の《私秘性》の領分に限られるのである。しかも、高度情報文明においては一般的に、できるだけ自由で開かれた情報の流通ということがポジティヴな前提条件とされる。このような一般的前提条件の中でプライバシーのみを秘匿しておくセキュリティ技術の創出は、容易なことではなかろう。

加うるに、殊に日本について一般に指摘されることだが、［企業社会・行政国家］という全体性の大きさである。主に社会学理論等において「社会分化」「機能分化」「システム分化」が著しく進行したという言説は一般化しているにしても、［企業社会・行政国家］という全体性の強大さがなくなったわけではない。むしろ、さらに高度情報社会化が進むにつれて、［企業社会・行政国家］によるプライバシー把握—侵害の危険性もまた一層増大していくに違いない。だからこそ、欧米においては比較的早くから、日本においても近年、それを制御する法制化が進められてきたのであった。

だが、プライバシー保護を目指した法制化が充分な実効性を上げることは難しい。既述のような諸状況と併せて、プライバシー侵害そのものを客観的に証明することが難しい上に、法制化という旧来の社会的規制方式の食い込める隙が狭められてきているのである。

高度情報文明状況下におけるプライバシー保護に関して、法制化という社会的規制方式が実効性を失してきている以上、他の規制方式を併用するしかない。——既存の規制方式にそのまま頼るだけではなく、法的規制に基づいて調査を実行していくというスタンスも必要だろう。また、《高度文明状況》をメタ・レベルで制御している情報——特に《操作情報》——の制御メカニズムに関する対自的な把捉を一般の人々が手の内にしておくことであろう。[11] そのためには先ず、個人を包摂し得る組織が行うプライバシーに関わる調査や情報収集の実態を全面報告させ、当事者たる諸個人に対してもその事実自体を（場合によっては事後にでも）全面的に報告させ調査する権限を有する第三者機関を設置することだ。そして、さらにプライバシー保護の法制化の実効性を上げるべく、プライバシーを操作し得る組織もしくは主体をその第三者機関が全面的に監視・監督・調査し、プライバシー関連の法に違反したものを摘発していく、というようなシステムを築き上げることが、喫緊に必要だと考えられるのである。

（1）筆者はかつて、「情報」というタームが含むこれら二種の意味合いをそれぞれ「情報A」「情報B」とし、次のように規定した。

「情報A　或る対象・関係の内容に関する知らせ。〔行為主体間でやりとりされる内容も含む。〕

——この場合、行為主体は情報の内容を認知している。

情報B　或る対象・関係を操作するためのコード。

——この場合、行為主体は必ずしも〔情報が操作コードとして機能するメカニズムを（対自的に）把握しない限りは〕情報の内容を認知していない。」

福永英雄［一九九八年］「情報化と物象化——コミュニケーション・経済・文化」『比較文明14』刀水書房、一四三頁。

（2）この方面の多角的研究として興味深い文献に、アルスエレクトロニカ・センター［一九九九年］『インフォ　ウォー』、岡田智博・監訳、BNN　がある。

（3）ちなみに、〈コミュニケーション〉というタームは、一般的に、〈情報の交信〉くらいの意味合いで用いられている用例がほとんどである。が、筆者は、《コミュニケーション》というタームには、その語固有の含意として、《社会的コンテクストに関する共通認知》の意を含ませて用いることを主張する。——福永英雄［一九九九年b］「システムとディスクルス——法システムを例に」『法政論叢』三六―一、日本法政学会、啓文社、特に一〇二頁、また、福永英雄［一九九九年a］「高度情報化とコミュニケーション」『第50回関西社会学会大会報告要旨』、関西社会学会、八六～八七頁　参照。

（4）ウルリヒ・ベック［１９８６］『危険社会——新しい近代への道』、東廉、伊藤美登里・訳、法政大学出版局、一九九八年、特に第二部第五章　参照。

（5）ベック［１９８６］『危険社会』、七九頁。

（6）ベック［１９８６］『危険社会』、八〇頁。

（7）田中智志［一九九九年］「ポスト構造主義の権力論」原聡介、宮寺晃夫、森田尚人、今井康雄・編『近代教育思想を読みなおす』新曜社、特に二六五頁　参照。

（8）「情報資本主義」については、例えば、小倉利丸［一九八六年］『ネットワーク支配解体の戦略』影書房、また、半田正樹［一九九六年］『情報資本主義の現在』批評社　参照。

（9）「個人情報コントロウル説が、はたして、隣接概念を発見し区別するのに役立つかどうか、権利の外延を指示しているかどうか、私的空間を個人情報にいい換えていることに疑問はないか、といった問題点を説明しきれない、と私は思っている。」阪本昌成［一九八二年］『プライヴァシーの権利』成文堂、三頁。また、イー・フー・トゥアン［１９８２］『個人空間の誕生』、阿部一・訳、せりか書房、一九九三年、さらに、福永英雄［二〇〇〇年］「高度情報化とプライバシー」『第51回関西社会学会大会報告要旨』、関西社会学会、四二頁　も参照。

（10）プライバシー権論史については、特に堀部政男、平松毅の諸著作を参照した。

（11）福永英雄［一九九八年］「情報化と物象化」、一五〇～一五一頁〔結語〕も参照。

ドイツ民主共和国の私法一九四九年〜一九八九年
——社会主義的な問題解決？あるいは社会の非法化？

ゲアハルト・ディルヒャー

はじめに

第二次世界大戦後のドイツ史は、振り返ってみればほとんど自然科学的実験のような性格を有している。ナチス体制によって開始された世界大戦でのドイツ帝国の敗北、四つの占領地区——しかし実は二つの政治的ブロック——への分割、別々のイデオロギーと経済・社会・国家秩序とを備えた二つの国家の一九四九年における建設、それぞれの政治ブロックにおける指導的経済勢力となった二つのドイツ国家のシステム競合の時代、そしてソ連の指導の下におけるマルクス主義ブロック全体の解消の一環としての東ドイツ体制の崩壊とドイツ再統一、という激動の過程がそれである。

法の分野について見れば、その他の西側諸国と同様に、ドイツ連邦共和国の実定法学や比較法学は東ドイツ法にも従事してきた。しかしながら、マルクス主義法体系、特に東ドイツ法の崩壊は、今や別の考察の視座、すなわち法制史学の視座を要求している。すなわち、東ドイツ法を実際に適用される法として考察するのではなくて、歴史的に振り返ってその発展と構造原理とに主として光を当てるのである。私は、一九九七年にそのような研究を公にしたのであるが、今日はそれに基づいて報告をすることにしたい。

私が編集した書物では、別の著者が憲法と刑法とを扱い、私は主として民法を扱った。そのほかに私は、政治的イデオロギーと法理論、さらにマルクス主義法理論の下における東ドイツの法政策と法学との関係を扱った序論を付した。これについては、本日の報告ではあまり詳しく触れることはできない。ただ、ここでは——そして報告の終わりに私法についての結論の評価をめぐって今一度立ち返ろうと思うのだが——マルクス主義国家哲学に基づいた諸国家においては、法全体が自由主義思想に支配された西側の国家・社会におけるのとは、基本的に異なった機能を有している、ということだけを述べておきたい。法は、マルクスによれば本来、共産主義社会への発展の中で消滅すべきもの、とされているが、現実に存在した社会主義の中では、西側諸国におけるのと同様に、確かに社会を安定させ、制御する機能を有していた。しかしながら法は、イデオロギー上は、唯物史観の解釈に基づいた歴史の諸法則に服属するものとされた。ただこの法則性と、その時々の到達された歴史的発展段階とは、特に政治的階級、政治官僚には洞察しうるものとされ、それゆえ法は、法則的に予見しうる常なる社会変革の道具とみなされたのである。権力分立的法治国家にとっては基本的に大事な法領域の自律性は、したがって社会主義的・マルクス主義的国家の公式国家理論においては、否定されていた。そこから、そしてマルクス主義哲学に立脚した国家体制の崩壊から生じてくる問題は、このように政治・経済・哲学・道徳の領域からの法の独立を部分的にも後退させたことが、高度に専門分化された工業社会を不安定化させる効果をもち、ひいては社会主義体制の崩壊にも寄与したのではなかったか、という問いである。

一　マルクス主義における私法

それでは、まずマルクス主義における私法の性格・目的について若干の一般的考察をすることにしよう。

ドイツ連邦共和国においても、新しい考え方をする法律家は、しばしば民法（bürgerlicher Recht）というよりも私法（Zivilrecht）という言い方をしてきたし、今日でも同様である。また、ドイツ民主共和国においても、私法は重要な「法領域（Rechtszweig）」であるとされていた。どちらの場合においても、一九世紀の古典的・「市民的」意味におけるドイツ法典、すなわち一八九六年のドイツ民法典（ＢＧＢ）の構想から一定の距離を取ることがそこに表現されている。しかしながら、同じ表現の背後には別個の対象が潜んでおり、そのまた背後には別個の構想が潜んでいる。西ドイツの東ドイツ法研究者たちは、ドイツ民法の視点から出発して、東ドイツの私法を好んで、適用領域を限定され、内容的に変容させられた一つの民法とみなし、それを前提にして比較法的考察を行い、共通点と相違点や、場合によっては体系の差異を超えて興味深い法政策的新形態を明らかにしてきた。それに対して東ドイツの法学者たちは社会主義的私法の基本的異質性を強調し、この種の比較法を収斂理論（Konvergenztheorie）の表現、階級の敵の戦略として攻撃してきた。つまり、理解の出発点からして、両者の間には大きな溝が横たわっているのである。たとえば、物権移転の無因性や独立性の法理はいかなる役割を果たしているか、契約締結上の過失について法律はいかなる定めを置いているのか、あるいは債務不履行法はどのようになってるのか、といった問題を念頭に置いている比較法学者は、意識的・無意識的に、少なくともその核心においては事物の本性によって規定される私法の諸領域から考察を出発させる。そうした諸領域は、政治体制如何によって広くなったり狭くなったりするし、法律の採用する結論も変化しうる、というわけである。そして法制史家の目から見れば、そうした連続性仮説は、古代ローマ法から中世近世の普通法を経てパンデクテン法学から、遂には、ナチスや東ドイツといった全く別の政治体制の下でもさしあたりは存続し得たドイツ民法典へと続く、ius civile の伝統によって実証される、と考えられる。

それとは全く異なるのが、マルクス主義の教説である。よく知られているように、マルクス主義学説は所有権を政治経済の中心と捉え、封建的所有の市民法的所有権への変換を、政治的なるものの隠蔽、すなわち生産手段に対する処分権能に含まれる支配性の隠蔽とみなす。契約と所有権を中心に据え、非政治的と標榜される私法の法典化、そして市民法学とそれから生み出された法典とから導き出される私法の高度の抽象性・形式性は、マルクス主義理論によれば、その根本に横たわる政治経済のブルジョワ的隠蔽として非難される。たしかに、古典的自由主義的私法の社会国家的・介入国家的再編成・再構成、とくに西側諸国における労働法の発展などは、こうした分析が核心において正鵠を射ていることの証左とも解釈され得る。それはたしかに、生産手段に対する私的所有権の権力的性格を限定し、その濫用を制御する試みに他ならないのである。しかしながら、根本的な問題は、それが社会主義的法秩序とオルド自由主義的法秩序との収斂を意味しているのか、それともむしろ別個の根本的な秩序観念が無媒介に併存しているのか、ということである。この根本的問題は、明示的に語られることのないまま、しかし再統一後においてもなお、東ドイツ法をめぐる論争の根底に横たわっているのである。

しかしながら東ドイツは、東ドイツ新民法典が一九七六年に施行されるに至るまで二五年もの間、一八九六年のドイツ民法典を適用していた。マルクス主義と同様に、ドイツ民法典の個人主義的私法に対して集団主義的法政策的構想を対置し、それを民族法典（Volksgesetzbuch）に結晶させようと望みながらも、結局は短命に終わってしまったナチスとは異なって、東ドイツの法政策は、彼らの構想を遂に私法の法典に結実させた。それに対しては、西側諸国の比較法学も関心と、一定の承認とを与えないわけにはいかなかった。その法典を歴史的に総括するに先立って、その成立過程を簡単に跡づけておこう。

啓蒙主義と自由主義社会・経済の法とを基礎とするヨーロッパ法典編纂史の直接の申し子であるドイツ民法典も、高度に政治的な内容を備えている。それは、国家と社会との関係についての自由主義的な理解と、その背後にある規範的人間像とに根差している。ドイツ連邦共和国基本法もまた同一の自由主義的な、しかしもちろん社会国家的に発展させられた憲法哲学に立脚しているので、ドイツ民法典と基本法とは基本的に等質であり、それゆえ憲法を私法の内的近代化の手段として用いることもできたのである。

他方において東ドイツで権力を掌握した社会主義が、ドイツ民法典に対して、その個別規定についてのみならずその根本的構想について不信感を抱いたのは当然のことである。さらにまたドイツ民法典に深く根差している自由主義的人間像が、社会主義にとって規定的な人間像と対立したのも当然のことである。それは、政治的基準に従って勝負が決せられるべきシステム相互間の競争であり、その競争はあるいは歴史が一九八九年に勝負を決したといって良いのかも知れない。いずれにしても、その対立を（批判的・否定的な意味における）イデオロギーの問題として最初から片付けてしまうわけにいかないのである。そこにおいて、特殊法史学的に興味深い問題は、民法を、私法を含めた様々な独自の法領域に分化された社会主義法へと作り変えるに当たって、現代産業社会における法の機能形態・機能連関が充分に考慮されていたのか、それともそれはむしろ分断されてしまっており、したがってその限りで、「社会主義法」という歴史的実験の客観的失敗が証明されるのか、という点である。もし後者だとするならば、政治哲学の掲げた諸前提が法にとって異質で非機能的に作用する限りで、社会主義的法改革のイデオロギー的行き過ぎが認められることになろう。その際に思い起こすべきなのは、大雑把に言ってジョン・ロックからアダム・スミスを経てイマヌエル・カントに至る、古典的自由主義の政治哲学と規範的人間像が、一八世紀から一九世紀にかけての主要な法律家たちによって、ローマ法、自国の固有法、あるいはコモン・ローなどの伝統を常に利用しながら、西側諸国の近代民法へと移し込まれてきた、という事実である。そして社会主義法にも、ロシア革命から一九八九年の転機に至る時期に、同様の発展を成し遂げるための猶予があり、東ドイツはいずれにしても四〇年の社会主義的国家体制の時間を与えられていた。

二 所有関係の社会主義的改革と法体系

ナチスの法政策のプログラムが不明確で散漫であったのに対して、レーニン＝スターリン主義によって理論的に固められ、ソ連という模範を与えられたマルクス主義法政策の出発点は明確であった。すなわちそれは、所有関係を変容させ、それに伴って別の労働形態を採用する、ということであった。背後に控えたソ連軍の独裁権力、一九四五年の完全な壊滅の後における経済的配慮の必要性、そして資本主義およびユンカー支配をナチズムと同視するプロパガンダによって、大企業および大地主の手にある生産手段を戦後まもなく収用することができた。工業の領域においては、人民所有企業（Volkseigener Betrieb）が社会主義的所有形式としてすぐに支配的になったのに対して、農業の領域では、緩慢な経過をたどってようやく一九六〇年頃になって、農業生産協同組合（Landwirtschaftliche Produktionsgenossenschaft, LPG）が社会主義的団体的所有形態として定着した。これによって東ドイツの所有権の状態は根本的に変化し、生産手段の所有は小規模農業、手工業、商業などの個別領域をのぞくと廃止されたのであった。都市の土地所有については、私的所有権がラディカルに廃止されることはなく、基本的に存続させられた。しかしながら土地所有権の処分と住居の賃貸とは軽視されて法規範によって著しく限定され、その結果よく知られているように、市民の私有地である土地の中心部分は荒廃し、その代わりに、社会主義的住居形態としてののっぺりした団地（Plattenbausiedlung）が旧市街を取り巻いて環状に広がっていったのであった。さらに、所有権概念そのものも大幅に軽視され、国家官庁が決定した利用権能に服属させられた。所有関係や登記関係はそれによって市民的法秩序においては考えられないほどに不明確なものとなったのであって、再統一後に官庁や裁判所はその後始末を強いられることになったのである。

こうして、ソビエト占領地区ないし東ドイツにおける私的所有権をめぐる政治的闘争は、比較的早い時期に社会主義の勝利に帰した。ただ、前述の（農業、手工業、零細企業などの）領域においては、「社会主義の進歩」はしばしば敢えて弁証法的に、すなわちあからさまでなく、また直線的にでもなく推進され、国民の諸集団をいたずらに刺激したり、西への逃亡を促したり、経済の有効性を妨げたり、国民の生活保障を危うくしたりすることのないように配慮されたのであった。教科書の叙述、たとえば一九八三年に著された公定の法制史教科書の叙述においては、この過程は、史的唯物論の弁証法的図式にのっとって、国内の、そして西ドイツの、そしてさらには国際的帝国主義のかたちにおける階級の敵との激しい闘争として、劇的に描かれている。

マルクス主義的理解によると、古典的市民法はまさにこのようにしてその経済的中核、すなわち私的所有権に基づく生産手段に対する処分権能を奪われた、とされる。それによって、ドイツ民法典の、あらゆる社会主義的観念に反する個人主義的基本姿勢と、民法の抽象的形式性とが、目指される社会主義的秩序と決して一致しないとしても、もはやドイツ民法典から決定的な危険が生ずることはない、とされるのである。さらに、裁判所と法律家、すなわちすべての裁判官・検察官、そしてさらには弁護士までもが大幅に入れ替えられた、ということによっても市民的法秩序は骨抜きにされる。すなわち、法の適用の領域においても、法律家の社会主義的な新しい意識が法適用の基礎として前提される、というわけである。そのために、一方において、ナチス体制に与したあらゆる裁判官の大量免職、法律家の西ドイツへの流出に対応して、大学を卒業した法律家の中で新しい体制にとって信頼に値するものだけを任用し、他方において、補充的に素人を人民裁判官へと養成し、さらに大学で新しい法律家の養成がなされた。もちろんそれでも、私法の領域ではドイツ民法典の理論を支えとすることができたような、市民的・法治国家的観念の伝統は、なおも年輩の「市民的」教授たちによって教え続けられたのであって、それが一九五〇年代には常に問題とされ続けた。

そこでは、激しいイデオロギー的対立があったのであり、ヴァルター・ウルプリヒト（Walter Ulbricht）の決定的な登場によって刻印づけられた、一九五八年のかの評判の悪いバーベルスベルク会議（Babersberger Konferenz）は、まさにそのようなイデオロギー的対立を背景としていた。

しかしながら、もっぱらマルクス主義的社会主義の立場に立っていた法律家の間にも、五〇年代には二つの傾向の対立が見られた。その対立は、東ドイツの法的議論や法政策の歴史全体を彩っていたのであり、私法だけではなかったとしても、私法もまたその重要な戦場の一つであった。一方の傾向は、法の構造をますます解体しようとするものであり、ある者たちはユートピア的な方向へ、他の者たちは法をますます政治的道具化しようと目指していた。この後者の一派は、東ドイツの法律家たちから今では「政治的指導的エリートの法ニヒリズム」と呼ばれている。——他方の傾向は、社会主義の下においても、個人の権利の保障を含めた一定の法的構造は、安定化的要素として必要欠くべからざるものだ、と考える。彼らは、東ドイツ法史の様々な局面において、「社会主義的法治国家（sozialistischer Rechtsstaat）」の概念を援用した。一九五八年の悪名高いバーベルスベルク会議は、第一の勢力による第二の勢力の最初の清算だったのであり、第二の勢力の代表者であったズーフ（Heinz Such）（私法）とクレンナー（Hermann Klenner）（法哲学）がヴァルター・ウルプリヒトの登場とともに暫定的に影響力を削がれ、代わってヴィシンスキー（Andrej Januarjewitsch Wyschinski）門下のポーラク（Karl Polak）の路線が日の目を見ることになった。ドイツ民法典の残骸から様々な法領域が分別されていったことも、東ドイツ民法典をめぐる議論もその制定も、この二つの傾向ないしその代表者相互の対立によって規定されていたのである。

カール・モルナウ（Karl Mollnau）は、この東ドイツ民法典制定に至るまで存続していた対立を、少し前に、道具主義的（instrumentalistisch）法理解（一言で言えば、私から我々へ）と規制主義的（regulatorisch）法理解（私法においては「小さいながらも私のもの」、全体的としては、利害対立とその調整の必要性の承認）との対立として適切に表現している。モルナウが指摘するように、五〇年代の終わりには、対立の激しさはもはや学問的意見対立と呼ぶことができる限界にまで到達し、そして一九五八年の東ドイツ民法典草案審議ではその限界が超えられることになった。それは、かのイデオロギー的・法政策的闘争の一つに他ならず、その闘争は結局は、政治的には好ましくない傾向に向けて（穏やかなものではあったが）人的な変更がなされる、という決着を見たのであった。同様のイデオロギー的・法政策的闘争は、変化した状況の下で一九六三年から一九六八年にかけて、そして一九七〇年代においても、さらに続けられ、（一九六八年のプラハの春事件によって今一度反動がもたらされた後に）一九七五年の東ドイツ民法典における妥協の成立へと至ったのである。

三　「法領域」の分別への端緒

このような論争と並行して、旧時の民法を法政策的・法学的に再構成しようとする長期にわたる試みがなされていた。本来の私法、つまり公法に対立するものとしての私法は、もちろん社会主義的概念装置にとうてい馴染むものではなかった。今日に至るまでドイツ連邦共和国において市民的私法は、商法・経済法・労働法にまでその範囲を拡大してもなお、その基礎や根本原理や基本的規範をドイツ民法典の提示する法に大幅に求めているが、東ドイツにおいては、同等で独立のものとされる種々の新しい「法領域」が発展してきた。もちろんここでは、ソ連の法発展と法理論によって、ある程度の筋書きが与えられていた。しかしながら、根本的な衝突を別とするならば、社会主義への東ドイツ固有の道を求めて独自の発展を進めていく余地がある程度は残されていたようである。――その際、ソ連法を継受するには言語的な障壁があったことも、恐らく幸いしたことであろう。他方において、このように法領域が専門分化していくこと自体は、それほど驚くに値しないことであった。というのも、西側諸国、とくにドイツ連邦共和国においても非常に類似した発展が見られたからである。たとえば、家族法、労働法、経済法などに、そのような発展が示されている。問題をもう一度定式化しておこう。工業社会の実質的法則性に合致した機能的専門分化が、ここ東ドイツでは、社会主義的社会秩序という名目の下に、より熱心に、そして西側とは異なる社会政策的・経済政策的動因の下に推進されたということだったのだろうか？　法発展は収斂していくのか、という問題、いやむしろ東ドイツでは、より徹底した、より伝統に依存しない法の現代化を試みたのか、という問題こそが、ここで今一度、現実に即して立てられなければならないであろう。

このように分岐した法領域の発展にとって最も重要な前

提となったのは、それが、マルクス＝レーニン主義理論の教義と、党機関や国家機構の決定によるその具体化とに従うものでなければならない、ということである。その結果、政治、それもとりわけ唯物史観のいわゆる法則性、つまりプロレタリア革命の歴史的進展の法則性が、私法の領域においても法の法則性に優先させられることになった。このように、法が——その主張によるならば——法外的な規範性に従属させられている、ということこそが、西側の自由主義的な法理解およびそれに従う議会制民主主義との決定的な違いとなっている。他方において、マルクス主義法理論によると、法規範や法制度、従ってここでの種々の法領域の発展も、一定の社会領域における人間の行為・行動にその基礎を見出すべきもの、すなわち下から、つまり社会から正当化されるべきものとされる。このような、マルクス＝エンゲルス理論の土台に関連づけられた視座と、レーニン以後のエリートによる中央集権的指導体制とのジレンマは、まさにこの社会主義的私法の発展という場面にも登場しているのである。

私の先に触れた研究においては、私法からくくり出された個々の法領域ないし学科（Lehrgebiet）——それは社会主義法において体系的に充分明確に定義されていない分類なのだが——において議論されていた個々の問題を扱った。まず取り上げられるべきは、労働法である。それは、生産手段がかなりの程度社会化された状況においてもなお、まさにこの分野で紛争解決が必要であった、ということを示す意味で、とくに注目に値する。この領域での紛争は、東ドイツでは、とくに効率性と生産性を大幅に無視する、ということによって緩和された。計画を遂行す「べし」という要請から導き出される効率性への圧力は、社会主義的操業体の経営者層によって解決されなければならなかった。——経営者はその圧力を部下たちに転嫁することはほとんどなかった。なぜならば、労働者たちが職場に満足している、ということこそが政治体制の基礎であり、それによって政治的不満足とのバランスが図られなければならなかったからである。旧東ドイツのこの労働構造が今日払わされている代償は、広範な合理化の必要性と、それとともに産業風土の全面的変革であり、その結果としてドイツの旧東ドイツに属した諸州の失業率は、現在かなり高くなっているのである。

これとはいくらか事情が異なるのは、家族法である。家族法については、社会主義的法政策も、男女同権、女性あるいは若い世代の人々、つまり子供の解放と自己責任、といった啓蒙主義的諸目標を掲げることができたからである。一九六五年の独立の家族法典は、これらの問題を「ひとまとめに」している。社会主義的法政策にとって、社会主義においても、夫婦の不和や子供の精神的荒廃といった家族内のよくない現象が解決できずにいる、ということは、腹立たしいことであった。この問題をめぐって、専門家の熱心な議論が戦わされたが、その内容はまさに今述べた理由から公に明らかにされることはなく、それゆえ、法学文献においてもごく部分的にのみ垣間見ることができるに過ぎない。

東ドイツで長期にわたって激しく議論されたのは、私法と並んで、独自の社会主義的経済法を独立の立法領域として発展させるべきか、という問題であった。ソ連や大概の東側諸国では、経済法は、契約の締結と解消という論点に結びつけて、社会主義的私法の枠内で扱われていた。それに対して東ドイツでは、すでに五〇年代から、熱心な共産主義者であったズーフなどのように、国家の計画から出発する独自の経済法の必要性を説く法学者がいた。社会主義の下では、経済法はむしろ行政法として捉えられたのである。それは実際、社会主義的経済法を私法的に捉える立場からの決定的で首尾一貫した訣別であった。この本来はどちらかというと法体系上の問題をめぐる論争は、しかし非常に激化し、遂にズーフは自己批判を強要されて失脚するという羽目になった。ところが、ソ連におけるのとは異なって、経済法は六〇年代の終わりには、一つの法領域・法学分野として確立するに至る。ただし、この法領域は、あるいは計画の領域を法的に固定化することに対する危惧からか、遂に法典化には至らなかった。社会主義的操業体相互間の取り決めはむしろ、裁判所においてさえも、原料・生産物供給の条件悪化の下での危機管理という形式でなされたのである。

このような種々の法領域・法分野の分別化を経て、著しく矮小化され空洞化されながらも七〇年代まで妥当し続けてきた一九〇〇年のドイツ民法典は、遂に東ドイツ民法典に取って代わられることになった。

一九七五年に公布された東ドイツ民法典は、まず四八〇条というその簡潔さにおいて際立っている。それは、社会主義世界最小の民法典であった。その適用領域については詳細な議論があったが、それは結局、市民相互間の法関係、並びに市民と操業体との法関係、つまり市民への物質的・文化的財貨の供給に適用されるべきものとされた。東ドイツ国内においてさえも、この民法典は「余暇の法典（Feierabendrecht）」と皮肉られたが、それに対して、社会主義的秩序における私法の重要な地位を説いて、それに反論する私法学者もいた。——その課題領域の中で民法典は、資本主義的民法の形式性・抽象性を完全に払拭し、生活の実態に即して、同時に市民にも理解しやすく使いやすい表現を用いるべきものとされた。東ドイツ民法典の簡潔さと理解しやすさは、啓蒙思想（ヴォルテール、フリードリヒ大王）が法典に対してなした要求を思い起こさせるが、そのような要請は、その当時の一七九四年のプロイセン一般国法によっても部分的に充足されたに過ぎなかった。しかしまた法制史家は同時に、ローマ法の精神に与しており、国民にとって理解しにくい、というゲルマン法学者がドイツ民法典に寄せた批判を思い出さずにはいない。

ここでは、個別問題を詳しく扱うわけにはいかないが、総じて東ドイツ民法典は、統一された秩序・編成を見出すことはできなかった。法的体系性という観点と、生活の実態に即した秩序を作る、という本来の意図とは、多くの点で食い違う。さらに後の議論や法適用においては、特定の生活関係に向けて設けられた規定を、総則規定のように全般に適用される法規則として扱う必要性が示されることになった。もし個々の生活関係に即して立法するならば、本当に多くの反復が必要となろうし、より詳細なカズイスティクが求められよう。そうなると、法的観点から見て、期待された明確性が達成されないことになる。しかし他方において、東ドイツ民法典は、理解しやすく、市民に身近で、さらに市民にとって、あるいはより正確な言い方をすれば、消費者にとって有利な定めを多くもつ法典として受け入れられたようである。

法典の序文にも、そして各章にも登場する数多くの「社会主義的一般条項」の分析はここでは省きたい。それは、「社会主義的道徳の諸原則」、「社会主義的共同生活の規則」、「社会的に正当化される諸要因」、「社会主義的行動様式」などから始まって、「人民の物質的・文化的生活水準の向上」、「市民の全面的に教化された社会主義的人格への成長」、「社会主義的共同体関係の促進」といった、およそ法的でない目標規定にまで及ぶ。それらすべてが、たとえ法実務にとっては何ら特別の意義をもたなかったとしても、それは法典の法規範的性格を減殺し、いつ何時でも、政治的・イデオロギー的操作や、社会主義的カーディ裁判への道を開く可能性を有していた。

東ドイツ民法典の私法規定に見られる若干の現代的特徴は、西側の法学からも注目されている。とりわけ、学説判例の長い論争を経て苦労して発展させられてきたドイツ民法上の諸分野が、東ドイツ民法典の中に単純明快なかたちで立法化されていることが、指摘されている。すなわち、一般的人格権、製造物責任、契約前の行為義務、行為基礎の欠如、債務不履行における一般的な不完全履行、瑕疵に基づく後続的損害、事後的改善請求権などがそれである。これらの法制度については、ドイツ連邦共和国においても、多くの試みがなされているにもかかわらず、法実務によって乗りこえられたドイツ民法典の諸規定の改正にまでは至っていない。

こうした実定法的な個別論点よりも、根本的批判こそが重要である。

法理論上の議論は、正統的マルクス＝レーニン主義へのスコラ的・教義学的拘束の故に、高度に抽象的で問題から遠ざかったものとなり、そこから眼前の法的問題に対する答を導き出すことは困難となる。社会主義法の法原理として創出されてきたものが、議論の過程で誤った不適切なものであることが明らかにされることも少なくなく、それが何年もかけた議論の末に改正されなければならないこともあった。生活関係に即した立法を目指したが故に、社会主義的な法の根本原理から法の素材を秩序づける網羅的で新しい体系原理を獲得することができなかった。むしろ法学方法論上の議論が示すように、類推といった真に伝統的な手法を用いて、各法領域を分解して共通の法原理を苦労して再構成する努力が必要であった。そしてそうして得られたのは、かつての民法の諸原理に他ならなかった。ドイツ民法典の体系と理論とが、新しい東ドイツ民法典が曲芸を演ずる下に張られた網の役割を果たすことが稀ではなかったことは、今日まさに東ドイツの指導的法律家たちが過去を振り返って強調するとおりである。

要するに、東ドイツにおいては法の脱体系化が行われたのであり、そこに生じた亀裂を社会主義法の一体性の原理をもって埋めることは実際不可能であった。この脱体系化は、阻害と混乱とをもたらした。この脱体系化に対応したのが、民衆的で理解しやすい、しかしそれゆえ同時に非専門的な法典用語によってもたらされた、法の脱理論化であった。東ドイツ民法典の非専門的言語構造の下では、専門概念を基礎とした理論や命題が発展する余地は少なかった。東ドイツの法的議論と法的思考とは、他の社会主義諸国とは比べものにならない程、西ドイツ法に対する過度なイデオロギー的限界付けと、西ドイツ法との接触に対する過敏なまでの危惧とに彩られていたのである。

西側の法秩序においても、内在的体系性や、各法分野の境界に関する省察が見失われていく危険がある。しかしながら、体系や概念や理論が、そうした問題志向的な「縦断的考察（Querdenken）」への手がかりを提供してくれる。基本権理論の発展や、その法秩序全体、とくに私法への影響が、そのことを明白に証明している。東ドイツ法の複数の「法領域」への分化は、しかしながらそれとは反対の道をたどることであった。論理的体系や、体系化へのたゆまざる努力の代わりに、概念的に何も語らない比喩が用いられる。しかしその各法領域相互はいかなる関係に立つのか？　そしてその根幹をなすのは何か？　ある指導的法律家の監修の下で作られた東ドイツ法を回顧する叙述は、導入として冒頭にマルクス主義的法理解の解説を置き、最後に法学と社会主義統一党との関係を述べる、というそれ自体体系的に適切な枠を設定しながら、肝心の内容部分については、ただ素材をアルファベット順に羅列するだけの能しか持ち合わせていない。

この関連で、旧東ドイツ法律家の西側の私法に寄せた批判のある論点に触れておこう。その批判は、西側の私法は弁護士による弁護士のための法であってあまりに複雑すぎる、というものである。その批判のもつ毒気をとりあえず度外視するとすれば、法は（サヴィニーが既に指摘しているとおり）「文化の発展した状態」においては専門法律家の扱うものとなる、という限りにおいて、その批判の指摘は正鵠を射ている。それに加わるのが、（場合によっては個別事例における正義とは一致しないかも知れないが）法秩序の計算可能性であって、それは高度に複雑化した社会のシステム全体にとって重要な意味を持つ。西側諸国の法においてはたとえば、損害賠償法や消費者保護のありかたによって、保険料や生産コストの計算が億単位で変化する。東ドイツ民法典は、しかしながらそのような機能を果たす必要はなかった。まさにこうした法の機能の喪失によって、かの単純な構造と理解しやすい表現とは購われている。東ドイツ法は、まさにそうした意味でも「余暇の法」であった。

東ドイツの私法とそれに隣接する諸法領域の発展は、それゆえ、自己の生活形成に関する個人的決断の領域、つまり私的自治の広範な削減であったばかりでなく、法システムの専門分化というヨーロッパ全体に見られる長い発展を大幅に逆戻りさせようとする試みでもあった。専門分化したシステムとしての法が、国家と社会のために果たす安定化機能を、東ドイツの法がごく限られた程度においてしか果たせなかったのは、まさにそれゆえのことに他ならない。

（海老原明夫訳）

［訳者付記］

本稿は、日本学術振興会の招聘で来日されたディルヒャー教授（フランクフルト大学名誉教授）が、一九九八年一一月二六日に東京大学において行った講演（原題 Das Zivilrecht in der "Deutschen Demokratischen Republik 1949 bis 1989" — Sozialistische Problemlösung oder Entrechtlichung der Gesellschaft?）である。ディルヒャー教授は、同月、中央大学法学部においても、石川敏行教授の主催の下で同じ内容で講演されている。講演の中でも述べられているとおり、この講演は、一九九七年に出版された左記の編著書を基にしている。参照文献等は、すべてそこに掲載されているので、ここでは引用を省略し、用意された講演の原稿のみを訳出した。参考までに、同書に掲載されている論文の標題も掲げておく。

Gerhard Dilcher (Hrsg.), Rechtserfahrung DDR. Sozialistische Modernisierung oder Entrechtlichung der Gesellschaft? Berlin Verlag Arno Spitz, 1997.

Einleitung.

Gerhard Dilcher, Politische Ideologie und Rechtstheorie, Rechtspolitik und Rechtswissenschaft.

Thomas Friedrich, Das Verfassungslos der DDR — die verfassungslose DDR. Aspekte der Verfassungsentwicklung und der individuellen (Grund-) Rechtsposition in der DDR.

Felix Herzog/ Heike Wagner, Gesellschaftliche Prävention und Sanktionierung von Alltagskriminalität in der DDR — Ideologie und Praxis der Gesellschaftsgerichte.

Gerhard Dilcher, Vom Bürgerlichen Gesetzbuch zu den "Rechtszweigen"—Sozialistische Modernisierung oder Entdifferenzierung des Rechts?

生ける法の探求(1)

オイゲン・エールリッヒ

ドイツとオーストリアにおけるいくつかの優れた大学において、法学部、あるいはオーストリアでは法・国家学部と呼ばれるところの講義室が、聴講登録者を全て収容することなど全くできないということはよく知られている。しかしそれにもかかわらず、その講義室が満員になることは疑いなく極めて稀である。ほかならぬ親切な妖精が、もうすぐ法曹になる者に、欠席しながらにして講義を聴くという能力を授けたのである。このような現象がこの学部と同じような程度で繰り返されることは、大学の講義では滅多にない。一般的に言って、医学部生、工学部生、哲学部生は、学校で受け取ることのできる貴重な雫を欲するものである。一方、法学部では、自分の講義を聴きにくるような聴講者は自分に好意を示しているのだ、と大学教授が信じてしまうことも稀ではない。選りすぐった少数の場合を除いて、このような状況による講義が良い成果を修めることなどできないことは、もちろん疑う余地がない。周知の通り、学生の熱心な参加なくしては、最良の教師も多くを成し遂げることはできないのである。

かくして、ドイツでもオーストリアでも、法律家の不十分な基礎知識を嘆く声が至る所で聞かれるようになる。ドイツではその声が「教育改革」へと結びついた。それは数年前、概してプロイセンの実例にならって、ほとんどの領邦国家で試みられたのである。しかし、たとえ批判を度外視したとしても、改革によって弊害が取り除かれることなどなかったことは衆目の一致するところである。オーストリアでは、四年前、この件に関する答申を政府が各学部に要求した。提出された資料とこれまでにまとめられた回答によって、何が企図され、何が提案されているか、ここで概観することができる。それは、国家試験の日程を後ろにずらし、必修科目と必修でない科目を、一部は新たに導入し、一部は廃止、一部は時間数を増減するなどして、あれこれ変更し、最終的には試験科目を変更すべきである、という提案である。これまでになされた提案の多くは、確かに注目に値するように思われる。ただ疑わしいのは、講義の再編成という華々しい名目にこれらの全てが値するのかどうか、このような方法で本質的な何かが実現されうるのかどうかという点である。しかし、おそらくもっとも論駁の余地があるのは、意図されている措置の根底にある思想ではないだろうか。すなわち、講義規則は行政を通じて「作られ」うるものである、という思想である。

学問的な講義が提供しうるのは、所詮教師達の質と学問の状況に応じたものにすぎない。教師に関しても、学問に関しても、講義規則は何も変えることはできない。つまり講義規則は、教師や学問については、あるがままの状態を受け入れざるを得ないのである。そもそも、講義規則に手を加えることを必要としなくとも、ある分科が分岐発展したり、ある科目の有能な指導者が彼に相応しい活動領域を得たりすれば、教育水準は即座に向上するであろう。逆に、傑出した能力のある人をアカデミックな地位から外したり、十分な活動をさせずに萎縮させたりすると、派閥意識によって、札付きの無能者にまで教授の椅子への道が開けてしまうのである。こうしたことに対して、講義規則が何をなすことができようか。百年前、サヴィニーは法の講義を根底から改革したが、それは講義規則によってではなく、歴史法学派を創設することによってそうしたのである。五十年前、オーストリアにおいてトゥーン伯は大いなる成功を収めたが、疑いなくそれは彼の講義規則によってではなく、オーストリアの諸大学にとって適切な人物を獲得するということを心得ていたことによって成功したのである。もしそうでなかったら、旧きシステムの人々とともに当地の諸大学は旧態依然とした状態で留まっていたかもしれない。それは講義規則の如何にかかわらないのである。

そういうわけで、新しい人々を目にし、新しい思想を耳にするまでは、事態が軌道に乗っていることを私は信じない。新しい教育活動というものは、学問研究の新たな方法、新たな目的から自ずと伸び出てくるものであって、法令によって接ぎ木し得るものではない。現在、大学で自然科学者のもとで学んでいる熱心な若者たちは、自然科学の目下の隆盛、そしてその素晴らしい方法と輝かしい成果とを、雄弁に証明しているのである。若き法律家がその生涯を捧げようとする学問に対して見せる関心の少なさが嘆かれているが、このことはその学問全体のある種の立ち後れと関連しているのではないだろうか。とはいえ、いくつかの例が示すように、真に現代的な人ならば、法学部でも今なお熱心な聴講者に加わり、教師に従う意欲を持ち得るのである。

事実、（法史でなくて）法ドグマ的な標準書を手にとってみれば、それだけでたちどころに独特の黴臭さを嗅ぎとることができるだろう。そこで述べられていることは、かつて一七、八世紀、メヴィウス、シュトルーヴェ、シュトリューク、ラウターバッハらが講じていたことと、いかなる点で区別されるのだろうか。もちろん、ある一定の進歩を認めないわけではないが、今日のわれわれには、より改善された歴史への手引きと、より精緻で首尾一貫した構成が無数に付与されている。にもかかわらず、全ての基礎とされる法律的世界観は、あらゆる本質的な点において同一のものらしいのである。依然として法ドグマーティクは、制定法以外のいかなる法をも認識することができないのであり、依然としてその究極の目的は、神秘に包まれた「立法者の意思」を探求したり、体系的に叙述したりすることなのであり、依然としてこの学問は、制定法をもっぱら過去数百年のポリツァイ国家にあるものと同じように把握しているのである。すなわち、どのように法的紛争を解決すべきかを、配下の官吏に指示する当局の命令として把握している。今日でもなお法律学は、法的紛争の解決について立法者が命じたことを、裁判官が口述するところから出発する。立法者に見落としがあった場合には、それに備えて命じられていたことを、立法者に見落としがない場合には、命じられたとおりのことを、裁判官は口述するのである。明らかに法学は、その根本において、とりわけ強力に制定法を周知せしめることを目標としている。ポリツァイ国家もまたそのように理解しており、それはまた前述したシュトルーヴェ、メヴィウス、ラウターバッハ、シュトリュークらの一連の思想そのものでもあった。しかしながら他の分野においては、一七、八世紀の最も重大な業績すらも新たなる偉業の大洋の底へと消えてしまったのである。この時代の物理学、歴史研究あるいは言語学が今日の我々にとって何であるだろうか。ただ法律的スコラ学だけが、迷子石のように見知らぬ世界に突出しているのである。帰納的方法の導入や法の経済的あるいは社会的解釈を求めたおずおずとした叫びは、散発的なものに終わるか、かき消されるかに終わってしまった。結局のところ、このような学問活動が現代の若者にとってさほど魅力的なものに感じられなかったとしても、さして不思議はないのである。

法史がわれわれに教えてくれるのは、悲しいかな、幾度も幾度も忘れられた真理である。すなわち、いかなる時代においても、制定法典や法書の中に全ての法が内包されたことなどない、ということである。この現象の原因は種々考えられるが、人々に全ての法が意識された時代など一度もない、ということがその最も主要なものである。法史研究がもはや制定法典や法書に限定されなくなり、とりわけ法証書類が深く研究されるようになって以来、過去の法規則や法諸関係を識るための新たな素材はいつでも提供されるようになった。それらは、同時代の制定法典や法書の執筆者が触れておらず、一部は証明しうるかどうかさえもわからないものなのである。しかしながら、われわれ自身が過去の法の完全な実像を獲得するには、証書は役に立たない。それは、契約や法諸関係や法的見解のうち証書化されたものについてのみ語っているのであって、口頭で計画された法行為や、証書化する機会を与えられていない大部分の法諸関係については、黙して語らないのである。家族生活の法的形態について、土地制度について、商取引における日常的で些細な手続きについて、われわれが証書から見てとることなどほとんどないのである。もっとも最近は、

伝承の行間を読み取り、一つ一つの単語からあらゆる前提を解読する歴史家の能力が不気味なほどに増大した。しかしながら、伝承の欠落を埋め合わせることなどそもそも不可能である。直接的な観察にのみ解明される何かがあったならば、後世には回復不可能な損失となるだろう。

過去の諸々の制定法典や法書に対する極めて厳密な研究ですら、その時代の法的状態の像を余すところのない確かな形で与えることはできない、ということに疑いの余地はないけれども、およそ現行制定法の内容を体系的に叙述・解釈・構成し、「立法者の意思」を跡づけることだけで満足しているような法律学が、現代の法的状態の像をそうした形で与えることなどできるであろうか。この問いに対する答は、前に述べたところから直ちに明らかとなる。過去についてあてはまることが、現代についてもあてはまる。生ける法は、現代の我々の社会のものでさえ、全てを条文の中にはめ込むことなどできないのであって、大河を小さな池の中に流し込むことができないのと同様である。小池に流れ込んだものはもはや生ける大河などではなく、澱んだ死せる水に過ぎないのであって、しかも言うまでもなく、流れ込んだ水も大した量ではあり得ないのである。このような解決の難しい問題を現代の制定法の起草者たちが、過去数百年よりもうまく解決できるなどということはないの

であって、今日の法学がこうした素材に基づいて、若き法律家に与えることのできる現代の法的状態の像は、制定法典や法書のみに基づいて研究を行った際に法史学が過去について与えた像と同様、欠陥と誤りに満ちているのである。

オーストリア民法典の主要な章節のひとつに、婚姻契約について規定するものがある。それは四つの素朴な条項からなり、欄外の注によれば、財産共同制を扱ったものである。ドイツ＝オーストリアの農民と接触する機会を持った人は誰でも、彼らがほとんどもっぱら婚姻に基づく財産共同制のうちに生活していることを知っている。しかし、こうした婚姻に基づく財産共同制は、ドイツ＝オーストリアの農民の一般的財産状況であって、オーストリア民法典の規定する財産共同制とは関係がなく、つまり民法典の規定は全く適用されておらず、あらゆる形態において結ばれた婚姻契約を通じて、それらは常に排除されているのだ。民法典で話題にされている財産共同制は単なる紙の上の存在にすぎない、ということを誤解するような法学にいったいどのような価値があるというのだろう。前述した四条項の表現に見いだされる「立法者の意思」を解釈することがその使命である、と決めつけているような法学にどのような価値があるというのだろう。手軽に利用できる証書類によって周知のものとなり、ドイツ＝オーストリアのほぼ全ての農民がそれにしたがって生活しているところの財産共同制を扱わない法学にどのような価値があるというのだろう。

あるいは例えば、農業における用益賃貸借契約。現代の制定法典、とりわけ、ドイツやオーストリアの民法典はこの種の契約については、ごく僅かな規定しか有していないが、そうした規定の大部分はローマ法から採られたものであり、ローマ帝政期イタリアのあまり肥沃とは言えない土地を土台にして、あらゆる点で粗放的なラティフンディウム経済と抑圧された用益賃借人層とから成立してきたものであった。それらの規定は、今日においては全く不十分であろう。実生活を見れば明らかなごとく、民法典中のそうした規定はまったくもって適用されず、現代農業の発展段階や現代の社会的かつ経済的状況に応じて、賃貸人と賃借人との間で例外なく結ばれている用益賃貸借契約の諸規定によって置き換えられているのである。地域に応じ、用益賃貸借の対象とされている土地態様に応じ、そして当事者の地位に応じて異なってはいるけれど、そうした限定にもかかわらず、用益賃貸借契約は典型的で、常に繰り返されている内容を有しているのである。それ故、民法典中の小作法をいかに詳細に検討してみたところで、ドイツやオーストリアで現実に行われている小作法の像を得ることができないことは明らかである。むしろ必要なのは、用益賃貸借契約の典型的内容を描き出すことであり、そのために公証人役場や弁護士事務所の書類を調査し、そして現地に出向いて実地調査を行うことなのである。

あるいは、法律学の文献はドイツやオーストリアの農業制度について何か知っているのだろうか。諸種の土地利用は、これまで一度も法律的に成文化されたことがないけれども、それらは、克服されるべき課題の僅かな部分に過ぎない。農業における土地利用はそれぞれ全く異なる諸関係を伴うのであり、その諸関係は法律家にとって非常に大きな意味を有するのである。とりわけ経営者と地主の相隣関係は、慣例や契約や制定法などを通じて規制されているが、あらゆる法律的文献は、せいぜい制定法について何を語るべきか心得ているに過ぎない。農業は、少なくともそれが零細経営以上のものであれば、労働の一定の組織をもまた前提とするのであり、大土地所有の場合であればその組織は、相互に密接な関連を有する非常に複合的なメカニズムとなるのである。つまり、所属する者各々の代理権・監督権・各種権限・義務の程度は、一部は慣例に、一部は契約及び制定法（僕婢条例）によって決められるのであり、そうした諸権利義務の知識なくして、国民経済的あるいは技術的にのみならず法律的にも、このような厄介な装置を理解し把握することはできないのである。こうした法的諸関係はすべて、多くの相違にもかかわらず、個々の場合に繰り返されるのであり、同種の経営であれば、その典型的な形式において、ラント全体、しばしば帝国全体を通じて繰り返され、それ故に研究し叙述することは全く困難ではないのである。

あるいは例えば家族法。ここでまず観察者の目を引くのは、実際の家族の秩序と、法典が要求するそれとの矛盾である。夫と妻、親と子、家族と外界、これらの諸関係が、実生活において具現化する形で、制定法の規範に適合している国、あるいは、ある程度の家族生活を形成していることのみを理由に、家族構成員が、法典の文言に見いだされる権利を相手に対して貫徹しようと試みる国、そのような国などヨーロッパにはおそらく一つも存在しないであろう。明らかに、ここでもまた、制定された法は、実生活において生じている事象の実像を少しも描写してはいないのである。とはいえ、学問と教育が、制定法中に存在するものだけに限定して解説するのを極力減らすには、実際に具現しているものを追求していかざるを得ない。それはそれぞれの社会階級やそれぞれの地域によって異なってはいるが、本質的には一様かつ類型的なものである。このことが既に長きにわたって認識され、正しく評価されてきたのは、フランスにおいてであった。周知のようにナポレオン法典は、既婚女性をあたかも夫の隷属者のごとくに扱っている。しかし実際には、結婚したフランス女性は、世界のどの女性よりも自由であり、束縛されていないのである。その著『家庭にある主婦』（パリ一九〇四年）において、ビネーは述べている。「わが国の慣習はずっと以前から興味深い事実を示している。主婦は家計と家事を自由に切り盛りし、またそうすることを夫が許可したのかどうか尋ねるものなど誰もいない。このことは、既にわが国でしばしば指摘されてきたような法律と慣習、法と事実の間の明らかな矛盾についてのもっとも顕著な例だと言えぬであろうか」と。ビネーが引き合いに出した法律家、ティスィエは、その「立法研究学会（第一回大会）」の報告で、より強くそれを表明している。「フランスの家庭における主婦の役割や、家庭の財産上の利害に対する彼女の権利と能力について、わが国の制定法の文言しか知らぬものは、必ずや、全く誤った印象を持ってしまうに違いない。それらの条文がわれわれの考え方や生き方と少しも相容れるものでないということは確かなことである」と。実生活が制定法にもっとも深く関わっているこれらの諸関係について、フランス人はかくのごとくである。制定法が実生活に対して支配力を喪失したのか、そもそもいかなる力をも有していなかったのか、あるいは、実生活が制定法を越えて発展したのか、そもそも制定法に全く適合していなかったのか、というような問いが、なお立てられうるであろう。ここでもまた、実際に見えるものではなく、制定法の規定するものだけを叙述するのであれば、法に関する学としてのこの学問はその目的を殆ど達成し得ないのである。

ドイツやドイツ＝オーストリア諸ラントにおける農民階級の相続法については、もっとも徹底的に研究され、法律学的な評価がなされてきた。これに対して他の階級については、なお研究の余地がある。オーストリア帝国のドイツ人以外の諸民族や諸ラントについても同様である。文献は、民法典のほとんど無制限な遺言の自由を記述することで満足しているけれども、個々のラント、個々の階級で遺言についていかなる慣例が妥当しているかも問われてしかるべきではなかろうか。

その学問が、時に応じてではなく、徹頭徹尾、実際の慣行に由来している唯一の法分野は商法である。そこでは、それどころか商慣習や「ユーザンス」までも学問のうちに公然と取り込まれている。大農場や工場の組織構成、さらには銀行のそれでさえ、今日でもなお、法律家にとっては「七封印の書」のごとき不可解なものであるが、商事会社の組織構成については、少なくともその概略について、商法典を通じて法律家は知っている。すなわち、法律家は営業主や支配人、代理人、使用人、代理商、外交販売員の地位について知っているし、商号、商業帳簿、商業通信の意味についても知っている。そして、それらは全て経済的側面のみならず、法律的側面からも評価がなされている。現代の商法における契約法は、コルプス・ユーリスから引き出されたものではないし、起草者の熱心な思案の賜物でもないのである。商法ないし商法典が、売買、委託、運送、保険業、貨物業、銀行業について述べていることは、必ずしも常に同じ程度でなされたわけではないかもしれないけれども、たいていは実際にどこかで行われてきたことである。同様に、取引に関する数多くの制度、とりわけ証券取引の諸制度については、法律家によって、すでにしかるべき研究、調査がなされている。ほとんど至る所に処理されるべき課題はあるが、それは、事態の現実に対する感覚不足や認識不足というよりもむしろ、対象の扱いにくさとその途方もなく急速な発展に関係がある。トラストやカルテルによって我々の眼前に生じる壮大な財産利殖組織や、新しい交通機関の発達、数限りない新発明は、刻々と新たな状況をもたらし、法律家に新鮮な研究領域を開いているのである。

ここで述べたことは、部分的には既に前世紀の七〇年代に、V・ボギシッチによって説かれ、それどころか実践されてもいた。彼はモンテネグロの財産に関する法典を作ったことで有名であり、おそらくもっとも偉大な法律家のうちの一人である。オーストリアで生まれ、その後の活動の大半をロシアで展開し、生涯を終えた。ダルマティア人である彼は、彼の故郷における成文法と民衆が実際の生活において従っている法との乖離に、既に長い間注意を向けていた。「ダルマティア内部では、農民は特殊な家族——学問的にはザドルーガという名称で知られている——を形成して生活している。このことを知っている者は、特に家族法や財産法に関するオーストリア民法典の主要部分が、生活において効力を持っていないし、持つこともできない、ということを疑わないであろう。諸状況からして裁判官はやむを得ず制定法の諸規定を無視し、農民はそれらを回避し、あるいはそれらに違反する。このことから、家族法と相続法に関するすべての諸関係は、今日でもなお、この制定法が全く知られていなかったときと同じように、古い習俗によって規律されているということが明らかとなるのである。しかしオーストリア民法典の第十条によれば、慣習法は制定法によって明文で認められたときにのみ妥当する。したがって、次の世紀の法史家は、そのように制定法によって認められた慣習法がないという理由によって、民法典に記載されている法が我々の時代のダルマティアにおいても妥当していた、と記述するであろう。ダルマティアの農民にとっては、この法は紙の上に存在していたに過ぎないにもかかわらず。この種の法史など全く存在しないほうがよく、またそのほうが有益なのではないだろうか。」

かくして、ボギシッチはこの南スラヴ人の慣習法の収集に着手した。オーストリア民法典が適用されているラント――ダルマティア以外では、クロアチアやスロヴェニアなど、沿海国やかつての軍事的境界をも考慮に入れる――のみならず、セルビア、ボスニア、ヘルツェゴビナ、モンテネグロ、マケドニア、ブルガリアまでも収集の対象とした。その結果、惜しむらくは後が続かなかった著述の第一巻が世に出された。『南スラブ人における現代の法慣習集成』である。これはクロアチア語で書かれており、今のところ西部ヨーロッパの言語には翻訳されていない[2]。

ボギシッチは当然のことながら、彼が南スラブ人に関してきわめて見事な形で解明した課題が、いかなる民族に関しても、またいかなる土地においても問題となりうることを非常によく心得ていた。既に触れた著書の序文において、彼は次のように述べている。「ところで数年前、住民がみな生粋のドイツ人であるオーバーエスタライヒにしばらく滞在した際、いくつかの法慣習、とりわけ家族に関するものを確認し、記録したが、これらは学問的関心を刺激せずにはおかない。ところが奇妙にも、このようなことはドイツの学者たちに、なおざりにされている。あるいはこのことは、ドイツの学者がほとんどもっぱら、文字として書き記されたものを通じてのみ世界を眺めたがるという傾向によって説明できるのかもしれない」と。

まさにこれこそが生ける法であり、単に裁判所や官庁で適用されている法の対極に位置するものである。ここで本質的に何が問題となっているのかは、これまでの説明から十分に明らかである。生ける法は、法令の中に固定された法ではないものの、それでもなお実生活を支配しているのである。このような認識を裏付けるものは、何よりもまず現代の証書類であり、実生活、商取引、慣習、慣行を直接的に観察することであり、法的に認められた組織のみならず、法により無視された組織、というよりはむしろ法的に否認された組織をも含めて、全ての組織を観察することでもある。もっとも、証書類のうちの一つは、既に今日頻繁に参照されている。裁判所の判決である。けれどもそれはここで考えているような意味では取り扱われていない。それは、生ける法の証拠としてではなく、法律文献の一部として扱われており、証明されている事案の真理ではなく、主張されている見解の正当性をもって検証されているのである。生ける法が学問的にすでにあちこちで論じられているといっても（ロットマール『労働協約』、ライスト『国内法人法の研究』等々）、あらゆる学問的立場から明らかなように、その課題は、一般にその真の偉大さにおいて把握されず、体系的に解決されてもいないようにみえる。つまり、為すべきことのほとんどが、まだそっくりそのまま残されているのである。生活上の出来事の、意識的、全般的、体系的な研究、利用は、例えば商取引に関する個別領域を度外視すれば、いずれにせよ全く話題になっていないのである。

とはいえ、方法論的な点においても、少なくとも端緒は既に開かれている。マルティン・ヴォルフ教授は法律学週報（一九〇六年の第二〇号）において、生ける法の探求の必要性を強く指摘した私の論文「自由な法発見と自由法学」（ライプツィッヒ、一九〇三年）による詳細な論述を援用しつつ、ドイツ民法典の個々の法制度がドイツ民衆の生活において有している意義の確定を、アンケートを用いて行っている。「この制定法は諸々の法的効果を、あるいは生じるかもしれない抽象的な諸々の事実に結びつけており、そうした事実が実際に生じるのかどうかとか、それらがどの程度頻繁に、またどういった前提条件の下で生じるのかといったことが、大抵の場合なお法律家の考察にとって重要となる問題である。多くの実務家に対してこうした識別が、ドイツのあらゆる地域に関して提示され、方法論的に役立ちうるものとされたときはじめて、ドイツの法生活における諸々の習俗の像が、ある程度明らかな形で得られるであろう」と。これは、ここで生ける法の探求と呼んでいる課題の全てではないが、一部ではあるのである。このアンケートの結果は、マールブルクのマルティン・セガール裁判官によって、感謝すべき方法で処理されている（「市民法と生活慣習」：市民法雑誌・三二巻、四一〇頁）。ヴォルフ教授が私への書簡において述べている限り、引き続いてさらなる寄稿がなされるであろう。

ここでは全て法ではなく習俗に関するものを扱っている、と言うとき、反論として容易に想像されるのは、根本的な述語の性格についてである。双方の間に境界線が引かれることはないことを法律家は知っている。法はしばしば昨日の習俗であり、習俗は明日の法なのである。そこから派生する問題は、こうした物事が、法律家にとって、法学と関連づけるほどに重要なものであるのか否か、それが彼らにとって相応しい対象であるのか否か、ということである。この問題に否定的に返答することは、ほとんど不可能ではなかろうか。契約に関して無数に存在する規定のうちに見いだされるある一つの規定は、それが当事者の需要や願望を満たしているという理由で、あるいはただ、弁護士や公証人によってあらかじめ印刷された書式の中に元から入っているという理由だけで、おそらくは民法典の条項中の規定よりも重要とされているのであり、民法典の規定は、当事者によって無効とされるか、もしくは取り決めによって置き換えられるかして、利用されないのである。さらに、そもそも法律家に常に要求される生活の知識とは何か、人間・生活諸関係・慣行・慣習・合意、これら全ての知識以外に、ここでは何が生ける法と称されるのか。それが研究されたり、教えられたりするものでないとすれば、法律家はどこからこうした知識を獲得すればよいのであろうか。ローマ人にはそのような学問など必要ではなかった。というのも、ローマの法律家の活動範囲は、ローマ都市部とその周辺という容易に見通せるような小領域に限定されていたからである。彼らが携わった諸々の関係は非常に単純だったのである。イタリアの辺鄙な場所や属州についてローマ人が理解できなかったのと同様、われわれに何が理解できるというのであろう。近代の法律家もまた、今日に至るまで、活動範囲の狭さ、単純さ、生活諸連関全体の見通し易さによって、学問上の啓蒙不足を克服してきたのかもしれない。しかしながら、それは既に一九世紀後半の数十年の間に全く根底的に変化したのである。総体として多様な形態をとる今日の生活が、かつてのローマや、一八世紀、一九世紀前半と同様に、法を学ばんと欲する若者の眼前に依然としてなお存在している、などと主張するものはほとんどいないだろう。

もっとも、ここで要求されているような研究は、経済学者によって既に幾度か試みられている。とは言え、それによって法律家の仕事が不必要になるということでは決してない。法律家と経済学者は、至る所で同一の社会現象に携わっているのである。所有権、貨幣、手形、株式会社、信用貸し、相続権等々、経済学に属しながら、法学に属していない研究対象はほとんどない。それらは同一の社会制度の全く別の側面に関わっているのであって、一方はその経済的意味と効果に、他方はその法的規定と法的帰結に関心を持っているのである。今日の状況は、もっとも有意義な部類に入る政治経済学を法律家がわずかな時間で聴講し、大学から実生活へと持ち込む、というような事態になっているようだが、法律の講義もそれと同じくらいの価値を有するものを法律家に提供するのが望ましいのではないだろうか。法律家が経済学者から、経済学者が法律家から、いかに多くのことを学びえたとしても、同一の研究対象がそれぞれの学問に提起する課題は全く異なっているのであ

り、まさにそれ故に、両者にとって必要不可欠な仕事のいかなる部分も、一方に押しつけられてはならないのである。(3)

生ける法の探求が、司法と行政に対して持つ価値について、ここで検討する余地はない。だが、その立法に対する意義については、いくらか指摘しておかねばならない。かの名高き歴史法学派の創始者が約百年前に、「およそ法典編纂がなされるにあたっては、現に妥当している法が、根本的かつ学問的に確定されなければならない」と説いたとき、おそらく彼自身、その言葉の及ぶ射程について理解してはいなかっただろう。彼は法学を主として法史と解し、とりわけ、各々の法規の意味をその歴史的連関において明らかにするものと考えていた。しかしながら、これまで妥当し続けてきたあるローマ法の規定がローマ帝政期の法律家にとっていかなる意味を持ち、いかなる意味でユスティニアヌス帝に口にされたかを知ることが、近代の立法に対して意義を有している、などということは、実際のところ、全く受け入れがたいことである。立法の出発点となるべき法とは、官憲的な命令という外的な力によって通用しているものではなく、民衆の中に生きているものなのである。既にこの思想は、民衆法と法曹法をめぐるロマニストとゲルマニストとの周知の論争の中に垣間みえる。サヴィニーの教義の価値は、その所産を見ればわかるだろう。フランス民法典、ドイツ商法典、ドイツ一般手形法、スイス民法典は、その大半が生ける法に由来し、民衆に多くの生き生きとした法を与えることとなった。オーストリア民法典の一部良質な箇所についても同様のことが言える。それに対して、ドイツ帝国の民法典はサヴィニーの処方に基づいて作成された。パンデクテン教科書と手垢にまみれた法令集がその主な典拠であった。なにゆえドイツの民衆がほとんど死滅した法を押しつけられているのかは、それで十分に明らかである。確かなことは、ボギシッチもまた、南スラヴの生ける法をめぐる研究をしていたからこそ、先に言及したモンテネグロの財産に関する法典の中に定評ある業績を残し得た、ということである。ちょうどオーストリアで古い民法典が新たに整えられようとしていた矢先であったことが印象的に想起される。

ただ、今のところ第一の問題となるのは、法学の講義に生ける法を利用することについてである。この利用はある程度までは、今日既に、避けられない時代の要求となっている。実務に携わる法律家が、あらゆる法学に対してどのような侮蔑の言葉を発しているか、我々は知っている。法律家——理論家と同じく実務家も——が世間離れしていることについて、どのような辛辣な言葉が現在一般的に発せられているか、我々は知っている。しかし今日、法律家はまさに世間知らずとなるように教育されているのではないだろうか。最近の慣習にしたがって法律家は、パピルス古文書学にきわめて精通しているローマ法の教授から、売買契約、用益賃貸借契約、夫婦財産契約についてのほとんど見渡すこともできない量の厳密な知識――これらは二千年前にローマの属州エジプトで締結されていた――を聴講する。一方、たとえばどのような種類の売買契約、用益賃貸借契約、夫婦財産契約が二十世紀にドイツのバイエルン州、あるいはオーストリアの王室領べーメンで締結されているかを、法律家は誰から聞くのであろうか。ローマ法のゼミナールでは碑文について考究され、法律家はそこから、ローマ帝政期のアフリカにおける土地制度について多くを学習する。一方、どのゼミナールで、現在のヴュルテンベルクやニーダーエスタライヒの土地制度について語られるのだろうか。まあまあ詳しい受験生であれば、ローマのコロナートゥスの問題に答えない者はいない。一方、彼らは、南ティロールやダルマティアのコロナートゥスについて尋ねられたならば、どんな目つきをするであろうか。法律ドグマーティクは完全にこのような状態にあり、したがってヴィントシャイトが次のように述べた時代、すなわち「完全な法によって満たされた条件の訴求効についての問題が、我々の学問にとってもっとも焦眉の問題である」と彼が述べた時代から、法律ドグマーティクはほとんど変化していないのである。そして、どれほどこれらの方法全てが非教育的であるか、知らない大学教授がいるであろうか。大学教授が、長時間飽きるほど法学徒たちを干からびた荒野でぐるぐる連れ回し、その後ようやく生徒たちに、せめて一瞬でも美しい緑の牧場での溌剌とした生活を提示することにしたとしよう。そうした途端に、聴講者はどれほど表情を活き活きとさせ、目を輝かせはじめようか。

しかしながら、伝統的法学がもっとも非難されねばならないのは、それが若者に人間の知識、能力の源、すなわち固有の知覚について何も指摘しない、ということなのである。法律家の特性のうち、もっとも重視するのは何かと問われたならば、私は「歴史的感覚」、際だった討論術、徹底した機知などを挙げはしないであろう。私は見るための目と聞くための耳をもっとも重視する、と答えたい。法学部ではありとあらゆる紙に書かれた素材――古い法源、新しい制定法、文献、議事録、判決――が学問的研究の対象として、そして講義の基礎として認められている。これに対して、ある著名なローマ人がかつて神事および人事の知識と呼んだもの、すなわち人間の諸関係や日々の営みにおける人間の行動に独特の観察を加えることは、学問の講義から排除されているのである。法学においては、かつてのスコラ学と同じように、少なくとも半ダースの証人を引用してくることのできるものだけが妥当する。一方固有の知覚に証人を挙げることはできないのであって、その唯一の証人はそれが真実であるということだけである。好きなように検証を配列して行うのはよいだろうが、書物で学んだという理由以外の根拠では答えられないような問題をたててもよい、ということには、おそらくならないであろう。証言の精度についての最近の研究は、目の前で起こった出来事を正しく知覚し、証人として証言する能力に最も欠けるのは、あらゆる職業のうち法律家である、ということを示している。そのうえで、この法律家が、彼の前での他人の証言を正しく評価する能力に、最も長けていなければならないのであろうか。このことが、自由心証主義の悲惨な結果を十分に説明してはいないだろうか。陪審員は職業裁判官よりもまさにその点で優秀なのであろうか。直接訴訟を法律家によって導入するだけでは足りず、直接裁判官もそのために導入しなければならないのであろうか。

学問や学説にとってその夭折が惜しまれる地質学者レヴル・フォン・レンケンハルは、チェルノヴィッツのある教員実習生に黄土の地質構成調査を課題として与えた、とかつて私に語ったことがある。その実習生は、数カ月に及ぶ研究で、それまでに書かれた黄土関連の資料を全て集め、過去に為されたあらゆる観察調査の徹底的かつ貴重な集大成を提出し、論文の中で代案を提示した。その際、ただ一つ、彼が完全に見落としていたのは、チェルノヴィッツの至る所で黄土が採掘され、ものの二百歩も町を出れば、他人をあてにせずとも自分自身の観察調査ができた、ということである。このような精神的著作物に依拠して自然科学に従事する若者は、今日ではいなくなりつつあるかもしれないが、日常生活に依拠し、日輪のごとく輝かしき学問たる法学は、著作物以外の何ものにも精通していないのである。

もちろんこの意見は、生ける法の特別講義を導入すべし、とか、講座を創設すべし、といった類のものではない。生ける法の探求は、新たな学問の対象となるものではなく、既存の法学の新たな課題・新たな方法となるべきものであり、あるいはひょっとすると、むしろ非常に古く、にもかかわらず千年来忘却されていた課題・方法である。とはいえ、主として商法の分野で、時には他の分野でも、事実上こうした要求が実現されていることは、既に言及した。ところが、真っ先に研究が為されてもおかしくない分野では、そのような要求以上に、学説がその成果を当然のごとく我がものとしているようなのである。

しかし、生ける法の探求が法学にふさわしい研究対象であるという認識は、その認識が生じた瞬間に、法学教育に活用されうる。というのも、駆け出しの法律家に、その職務上生じる高度な課題を解決させる何かを唯一与えることができるのは、その認識だけだからである。その何かとは、自分自身の感覚で、直接、紙やインクを介さずに世界を知覚する能力である。感覚を用いる能力は、人間に賦与される最も価値ある天分の一つであろう。それはそれぞれの人間に与えられるのであり、法律家に限った話ではない。幼い子供はよく知っているのである、なぜ自分が学校で渡される紙に書かれた知識に対して力の限り抵抗するのかを。人間は生まれながらの本食動物では決してないのである。地球の表層が紙で覆われて以来、我々は皆、教育・育英手段として書物を過大評価する病にかかっている。もはや国民学校では、その子供は「よく学習する」――明らかにそれは本からであり、目や耳からではない――、という言葉が子供への最高の褒め言葉として通用しており、この褒め言葉の結果として生じる精神が、全ての中学校を支配し、大学の少なくとも法学部にも際限なく蔓延しているのである。

感覚の適切な利用は、疑いなく、修得可能な技能である。確かにそれは天賦の才能を前提としており、そのような持って生まれたものなしには、いかなる技能も決して存在しえない。ただ、天賦の才能とは、発揮されるか、衰えるかのどちらかである。それゆえ重要なことは、最大限に強調して述べるならば、まさにこの才能を伸ばすことこそ、法学教育において何よりも優先すべき最重要の課題である、ということである。「歴史的感覚」や、冴えた詭弁あるいは不毛な炯眼など、法律家にとってはどうでもよいことであり、むしろ、人間、人間の行為、人間の関係を見つめ、知覚し、観察し、判断し、評価し、検討する能力が重要である。

他のいくつもの教育分野でこれまでに生じた転向は、法学の分野でも迫り来る不可避なものとなりつつある。現代の社会的、経済的発展が法律家に提起する高度な課題は、ほんの半世紀前に十全とされていたものとは全く異なる世界認識、人間認識を必要とするのであり、公開的で、対話的で、直接的な手続きに求められる人間とは、制定法とそのお粗末な利用テクニック、というような旧来の法学が教えてきたものとは全く異なる事柄をも受容し得るよう教育された人間である。法律家は、書類人間から脱皮し、直に知覚する感覚人間にならなければならない。その前提となるのは、講座ではなく、ましてや新たに創設した学問でもなく、ただ一つの方法である。その方法とは、若者を生ける法へと誘い、構成や区別についてではなく、法的に意味を有する状況・関連における実際の人間について教える、という方法である。もちろん、この法教育改革が完全に浸透するまでには、早くて数十年はかかるかもしれないが、その第一歩となるのが、目下のところ、生ける法のゼミナールと言って良いだろう。私は数年前、そのようなゼミナールのための綱領を執筆した。ここでその抜粋を公表することをお許し願いたい。

実例として、農業における用益賃貸借契約を用いる。以下の疑問に対して、裁判管轄区ごとに解答がなされるべし。どのようなやりかたでもって農地は賃貸されるのか。大土地所有制なのか、それとも自作農か。土地は賃貸人に与えられるのか、それとも大賃貸人に与えられ、彼がそれを分割して転貸するのか。いかにして用益賃貸借契約は締結されるのか、口頭でか、書面でか、公証人のもとでか、そしてそれはいかなる状況においてか。それは帳簿の形で綴じ込まれるのか、そしてそれはいかなる状況においてか。用益賃貸借契約はどのような内容をもつのか。通例、何が規定されるのか。特別な状況において、当事者の要望ではどのようなことが取り上げられるのか。用益賃貸借の内容は、どの程度、当事者に知られているのか。彼らはその詳細について知ることなく、署名しているのではないか。両当事者は対等な立場で取り決めをなしているのか、それとも常に賃貸人が規定を決めて賃借人はそれを甘受しているのか。契約の全体が遵守されるべき拘束性を持っているのか、それとも個々の規定は単に書面上だけのことなのか。どんな規定がそれにあたるのか。個々の契約規定が適法であることはいかにして証明されるのか。解釈と運用はいかにしてなされているのか。個々の規定は当事者を束縛し続けるのか。彼らが修正の要望を出すことはあるのか。それはどんな修正か。どんな論争が発生するのか。どんなものが司法の場に持ち込まれるのか。それに対する判決はいかにして下されるのか。

綱領の中で、別の調査にもとづいて、地方公共財産、領主所有山林の私法関係にも私は言及している。配偶者の人格・財産関係（特に、夫を通した妻の財産管理、配偶者を通した財産の共同管理、妻の権利）、人格と財産に関する父権の行使、後見、遺言あるいは法定の相続順位の決定などである。

学問において何よりもまず実益を優先する、その俗物根性は、わたしには到底理解できないが、最終的に能力の増大につながらない知識が陳腐で空疎である、という思いは禁じ得ない。知識は、間接的にであれ、視野を広げ、思想を力づけ、人格を高めるものでなければならない。それこそが、精神に与えられている直観を、他人の観察からなるさまざまな書物からくみ出される知識よりも、比類なき優れたものにするのである。いかに多くのまがいものが、ローマ人や中世イタリア人の生ける法的直観への道を遮り、抽象的で難解な近代法理論へと導いていることか。このような代物しか、我々は法を希求する若者に与えられないのか。

（1）本稿の主要な部分は、一九〇九／一〇年の冬学期、チェルノヴィッツ大学で私が開設、指導した生ける法ゼミナールの綱領である。私の著作権を確保するために述べておくと、本稿は、このゼミナールの承認を申請するため一九〇九年七月一六日にオーストリア文部省に私が提出した覚書と、文体上の僅少な変更を除いて逐語的に一致するものである。生ける法と、それに対する学問の課題についての最初の示唆は、私の著作『自由な法発見と自由法学』（ライプツィッヒ一九〇三）、三五頁から三七頁にある。この著作とマルティン・ヴォルフ教授、ラント裁判官セガール氏の努力との関係は、必要な限りで本文（一三九頁）に述べてある。この両氏が先に進んでいたことには全く疑いの余地はなく、ここでは彼らに対し、どのような非難もなされない。

（2）*Zbornik sadasnih pravnih obicaja u juznih Slovana Knjiga prva* (Zagreb.1874). ここに引用したものは、この著作の序文にある。

（3）経済学的認識と法律学的認識との密接な関連について、興味深い例を挙げよう。リカードは「経済学と課税の原理」十二章で次のように述べている。「セイが前提にしているのは『ある地主が勤勉、倹約、技巧を通じて年収を五千フラン増加させる』ということであるが、ある地主がその勤勉、倹約、技巧を行使しうるのは、その人が自分自身の小作人であるときだけである。それゆえ、彼が農業経営を改善するのは資本家かつ小作人としてであって、地主としてではない。」セイとリカードが互いを理解できないのは、彼らがそれぞれ別の土地制度を念頭に置いているからである。すなわち、イギリス人であるリカードは、地主が所有地を賃貸する土地制度を、フランス人であるセイは、地主が所有地を自分自身で耕作する土地制度を念頭に置いているのである。明らかにこのことは、経済的にのみならず、法律的にも全く異なる像を与える。リカードは彼の故郷の法律的、経済的カテゴリーで考えていたから、自分の所有地を自分自身で耕作する地主のことを「自分自身の小作人」と解釈したのである。周知のごとく我々は、イギリスの土地制度とそのうちでも外見上際だっている地主と小作人間の土地収益の分配に、経済的地代理論の全てを負っており、一般的で、別の土地制度にも妥当するような理論は、まずそこから苦心惨憺引き出されなければならなかったのである。

（河上倫逸／東尚史訳）

HOBBES, NATURAL LAW AND THE LAW OF NATIONS

Charles Covell

The seventeenth-century English philosopher Thomas Hobbes (1588-1679) ranks as one of the greatest thinkers belonging to the Western tradition in political thought. The substance of Hobbes's contribution to political thought lies in the arguments concerning the principles of law, state and government that are central to his political, or civil, philosophy. These arguments are to be found set out in what are his three major political treatises. First, there is *The Elements of Law Natural and Politic*, a work which Hobbes completed in 1640 and which was first published in two parts in 1650.[1] Second, there is *De Cive*, a work which Hobbes published in its original Latin version in 1642, and which was subsequently published in its first English version in 1651 under the title *Philosophicall Rudiments concerning Government and Society*.[2] Third, there is the work which was first published in 1651, and which is recognized to stand as Hobbes's philosophical masterpiece: *Leviathan, or the Matter, Forme and Power of a Commonwealth Ecclesiasticall and Civil*.[3]

In *The Elements of Law, De Cive* and *Leviathan*, Hobbes addressed the question of the form and foundations of human association in the civil state. He also touched on the question of the relations between states in the international sphere. In the present paper, we shall examine the international dimension of Hobbes's political thought, primarily as this has its expression in the argument of *Leviathan*. In examining Hobbes's approach to the question of international politics, the particular focus of attention will lie with the view that Hobbes took of the law that he thought of as having application to states, and to the rulers of states, in the sphere of their mutual external relations.[4]

It is true that, for Hobbes, the law applying to states and rulers in the international sphere was not a matter of central concern. Indeed, it is the scantness of the treatment that Hobbes gave to law in its international application that serves to set him apart from another notable political thinker of seventeenth-century Europe.

This was the Dutch jurist and political philosopher Hugo Grotius (1583-1645), who played a crucial role in laying the conceptual foundations of the modern law of nations with the exposition of the elements of the law of war and peace that he provided in his treatise *De Jure Belli ac Pacis Libri Tres* (1625).[5] Hobbes must also be set apart from the German philosopher Samuel Pufendorf (1632-94), who was to expound a systematic doctrine of law, state and government running to some extent along Hobbesian lines, most notably in *De Jure Naturae et Gentium Libri Octo* (1672).[6] To be sure, Pufendorf was a follower of Hobbes, and not least so in respect of what he had to say about the status of the law applying to states and rulers. Nevertheless, it was Pufendorf's philosophical system rather than that of his predecessor Hobbes which set the terms of reference for the great expositions of international law of the eighteenth century, including those provided by the German philosopher Christian Wolff (1679-1754)[7] and the Swiss jurist Emer de Vattel (1714-67).[8]

In contrast to Grotius, Pufendorf, Wolff and Vattel, Hobbes is generally held to be marginal to the modern tradition of international law. However, it is very clear from what Hobbes wrote that he saw law as applying to the relations between states and rulers, and that he took a quite specific view as to the status of this form of law, of its substantive elements, and of its inherent limitations as a form of legal regulation. It is to describe and account for the view that Hobbes took of the law that had application to states and rulers that is the purpose of this paper.

The view that Hobbes took of the law that was to be thought of as applying to states and rulers was one that followed directly from the exposition of the fundamental principles of association in the condition of the state which lies at the heart of his civil philosophy. Hence in Part One of the paper, there is provided a brief outline of the main elements of Hobbes's civil philosophy, as it is set out in the argument of *Leviathan*. Among the matters discussed here are Hobbes's specification of the natural state of man as a state of war, the contrast he drew between the right of nature and the law of nature as the law of peace, his explanation of the origin of political society in covenants, and his specification of the rights and faculties belonging to sovereign rulers. In Part Two, there is discussion of how Hobbes conceived of the relations obtaining between states and their rulers in the sphere of international politics. Here, it is explained that while Hobbes saw states as standing

to one another in the condition of universal war, he nevertheless saw states and their rulers as standing subject to the normative constraints given in the natural law. In pointing to Hobbes's view of states and rulers as subject to the constraints of natural law, it is emphasized that in each of his three major political treatises Hobbes claimed that the laws of nature comprised the substance of the law of nations.

In Part Three of the paper, there is an elaboration of the laws of nature as Hobbes stated and explained them in *Leviathan*. In Part Four, we shall proceed to discussion of the laws of nature in their international application. More precisely, we shall discuss the laws of nature considered as laws comprising the substantive elements of the law of nations. Here, the emphasis is on the status of the principles laid down in Hobbes's laws of nature as principles stipulating conditions essential for the maintenance of peace among states, and hence on the status of the principles given in the laws of nature as principles forming what is fully intelligible as a rudimentary system of international law. In treating of the laws of nature as comprising the elements of the law of nations, it is underlined that the first principles of natural law that Hobbes affirmed include general principles of conduct that, in their application to states and governments, are principles that are integral to the modern system of public international law in the form in which it has come to establish itself since the time Hobbes wrote. In Part Five of the paper, certain conclusions are drawn from the discussion of Hobbes on natural law and the law of nations. These concern the question of the propriety of taking Hobbes to stand as a representative of the realist tradition in international thought and practice, and the question of where Hobbes is to be situated in the tradition of international law.

i. Hobbes's Civil Philosophy: The Natural State of War, the Right of Nature, the Laws of Nature, and the Commonwealth

It is in *Leviathan* that there is to be found the most complete statement that Hobbes provided of his civil philosophy. This work underlines Hobbes's place in the modern secular natural law tradition in moral, legal and political thought. The modern secular natural law tradition was of immense influence in Europe during the

later seventeenth and eighteenth centuries, and includes among its representative thinkers those like Grotius, Pufendorf, Wolff and Vattel to whom we have made reference in connection with the question of Hobbes and the tradition of international law. In some respects the modern secular natural law tradition was continuous with the tradition of natural law philosophy which had emerged in Europe during the classical and medieval periods, and which is represented in the work of thinkers such as Aristotle (384-322 BC) and St Thomas Aquinas (1224/5-74). In other respects, however, the modern secular natural law tradition involved a significant break with the pre-modern tradition. This break with the past is everywhere apparent in the argument of Hobbes's *Leviathan*.[9]

For the pre-modern natural law thinkers like Aristotle and Aquinas, the state had been assumed to be founded in, and established in conformity with, what was conceived to be the objectively given order of nature. So also had it been assumed that association in the condition of statehood was natural to men as rational beings, with the consequence that the state was to be thought of as exercising a naturally sanctioned authority over the individuals who formed it. Hobbes broke decisively with this view as to the bases and principles of political society. He did so in the respect that, in contrast to Aristotle and Aquinas, he did not assume that association in the state was the natural condition of the relations obtaining among men. To the contrary, he took the view that the natural condition of the relations among men was that of the war of all against all. In the natural state of universal war, as Hobbes conceived of it, each individual was understood to be the equal of all others. This was so in the sense that, in the natural state of war, the individual was understood to possess the natural right and the liberty to do, and to take and hold, whatever was necessary to defend and preserve his person to the limits of his own strength and power.

Hobbes's specification of the natural state of men as the war of all against all comes in Chapter 13 of *Leviathan*. Here, Hobbes underlined that the natural state of universal war among men was a condition of society that was to be thought of as standing in absolute opposition to the condition of society among men that obtained in the civil state. Thus in the natural state of war, there existed no common power for the provision of the effective government of men, and hence no guarantees for the security of men beyond what they were able to achieve for themselves through

their own individual strength and initiative. At the same time, it followed from the absence of a common governmental power that the natural state of war was a condition of society where there existed no authoritative rules of law serving to establish determinate principles of just and unjust conduct, and determinate principles relating to the acquisition and possession of property.

> Hereby it is manifest, that during the time men live without a common power to keep them all in awe, they are in that condition which is called war; and such a war, as is of every man, against every man.
>
> Whatsoever therefore is consequent to a time of war, where every man is enemy to every man; the same is consequent to the time, wherein men live without other security, than what their own strength, and their own invention shall furnish them withal.

> To this war of every man, against every man, this also is consequent; that nothing can be unjust. The notions of right and wrong, justice and injustice have there no place. Where there is no common power, there is no law: where no law, no injustice.... It is consequent also to the same condition, that there be no propriety, no dominion, no *mine* and *thine* distinct; but only that to be every man's, that he can get: and for so long, as he can keep it.[10]

In this specification of it, the natural state of war was a condition of society among men that remained devoid of the normative order distinctive to the civil state. For the natural state of war was a condition of society without government, minimal security for the person, an authoritative rule of law, and an institution of private property, and in consequence of this a condition of society where the security of men was to be thought of as based in the exercise of the right of self-defence considered as a right of war. Nevertheless, if Hobbes presented the natural state of war obtaining among men as a condition of society that was the antithesis of the normative order embodied in the civil state, it is not the case that he thought that men in the state of nature were independent of all normative constraints on their actions. On the contrary, he held that men in the natural condition of their society

were subject to the normative constraints embodied in what he stated to be the laws of nature.

In Chapters 14 and 15 of *Leviathan*, Hobbes laid down nineteen laws of nature. These, as he stated and explained them, were laws which were disclosed to the natural reason of men as the fundamental principles of peaceful association, and which, as laws of peace, stipulated the principles whose obervance by men would make possible the ending of the natural state of war and the establishing of the form of normative order to be found in the civil state. As laws stating the first principles of peace, the laws of nature were taken by Hobbes to possess a binding normative force. Thus he held that the laws of nature were always to be thought of as binding on men in conscience (*in foro interno*). This was so in the sense that the laws of nature were laws which bound men to the desire that they should be acted on. However, Hobbes emphasized that the laws of nature were not always to be thought of as binding in effect (*in foro externo*). For the laws of nature were to be thought of as obliging men to act in accordance with their terms only in circumstances where it was safe and prudent for men to do so - that is, in circumstances where there existed sufficient security that men would in fact act in conformity with the requirements stated in the laws.[11]

For Hobbes, the laws of nature were laws of peace. Accordingly, the laws of nature must be understood as laws that Hobbes thought of as embodying norms and principles which were to set the framework for, and hence also to set limiting constraints on, the exercise by men of the right that belonged to them in the natural state of war. This was the natural right of men to act to the end of securing their own defence and preservation. In the event, it must be recognized that Hobbes saw no contradiction between the idea that men possessed a natural right of self-defence and the idea that they were bound by the constraints of the laws of nature, even though he was very much at pains to distinguish the concept of a right from the concept of a law. For it is clear that the end for which men were assumed to exercise their natural right, namely their self-defence and self-preservation, was an end that Hobbes thought that men were best able to secure for themselves through their acting in conformity with the principles of peace laid down in the laws of nature.

Thus at the beginning of Chapter 14 of *Leviathan*, Hobbes defined the right of

nature as consisting in the freedom or liberty of an individual man to use his own power as he willed for the end of preserving himself and his life, and to do this in accordance with the use of such means as the individual determined for himself through the exercise of his own will and judgment. A law of nature, on the other hand, Hobbes defined as a principle or rule that was discovered by reason, and which forbade the individual to do what was destructive of his life, and of the means for its defence and preservation, and which forbade him to omit to do what he considered appropriate for his preservation. So defined, a law of nature for Hobbes was essentially a principle or rule that imposed a limiting constraint on the exercise of the natural right and liberty of the individual, where the observance of the constraint was necessary for the defence and preservation of the individual and his life. As for the status of the law of nature as a limiting constraint on action, this belonged to it because the law of nature was a law and not a right. For, as Hobbes explained, a right involved a liberty to act or to forbear, while it was the essence of a law that it determined and bound men to action or to forbearance. That is to say, a right involved a freedom or liberty to act, whereas a law involved a duty or obligation which imposed a limitation or constraint on action.[12]

The nineteen laws of nature laid down in *Leviathan* stated what Hobbes saw as the basic principles of social order essential for the mutual defence and preservation of men in conditions of peace. Of the nineteen laws of nature, the first, second and third occupy a central position in the argument of *Leviathan*. For it was to the principles embodied in these laws that Hobbes appealed in explanation of the origin and foundation of the form of society that he took to obtain in the civil state.

The first law of nature stated that each individual was to endeavour peace whenever circumstances were such that there existed a reasonable prospect of his obtaining peace. The requirement that men should endeavour peace was qualified by the proviso that in circumstances where peace was not to be obtained, then the individual was free to continue to exercise his natural right to act to secure his own defence as though he was in a state of war. Hence the first law of nature stated the seeking and following of peace to be the fundamental duty falling on men. At the same time, the first law of nature affirmed the possession by men of the natural right of self-defence, and indicated the conditions where this right was permissibly to be exercised.

> [I]t is a precept, or general rule of reason, *that every man, ought to endeavour peace, as far as he has hope of obtaining it; and when he cannot obtain it, that he may seek, and use, all helps, and advantages of war*. The first branch of which rule, containeth the first, and fundamental law of nature; which is, *to seek peace, and follow it*. The second, the sum of the right of nature; which is, *by all means we can, to defend ourselves*.[13]

The second law of nature followed from the first. This law stated that each individual was to be prepared, when others were as well, to lay down the right that belonged to him by nature, and to remain content with as much liberty for himself in relation to others as he would allow others to have with respect to himself. The preparedness of men to lay down their natural right was required for the reason that the retention by men of this right would leave them in the condition of war.

> From this fundamental law of nature, by which men are commanded to endeavour peace, is derived this second law; *that a man be willing, when others are so too, as far-forth, as for peace, and defence of himself he shall think it necessary, to lay down this right to all things; and be contented with so much liberty against other men, as he would allow other men against himself*. For as long as every man holdeth this right, of doing any thing he liketh; so long are all men in the condition of war.[14]

The second law of nature commanded that men should be prepared to lay down their natural right to all things on the basis of reciprocity. In Hobbes's view, the laying down by men of their natural right, as required under the terms of the second law of nature, involved some voluntary act on their part. The essence of this act was not the renunciation by men of their right, but their transferring of it on a mutual basis to some other person or persons.[15] The form of the act of mutual transference of right in question was that of a contractual agreement which Hobbes called *pact* or *covenant*. As Hobbes explained it, a covenant was an agreement where the parties trusted one another to fulfil the terms of the agreement. For this reason, covenants involved the keeping of promises, or faith, and, where not per-

formed by the parties to them, the violation of faith.[16]

Hobbes's discussion of covenant led directly to what he stated to be the third law of nature. This law provided that men were to abide by the terms of the covenants they had entered into. The duty falling on men to perform their covenants made was binding, since in the absence of performance covenants would have no validity, and without covenants men would be unable to transfer their right and so would remain in the state of war.

> From that law of nature, by which we are obliged to transfer to another, such rights, as being retained, hinder the peace of mankind, there followeth a third; which is this, *that men perform their covenants made*: without which, covenants are in vain, and but empty words; and the right of all men to all things remaining, we are still in the condition of war.[17]

So formulated, the third law of nature embodied the fundamental principle of justice. For, in Hobbes's view, justice presupposed covenants and the transferring of right, with the consequence that justice consisted in the performing of covenants and its contrary, injustice, the failure to perform covenants made.

> And in this law of nature, consisteth the fountain and original of JUSTICE. For where no covenant hath preceded, there hath no right been transferred, and every man has right to every thing; and consequently, no action can be *unjust*. But when a covenant is made, then to break it is *unjust*: and the definition of INJUSTICE, is no other than *the not performance of covenant*. And whatsoever is not unjust, is *just*.[18]

It was by reference to the idea of covenant appealed to in the second and third laws of nature that Hobbes proceeded to explain how men were to be thought of as abandoning the natural state of war, and as providing for their mutual defence and preservation through the establishment of a political form of society. This form of society was the civil state, or, as Hobbes termed it, the commonwealth.

According to Hobbes, a commonwealth existing by what he called institution was to be thought of as being brought into being through an act of covenant.

Essential to the covenant by means of which Hobbes saw the commonwealth as being instituted was an act of agreement among a number, or multitude, of men which involved the mutual transferring of their right to some other person or persons. The right that was so transferred through the covenant was natural right. This, in Hobbes's definition of it, was the right of an individual man to use his own strength and power as he willed to the end of his own defence and preservation, and to do this with such means as he determined through his own reason and judgment. Hence the covenant instituting the commonwealth was such that, under its terms, each man was understood to agree to give up the right to govern himself in accordance with his own will and judgment, and to transfer this right to some man or assembly of men who would be authorized to use the combined strenth and power of those party to the covenant for the peace and common defence of them all. The man or assembly of men so established was the sovereign of the commonwealth. The parties to the covenant were the subjects of the sovereign. The status of the sovereign was that of a representative person. This was so in the sense that the authority of the sovereign was an authority that derived from the will and consent of his subjects, as this was embodied in the terms of the covenant through which the commonwealth was instituted.[19]

As Hobbes explained it, the covenant instituting the commonwealth stood as an act that marked the decisive abandonment by men of the natural state of war. For the agreement to institute the commonwealth involved an agreement by the parties to it to follow peace through the laying down of their natural right of war, and through the subjection of themselves to the authority of a common sovereign power. The establishing of this sovereign power brought into being a condition of society that provided for the effective enforcement of the principles of peace which Hobbes saw as being contained in the laws of nature. For the establishing of a sovereign power brought into being a condition of society where there existed the degree of security which, in Hobbes's view, was necessary if there was to be a real and externally sanctioned obligation falling on men to act in conformity with the terms of the laws of nature and the principles of peace the laws prescribed. In this way, the institution of the commonwealth with a sovereign power stood, for Hobbes, as the essential precondition for the establishing of a normative order adequate to the securing of justice among men. This was so because, for Hobbes, jus-

tice consisted in the performing by men of their covenants, and the instituting of a sovereign power ensured that the covenants of men would be binding in effect, and hence that there would be binding rules of justice and propriety as these had their foundation in the law of nature which required men to perform their covenants made.[20]

The power belonging to the sovereign in the commonwealth was exercised through certain rights and faculties. Hobbes set out the rights and faculties of sovereignty in Chapter 18 of *Leviathan*. As he explained them, the rights and faculties of sovereignty derived from the covenant through which the commonwealth was instituted, and belonged to the sovereign because, under the terms of the covenant, the sovereign was the person authorized to secure the peace and defence of the commonwealth. Foremost among the rights and faculties of sovereignty that Hobbes identified were those that related to the legislative, judicial and executive powers of government. Thus the sovereign held the right to prescribe the rules of propriety and just conduct that were to be observed by subjects. The rules prescribed, or commanded, by the sovereign in his capacity as legislator were the civil laws, which laws were the laws specific to commonwealths.[21] By virtue of holding the right of legislation, the sovereign held also the right of adjudication. This was the right of hearing and deciding all controversies among subjects as concerned matters of law.[22] Regarding the executive powers of government, the sovereign held the right of making war and peace with other commonwealths, and of raising and maintaining armed forces for the defence and preservation of the commonwealth. At the same time, the sovereign held the right to appoint all counsellors, ministers and other officials in peace and wartime, and to reward subjects and to inflict punishments on them for violations of the law.[23] The rights of sovereignty were indivisible,[24] and their possession and proper exercise by the sovereign was essential to the maintaining of the commonwealth in its freedom and independence.[25]

ii. The International State of Nature and the Laws Applying to Sovereigns

As Hobbes stated them, the rights and faculties of sovereignty were such as to establish the absolute authority of the sovereign. For the sovereign was understood to hold and exercise sole and exclusive rights with regard to the determination and enforcement of the laws whose existence and maintenance were necessary for the full realization of the end of the peace and preservation of the commonwealth and its subjects. The authority that belonged to the sovereign by virtue of his holding sole and exclusive rights in law-making, adjudication and executive power was absolute not only in respect of subjects of the commonwealth, but absolute also in respect of all agencies and powers that were external to the commonwealth. This was so in the sense that, for Hobbes, the possession by the sovereign ruler of sole and exclusive rights with regard to the making of laws, adjudication and the exercise of executive power was to be thought of as standing as the basis, and precondition, for the freedom and independence of the commonwealth as a distinct association of men.

The specification that Hobbes provided of the rights and faculties of sovereignty in the civil state leads us to address the question that is central for the argument of the present paper. This is the question whether Hobbes considered that sovereign rulers whose authority was to be thought of as absolute in respect of their subjects, and states that were to be thought of as free and independent by virtue of the absolute authority belonging to their sovereign rulers, were nevertheless to be thought of as bound by norms of conduct in the sphere of their mutual external relations, and whether, if in fact Hobbes did consider that sovereign rulers and states were bound by normative restrictions, he also considered that the norms of conduct applying to sovereign rulers and states in the sphere of their mutual external relations were to be thought of as norms that possessed the formal status and character of law.

In formulating an answer to the question we have posed, it is necessary first to be quite clear as to the view that Hobbes took as to the condition of society that obtained among commonwealths in the international sphere. Here, it must be observed that, in Hobbes's view, the separate commonwealths were to be thought

of as co-existing in a natural condition of society analogous to the one in which individual men were to be thought of as co-existing prior to the institution of commonwealths through covenants. For Hobbes thought of the separate commonwealths as co-existing in the state of natural freedom, and hence in a state where they were at liberty to act to the limits of their strength and power, and, in so acting, to exercise the right to all the means and instrumentalities of war so as to secure the end of their defence and self-preservation. In other words, Hobbes thought of commonwealths as co-existing in an international state of nature, with this being understood to be a state of war. Indeed, it was precisely to the condition of continual war distinguishing the relations between commonwealths, as maintained by their sovereign rulers, that Hobbes pointed to in Chapter 13 of *Leviathan* in support of his claim that the natural state of men was that of the war of all against all.

> But though there had never been any time, wherein particular men were in a condition of war one against another; yet in all times, kings, and persons of sovereign authority, because of their independency, are in continual jealousies, and in the state and posture of gladiators; having their weapons pointing, and their eyes fixed on one another; that is, their forts, garrisons, and guns upon the frontiers of their kingdoms; and continual spies upon their neighbours; which is a posture of war.[26]

Not only was the international state of nature, conceived of as a state of war, taken by Hobbes to be the natural condition of the society obtaining among commonwealths and their rulers. The natural state of continual war obtaining among commonwealths and rulers was also assumed by Hobbes to be a permanent and inherent condition of their mutual society. In this, Hobbes implied an important disanalogy between, on the one hand, the natural state of war in which individual men co-existed prior to the institution of commonwealths through covenanting, and, on the other hand, the natural state of war in which commonwealths and rulers co-existed in the sphere of international politics. As we have seen, Hobbes considered that individual men were to be thought of as bound by the laws of nature to seek peace and hence to overcome the natural condition of their mutual society, and to

do this through laying down their natural right of war and covenanting together to subject themselves to a sovereign power in the condition of the civil state. However, there is nothing in the argument of *Leviathan* to suggest that Hobbes considered that the solution to the international state of nature, conceived of as a state of war, was to be found in the rulers of the separate commonwealths entering into covenants that involved their subjection to some higher political power possessing governmental rights parallel to their own rights of sovereignty. Indeed, the logic of Hobbes's civil philosophy served to exclude the very possibility of rulers being subject to an international governmental power. This was so for the reason, among others, that the subjection of rulers to an international governmental power ran counter to what, for Hobbes, was the fundamental premise that the rights of sovereignty which belonged to rulers, and which guaranteed the freedom and independence of commonwealths, were to be thought of as sole and exclusive rights.

For Hobbes, then, commonwealths and rulers in the sphere of their mutual coexistence were not to be made subject to regulation through the form of normative order that he associated with the civil state. However, it did not follow from Hobbes's exclusion of covenants among sovereign rulers to establish an international governmental power that he denied that commonwealths and rulers were subject to constraints of normative regulation as such. On the contrary, while the international state of nature was, in Hobbes's view, a state of war, it was for all that a condition of society to which law, and the normative constraints imposed through law, were to be thought of as having a direct and immediate application.

Here, it should be noticed at once that, in Hobbes's conception of it, the international state of nature was a sphere of politics that remained structured by an internally subsisting form of normative organization. For the sphere of international politics comprised a condition of society formed by commonwealths and rulers, and, in consequence of this, it stood as a condition of society that by definition presupposed the subjection of individual men through covenants to the form of lawful order obtaining in commonwealths and maintained by sovereign rulers. The fact of the subjection of individual men to the lawful order imposed through commonwealths was such as to establish a stable normative framework within the sphere of international politics. This was so not just in the sense that the institution of commonwealths through covenants served to establish a framework of legal regulation

that was sufficient to bind individual men to act in accordance with the principles of peace embodied in the laws of nature. It was so in the much stronger, and much more specific sense, that the instituting of commonwealths through covenants involved the acquisition by rulers of the right of war as a sole and exclusive right of sovereignty.

As we have seen, the right to resort to the means of war for the end of self-defence was, in Hobbes's explanation of it, a natural right, and one which was to be thought of as belonging to all men in the state of nature that preceded the forming of political society. However, it was a right which men were to be thought of as having laid down in consequence of their covenanting to institute commonwealths, and a right which was to be thought of as having been transferred by individual men through covenants to sovereign rulers who were to exercise the right on their behalf to the end of their defence and preservation. The form of covenant that served to institute commonwealths was, therefore, an agreement that involved the conferring on sovereigns of an effective monopoly on the means of war - a monopoly that, in Hobbes's terms, was essential if sovereigns were to be able to fulfil the ends of civil covenants as concerned the proper defence and preservation of subjects. To the extent that the sphere of international politics was understood by Hobbes to be a sphere of politics that presupposed covenants establishing commonwealths that involved the laying down by individual men of the right of war, and to the extent that the covenants establishing commonwealths were understood to involve the conferring by individual men of the right of war on rulers as a sole and exclusive right of sovereignty, then the international state of nature embodied the degree of internal normative order that followed from the fact that, within it, the right of waging war was a right whose exercise was effectively restricted to sovereign rulers on the occasion of disputes between commonwealths.[27]

If, in Hobbes's account of the matter, the conditions for the exercise of the right of war in the international state of nature were such as to imply a minimum of internal normative order within this sphere of politics, it must nevertheless be concluded that, for Hobbes, the right of war belonging to sovereigns, in and of itself, could hardly be said to provide the foundation for an adequate form of normative regulation applying to the mutual relations of commonwealths and their rulers. For the right of war belonging to sovereign rulers was a right, and so, in Hobbes's

terms, it consisted essentially in the freedom or liberty of sovereign rulers to act in accordance with their own will and judgment. As such, the right of war, as a sole and exclusive right of sovereigns, gave rise to no law binding on sovereigns. Hence it gave rise to no normative order stating duties and obligations falling on commonwealths and rulers, let alone a normative order stating duties and obligations whose fulfilment by commonwealths and rulers would be conducive to the maintenance of peace in the international sphere of politics.

To explain the form of normative order that was to be thought of as imposing the constraints of law and obligation on commonwealths and rulers, Hobbes appealed not to the idea of the natural right of war, but to the principles of peace that he saw as embodied in the laws of nature. As we have seen, the laws of nature were the laws of peace, and hence laws that Hobbes thought of stating principles of conduct that men were to conform with for the sake of securing their defence and preservation. Thus it was that, for Hobbes, the laws of nature set the normative framework for, and so imposed limiting constraints on, the exercise by men of their natural right to defend and preserve themselves through the means and instrumentalities of war. It is clear that Hobbes saw the laws of nature as serving to establish a normative framework for the regulation of the relations between commonwealths and rulers in the sphere of international politics. For he emphasized that the law of nations was to be thought of as identical with the laws of nature. This was the position he took in *The Elements of Law*,[28] and in *De Cive*.[29] It was also the position he took in *Leviathan*, where, in identifying the law of nations with natural law, he affirmed that sovereigns had the same natural right to act to defend and preserve the safety of commonwealths as individual men had to act to defend and preserve themselves, but that sovereigns were nevertheless bound in conscience to conform with the normative requirements contained in the law of nature.

> Concerning the offices of one sovereign to another, which are comprehended in that law, which is commonly called the *law of nations*, I need not say any thing in this place; because the law of nations, and the law of nature, is the same thing. And every sovereign hath the same right, in procuring the safety of his people, that any particular man can have, in procuring the safety of his own body. And the same law, that dictateth to men that have no civil govern-

ment, what they ought to do, and what to avoid in regard of one another, dictateth the same to commonwealths, that is, to the consciences of sovereign princes and sovereign assemblies; there being no court of natural justice, but in the conscience only....[30]

In Parts Three and Four of this paper, we shall examine the laws of nature as Hobbes stated them in *Leviathan*. In Part Three, we shall elaborate the laws of nature, and explain them in their status as laws stipulating the fundamental principles of peaceful association among men in the circumstances of political society. In Part Four, we shall consider the laws of nature in their application to the sphere of international politics. In doing so, we shall explain the laws of nature as stipulating the fundamental principles of the law of nations, and hence as stipulating the fundamental principles of peaceful association among states and their rulers in the international sphere.

iii. The Laws of Nature

The first, second and third of the nineteen laws of nature that are to be found laid down in *Leviathan* we have discussed in the context of Hobbes's explanation of the origin and justification of the civil state. Thus, the first law of nature stated the endeavouring of peace to be the fundamental duty falling on men. At the same time, the first law of nature enshrined the right of men to act in their own defence with all the means and advantages of war in circumstances where peace was not to be obtained. The second law of nature stated the principle that men were to be prepared to lay down their natural right to all things, to the extent that this was consistent with their mutual defence, and to rest content with as much liberty for themselves as individuals as they would allow to others. The third law of nature stated what Hobbes took to be the fundamental principle of justice. This was the principle that covenants made were always to be performed by the parties to them.

The fourth law of nature that Hobbes laid down in *Leviathan* concerned the duty falling on men to show gratitude for favours and benefits received, and to avoid ingratitude. The principle that Hobbes stated in explanation of the law was that

when a man received a benefit from another bestowed out of grace, he was to endeavour that the benefactor should have no cause to regret his good will. In Hobbes's view, the bestowing of a gift or benefit involved a voluntary act, and the object of a voluntary act was always to secure the good of the man who performed it. The neglect by men of the law of gratitude would frustrate the object of those who bestowed gifts and benefits. This would make it impossible for men to establish the foundations of benevolence, trust and mutual assistance among themselves, and hence would make it impossible for them to be reconciled to one another. In consequence, the neglect of gratitude would leave men in the condition of war, and so in violation of the fundamental law of nature that commanded men to pursue peace.[31]

The fifth law of nature concerned the duty falling on men to reach mutual accommodation, or complaisance, and stated the principle that each man was to strive to accommodate himself to all other men. In Hobbes's explanation of the law, the principle that men were to endeavour to accommodate themselves to one another was a principle such that those who breached it were to be regarded as responsible for the state of war that would follow from the breach, and hence as acting in contravention of the terms of the law of nature that required men to seek peace. Men who observed the fifth law of nature were to be called sociable, while those who disregarded it were to be called, among other things, stubborn, unsociable and intractable.[32]

The sixth law of nature concerned the duty falling on men to be willing to pardon offences done to them by others. Thus the law stated the principle that, subject to the condition that proper securities were forthcoming regarding the future time, men should always pardon those who repented their offences and were desirous of pardon. As Hobbes explained it, facility to pardon was required of men because the granting of a pardon for offences done was a granting of peace. While the granting of pardon to men who persevered in hostile acts involved not the granting of peace but fear, a pardon not granted to offenders giving proper assurances of security for the future time was an indication of an aversion to peace and hence contrary to the law of nature.[33]

The seventh law of nature concerned the basis of punishment. The law stated that in retribution, or revenges, for offences done to them, men were to be guided

not by consideration of the extent of the injury they had suffered, but by consideration of the extent of the good that would follow from retribution. Hence, for Hobbes, it was contrary to natural law for punishment to be inflicted for any purpose other than the correction of the offender or the example of others. To inflict punishment without regard for the purposes of correction or example would involve nothing more than the triumphing, or glorying, in the suffering of the offender to no further end. This, the inflicting of suffering without good reason, would tend to the introduction of the state of war among men, as contrary to the laws of nature, and was appropriately to be called cruelty.[34]

The eighth law of nature concerned the duty falling on men to refrain from contumely. The principle the law stated was the principle that men were to refrain from actions, words, expressions or gestures that indicated hatred or contempt for others.[35]

The ninth law of nature was related to the eighth law, and concerned the duty falling on men to refrain from undue pride in their own person. The laws of nature applied to men in their natural state, and, as Hobbes emphasized in his explanation of the ninth law of nature, the state of nature was a condition of society in which all men were to be counted as equal. Since from the standpoint of nature men were to be considered equal, it followed that if men were to enter into conditions of peace, then this required that they should recognize one another in their natural equality. Hence the ninth law of nature was summed up by Hobbes in the principle that each man was to acknowledge other men as his equals by nature. The breach of this principle was pride.[36]

As the ninth law of nature stated the principle that men were to avoid pride, so the tenth law of nature stated the principle that men were to avoid arrogance, with the forbidding of arrogance (like the forbidding of pride) being based in considerations to do with the natural equality of men. The tenth law of nature stated the principle that when men entered into conditions of peace, it was essential that no man was to require to have reserved to himself any right which he was not prepared to allow to be reserved to all other men. In explanation of the law, Hobbes observed that while it was necessary for the establishing of peace that men should lay down their natural right and liberty to do as they willed, it was also necessary for the maintenance of life that men should retain certain rights on an equal basis.

Among the rights that Hobbes allowed that men were to retain to themselves were the right of men to govern their own bodies, the right to enjoy air and water, the right to free movement and freedom of passage from place to place, and the right to all other things without which there was no possibility of men living or living well. From this it followed that if, at the making of peace, men required rights for themselves that they would not allow to be granted to others, then they were to be held as being in breach of the principle requiring that men should acknowledge one another in their natural equality, and hence as being in breach of the law of nature. Men who observed the tenth law of nature were to be called modest. Those who broke the terms of the law were to be called arrogant men.[37]

The eleventh law of nature stated the principle of equity. This was the principle that when a man was entrusted to judge a controversy between men, he was required to deal equally with the parties. As Hobbes explained the law, the absence of equity in the judgment of disputes would have the result that disputes among men would be capable of determination only by the means of war. Accordingly, a man who was partial in his judgment of disputes would discourage men from resorting to judges and arbitrators, and would in this way serve to perpetuate the cause of war in contravention of the law of nature as the law of peace. The essence of the principle of equity stated in the eleventh law of nature was a principle of distributive justice (with this being, in Hobbes's explanation of it in *Leviathan*, a principle of justice which involved the distribution of equal benefits and advantages to men of equal merit). The breach of the principle of equity stated in the eleventh law of nature involved exceptions made in favour of persons (where this worked to the detriment of the distribution of benefits and advantages to men on terms of equality).[38]

The twelfth law of nature concerned equality in the use of things that were capable of being held only in common among men. The law stipulated that things that were not capable of being divided were to be enjoyed in common, where this was possible, and, where the quantity of the thing in question permitted, without restriction. The law also stipulated that where things were not capable of being held in common in this way, then they were to be allocated in proportion to the number of men with a rightful claim to them.[39]

As with the twelfth law of nature, the thirteenth and fourteenth laws were

explained by Hobbes as laws that worked to preserve equity. The thirteenth law of nature provided that where things were neither to be divided nor held in common, then it was required that the entire right to them, or if the use was to alternate the first possession of them, was to be determined by lot. This was required because, as Hobbes noted, lots were the only means for ensuring the equality in distribution of benefits that was demanded under the law of nature.[40]

In Hobbes's view, there were two forms of lot. These he described in the explanation of the fourteenth law of nature. The first form of lot was arbitrary lot, where the allotment was determined through agreement between rival claimants. The second form of lot was natural lot, where the allotment was determined either by the right of the first born, that is by primogeniture, or by the right of first possession, that is, possession based on first seizure. The fourteenth law of nature concerned distribution according to natural lots. The law provided that where things were not to be enjoyed in common, or divided, then they were to be adjudged to be held by the first possessor, or by the first born, through acquisition based in natural lots.[41]

The fifteenth, sixteenth, seventeenth, eighteenth and nineteenth laws of nature that Hobbes laid down in *Leviathan* concerned the means and procedures for the securing of peace.

The fifteenth law of nature stated that all men that were charged with the mediation of peace were to be allowed safe conduct. As Hobbes explained, the law of nature commanded peace as an end, and so was to be thought of as commanding intercession as the means for securing peace. Safe conduct was to be granted to mediators of peace, since safe conduct was the means for intercession.[42]

The sixteenth law of nature concerned the settlement of disputes that involved questions of fact and questions of right. In Hobbes's view, the parties to disputes of this kind would be able to achieve the end of peace only if they were prepared to agree to accept and stand by the judgment of some other party: that is, an arbitrator. Thus the sixteenth law of nature stated the principle that men who were parties to a controversy were to submit their claims of right to the judgment of an arbitrator.[43]

The principle that men were to submit their disputes to the judgment of an independent arbitrator was intimately connected with the principle stated in the seven-

teenth law of nature. This law provided, as a rule of equity, that no man was to be considered fit to act as a judge or arbitrator in his own cause.[44]

The integrity of the procedure of the independent arbitration of disputes demanded that the arbitrator should be trusted to render impartial judgment. Hence the eighteenth law of nature stated the principle that no man was to be accepted as arbitrator in a dispute where he had a natural cause or interest to show partiality towards one or other of the parties. If the arbitrator were to have an interest in the outcome of a dispute, then there could be no obligation on the parties to trust him, with the consequence that the dispute, and so also the condition of war, would remain unresolved.[45]

Finally, it was required that the arbitration of disputes should be fair. Hence the nineteenth law of nature stated the principle that in a controversy concerning questions of fact, the arbitrator of it was to give equal credit to the arguments of the parties and to base his judgment on the balance of the testimony provided by independent witnesses.[46]

The nineteen laws of nature that Hobbes laid down in *Leviathan* were linked together in the respect that they stood as the laws of peace. For the second law of nature through to the nineteenth law stated principles of conduct that were essential for the endeavouring of peace which was stipulated to be the primary duty falling on men in the first and fundamental law of nature. The various laws of nature were also linked together, for Hobbes, in the respect that they were all capable of being determined and explained through reference to one single general rule of conduct. This rule directed men to act towards others only as they would have others act towards themselves. Hobbes stated the rule thus:

Do not that to another, which thou wouldest not have done to thyself....[47]

The specification of the laws of nature given in *Leviathan* must be taken to stand as the definitive statement that Hobbes provided of what he saw as the basic principles of natural law. Accordingly, there is no reason to set out here the specifications of the laws of nature that are to be found given in *The Elements of Law* and in *De Cive*.[48] Even so, it should be noted that in *The Elements of Law*, Hobbes affirmed it to be a law of nature that men should be prepared to allow commerce

and traffic among one another on a non-discriminatory basis. As Hobbes explained it, the law requiring that men refrain from discrimination in their mutual commerce was a principle of peace, for the reason that a man who allowed to one man what he denied to another would declare his hatred for the latter, and, in declaring hatred, would declare himself for war.[49]

The laws of nature were thought of by Hobbes as stating the fundamental conditions of peaceful association among men, and hence as constituting the containing normative framework necessary for the maintenance of peace in the condition of the civil state. At the same time, however, the laws of nature embodied the laws of peace that Hobbes held that states and rulers were to be thought of as being subject to in the international sphere. For, as we have seen, Hobbes held that the laws of nature comprised the elements of the law of nations. As such, the laws of nature are to be taken as constituting the normative framework which, in Hobbes's view, was to serve to regulate the relations between states and rulers to the end of maintaining international peace. We now turn to the detailed consideration of the laws of nature in their international application, that is, in their status as laws possessing application to the relations between states and rulers in the sphere of international politics.

iv. The Laws of Nature and the Elements of the Law of Nations

When the laws of nature that Hobbes specified are considered as laws applying to states and rulers, it is apparent that they embody the fundamental elements of what is clearly intelligible as a rudimentary system of international law. Certain of the laws of nature lay down principles of conduct whose observance by states and governments would appear to be necessary for establishing a minimum condition of international society, and hence as necessary for the establishing of a condition of society among states and governments allowing for, or requiring, the extension of law to itself as the basis for its proper regulation. There are also included among Hobbes's laws of nature laws that lay down principles of conduct whose acceptance by states and governments must be regarded as presupposed in the very idea of international law as a law of peace. This is so in the sense that in the absence of any

conformity by states and governments with what the principles laid down in the laws concerned require, then there could really be said to exist nothing approximating to the rule of international law and hence nothing approximating to a condition of international peace. Still further, Hobbes specified laws of nature that lay down principles of conduct which belong to the substance of the law of nations. These are principles which, it will be recognized, are principles that are integral to the system of international law in the form it takes in the present era.

The fourth, fifth, sixth, seventh and eighth laws of nature stipulated in *Leviathan* stand out as laws laying down principles of conduct which must be considered as essential for the establishing of the condition of society among states and governments in the international sphere. The fourth law of nature concerned the duty falling on men to avoid ingratitude, and to act towards benefactors in such a way as to preserve the basis of mutual benevolence, trust and help among men. In its application to states and rulers, the fourth law of nature is to be interpreted as providing, among other things, that states and rulers accepting benefits from other states and rulers were not to conduct themselves in a manner likely to cause benefactor states and rulers to regret their good will. The fifth law of nature concerned the duty falling on men to strive always to reach mutual accommodation, and to refrain from behaviour that was unsociable or intractable. In its application to states and rulers, the fifth law of nature is to be interpreted as pointing to its being a duty falling on states and rulers to seek to accommodate themselves to one another, and hence to conduct themselves in such a way as to maintain a condition of mutual sociability.

The sixth, seventh and eighth laws of nature stipulated in *Leviathan* were laws stating principles that required men to act so as to minimize the occasions and causes for conflict among themselves, and to ensure that the effects and consequences of their disputes would not prove prejudicial to peace. The sixth law of nature concerned facility to pardon, and required that subject to receiving proper securities regarding the future time, men were always to be prepared to pardon offences done to them by others. In its international application, the sixth law of nature is to be interpeted as providing that conditional on states and rulers receiving proper securities for the future, then they were required to be prepared to refrain from treating offences done to them by other states and rulers as pretexts

for waging war against the offenders. The seventh law of nature concerned the basis of punishment, and stated the requirement that in inflicting punishments for wrongs and injuries done to them, men were to be guided not by consideration of the extent of the wrongs and injuries in question but only by consideration of the good that would follow as a consequence of punishment. In its international application, the seventh law of nature is to be interpreted as underlining that where states and rulers were compelled to act against wrong-doing states and rulers, the punishment inflicted was to be such that it remained consistent with the end of peace, and hence that it did not serve to perpetuate a condition of war between the states and rulers concerned. The eighth law of nature laid it down that men were to refrain from expressing hatred and contempt. When it is considered in its application to states and rulers, the eighth law of nature is to be read as implying that states and rulers were to avoid gratuitously offensive behaviour, and to maintain mutual respect for one another.

The principles stated in the fourth, fifth, sixth, seventh and eighth laws of nature were thought of by Hobbes as essential for the overcoming of the condition of war and for the maintenance of peace. It is clear that such principles as those concerning ingratitude, mutual accommodation, facility to pardon and contumely are to be viewed as principles which, in their international application, would work to preserve peace between states and governments. It is clear also that, in a stronger sense, these are principles which would work to make possible the establishing among states and governments of the bonds of a form of society appropriate for regulation through law. In the contemporary world, we are apt to speak of states as interdependent, and to assume that states that are interdependent are states that are likely to remain at peace and to avoid the option of war. To the extent that contemporary international society is distinguished by the interdependence of states, then this is a condition of the relations among states which presupposes the acceptance by states and governments of precisely the sort of principles that Hobbes stipulated with the laws of nature. This is true particularly with respect to the fourth, fifth and eighth laws of nature stated in *Leviathan*. For gratitude for benefits bestowed as the basis for continuing mutual benevolence, trust and assistance among states, the endeavour by states and governments to accommodate themselves to one another so as to promote mutual sociable relations, and the avoidance

by states and governments of gratuitous offence and insult to one another are as much conditions for the interdependence of states as they are outward manifestations of the fact of that interdependence.

The interdependence of states in the modern world is generally associated with the ever increasing participation by, and involvement of, states and governments in mutual trade and commerce on the international plane. It is therefore pertinent to observe here that Hobbes fully recognized that the engagement of men in mutual commerce stood as a condition for their remaining at peace. Thus in *The Elements of Law*, he laid it down as a law of nature that men were to engage in commerce without discriminating among one another. In its application to states and rulers, this law implied that states and rulers were to enter into and promote commercial relations among themselves on a free and non-discriminatory basis. Indeed in the explanation of the law, Hobbes emphasized quite explicitly the connection between unrestricted freedom of commerce among states and the maintenance of peace in the international sphere. For he pointed to the refusal by one state to trade with another as a substantive cause of war.[50]

The laws of nature that Hobbes laid down did not merely stipulate principles of conduct which, in their international application, were such as to promote the condition of society among states and rulers. In addition to doing this, the laws of nature stipulated principles of conduct which were essential to the possibility of the society obtaining among states and rulers being a condition of society based in a rule of international law. Thus certain of the laws of nature that Hobbes laid down stipulated principles of conduct which are presupposed in the idea of international law as a system of law making for peace among states and governments in the condition of their mutual society.

Of the laws of nature stipulated in *Leviathan* that belong to this category, the one that stands out is the first law of nature. This law stated the endeavouring of peace to be the basic duty falling on men. The duty to endeavour peace was, for Hobbes, fundamental. Indeed, it was in terms of the duty falling on men to act for the end of peace, as stated in the first law of nature, that Hobbes derived and explained the other laws of nature. In its application to the sphere of international politics, the first law of nature laid it down that the endeavouring of peace was to stand as the fundamental duty falling on states and their rulers. Here, it must be

noted that the duty to endeavour peace, as a duty falling on states and governments, is one that stands as a general duty or obligation which must be taken to lie at the foundation of international law. For if states and governments did not accept some underlying obligation to endeavour peace, and if states and governments were not prepared to maintain the peace once it was established, then there would be little sense in which it would be intelligible to speak of the possibility of there being a law applying to states and governments, or to speak of the possibility of states and governments being able to constrain themselves to act in accordance with law in their mutual external relations.

The first law of nature provided that men, and so also by implication states and rulers, were at all times to endeavour peace. The second law of nature stated the principle that men were to act for peace through accepting mutually binding limitations on their natural power and freedom. Hence the law provided that men were to lay down their natural right to all things, as this was consistent with their mutual defence, and to remain content with as much liberty for themselves as they would allow to others. In its application to the sphere of international politics, the second law of nature implied the requirement that states and their rulers were to lay aside their natural right of freedom (subject to their legitimate rights of self-defence), and to allow to themselves only such right and liberty as they would allow to others.

The idea appealed to in the second law of nature, in its status as a law applying to states and rulers, was the idea of reciprocity. For the terms of the law in its international application were such as to imply that states and rulers were required to reserve rights and liberties to themselves only on the basis of strict reciprocity. So also was it implied that the limitations that states and rulers were required to accept on their rights and liberties were limitations that were to extend to all states and rulers on a reciprocal basis. The principle of reciprocity is a principle that is a presupposed foundation of international law as a law governing the mutual relations of states and governments, and setting normative limits to the rights and freedom of states and governments. It is clear that the idea of reciprocity, or at least something very close to it, is one that Hobbes thought of as being implicit in the law of peace, as this applied both to men and to states and rulers. This is evident not only from the terms of the second law of nature. It is evident also from the terms of the rule that Hobbes stated as the basis for the determination of the laws

of nature: namely, the rule that men (and so of course by implication states and rulers) were not to do to others that which they would not have others do to themselves.

Among the other laws of nature that Hobbes laid down in *Leviathan*, the laws concerning holdings by common use and by lots, and the laws concerning the procedures for making peace and settling disputes through peaceful means, also served to state principles that are presupposed in the idea of international law. The system of international law is a system of law that applies to the relations between states as independent territorial entities, and that, in doing so, works to establish the rights of states and governments with regard to exclusive jurisdiction over territory, and with regard to things and subject-matters which fall outside the sphere of their exclusive territorial jurisdiction. In consequence of this, international law is a system of law which must of necessity involve the provision of rules, however primitive, for determining the basis and limits of state territory and the exclusive jurisdictional rights of states and governments with respect to it. So also is it a system of law which must of necessity involve the provision of rudimentary rules for determining the basis and limits of the rights of states and governments to things lying outside the sphere of the jurisdiction of state territory. Hobbes gave implicit recognition to this component of international law with his statement and explanation of the twelfth, thirteenth and fourteenth laws of nature.

The twelfth law of nature provided that things that were not capable of being divided were to be enjoyed in common, where this was possible, and, where the quantity of the thing in question permitted, without restriction. The law also provided that where things were not to be made subject to common use, then they were to be allocated in proportion to the number of men having rightful claim to them. The thirteenth law of nature provided that with things that were neither to be divided nor held in common use, the entire right to them, or if the use was to alternate the first possession of them, was to be determined by lot. The fourteenth law of nature laid it down that things that were not to be held in common use or divided were to be regarded as being held through natural allotment, with this meaning that they were to be regarded as being held either through the right of primogeniture or through the right of first possession.

It must be admitted that the precise application of the twelfth, thirteenth and

fourteenth laws of nature to the sphere of international politics remains somewhat obscure. For while it would appear to be necessary that there should exist some uniform rules for determining exclusive territorial allotments as between states and governments, there is plainly no necessity that such allotments should be based in the substantive principles of primogeniture and first possession which Hobbes himself appealed to. With that said, it is nevertheless clear that Hobbes was correct to imply, as he did, that the law that was to apply in the international sphere was to provide for rights to common use of things that were not capable of being divided. Certainly rights of this kind are clearly recognized in the now existing regime of international law, as witness, for example, the legal regime that has come to be established with respect to the high seas.

In addition to being a system of law incorporating rules concerning the territorial and extra-territorial rights of states and governments, international law is a system of law which incorporates procedures and instrumentalities for maintaining the peace between states and governments, and for resolving disputes and conflicts between states and governments through means other than war. This is a part of the law applying to the sphere of international politics to which Hobbes gave recognition with his specification of the laws of nature, as is clear from the terms of the fifteenth, sixteenth, seventeenth, eighteenth and nineteenth laws of nature as stated in *Leviathan*.

The fifteenth law of nature stipulated that men mediating peace were to be allowed safe conduct. In its application to the relations between states and rulers, the law is to be interpreted as implying the necessity of there being rules for determining the status and privileges of ambassadors and envoys. Rules of this sort, of course, are rules whose existence is presupposed in the part of international law which concerns the law of embassies and the rules of diplomatic immunity.[51]

The sixteenth law of nature stated the principle that the parties to a dispute concerning matters of fact and matters of right were to submit their dispute to an independent arbitrator, and to bind themselves to accept his judgment. The seventeenth, eighteenth and nineteenth laws of nature stated principles essential to the integrity of the procedure of arbitration, such as the principle that no man was to be accepted as arbitrator in a dispute who was party to the dispute in question, or who had some interest in the dispute such as would incline him to show partiality

to one or other side. The laws of nature concerning the arbitration of disputes have a clear and unambiguous application to the maintenance of peace in the sphere of international politics. For the principle that states and rulers should seek a peaceful settlement of their disputes through agreeing to submit to the judgment of an independent arbitrator is self-evidently a principle whose acceptance by states and governments would make for international peace. So also is it self-evidently a principle presupposed in the idea of international law as a system of law establishing the framework for peaceful relations between states and governments, and as a system of law which remains conditional on the consent of states and governments to be bound by its norms and stipulations.[52]

In stating what he took to be the laws of nature, then, Hobbes gave recognition to principles that are presupposed in the idea of international law as law applying to states and governments. Beyond this, however, Hobbes also affirmed principles that belong very much to the substance of international law. Among the substantive principles of international law that Hobbes affirmed with his statement of the laws of nature, the three that stand out are the right of self-defence, the principle of the faith of treaties, and the principle of the sovereignty and equality of states.

With the first law of nature, Hobbes laid it down that men were bound to endeavour peace, whenever there was the prospect of obtaining it. At the same time, Hobbes also laid it down that when there was no prospect of peace, then men were at liberty to exercise their natural right to defend and preserve themselves by all the helps and advantages of war. It is of course true that, for Hobbes, the natural right of men to resort to the means of war to secure their own defence and preservation was qualified by the obligation falling on them to conform with the principles of peace as stated in the laws of nature. For the laws of nature, in his explanation of them, embodied principles that set the normative framework within which men were most likely to realize the end of their own defence and preservation. Nevertheless, while it was Hobbes's view that men were to act in accordance with the principles of natural law, since this was essential for the defence and preservation of themselves in conditions of peace, it was also the case that he saw the right of self-defence as a residual right that men were at liberty to exercise when their self-preservation was imperilled under conditions of war.

The right of self-defence that is enshrined in Hobbes's first law of nature is one

that possesses clear application to the sphere of international politics. For just as the first law of nature is to be interpreted as stipulating the endeavouring of peace to be a fundamental obligation falling on states and rulers, so also is the first law of nature to be interpreted as enshrining the right of states and rulers to act in their own defence through resort to war. To be sure, the terms of the first law of nature in its international application were such that the natural right of self-defence belonging to states and rulers was to be exercised only in circumstances where peace was unobtainable, and hence where the endeavouring of peace would obstruct the securing of the ends of the defence and preservation of states and rulers. Even so, the first law of nature was formulated such that it gave full recognition to the principle that while states and rulers were bound to act for peace, and so bound to act in accordance with the constraints imposed through the laws of nature that set the conditions for peace, they were nevertheless still to be thought of as possessing the substantive right to resort to war in their own defence. The principle of self-defence, as the basic legal justification available to states for the resort to war, occupied a central position in the law of nations in the form in which it existed before Hobbes wrote and in the form in which it developed after him. The principle still occupies a privileged position in international law in this the era of the United Nations. This is reflected in the recognition given to the right of individual or collective self-defence against armed attack in Article 51 of the Charter of the United Nations as an 'inherent' right.[53]

If the first law of nature enshrined the principle of self-defence, the third law of nature enshrined a principle that is no less fundamental to the law applying in the international sphere. The principle stated in the third law of nature was the principle of justice that covenants made were always to be performed by the parties to them. The application of the third law of nature to the sphere of international politics is plain. For when it is considered in this context, the law clearly implied the principle that agreements between sovereign rulers were to be thought of as binding in conscience as a condition of peace (and this even though, from Hobbes's viewpoint, there could be no superior power to compel sovereign rulers to the performance of their agreements). The principle that states should fulfil the terms of their international agreements is a foundational principle of international law, since it is the principle that underlies the law of treaties as the law arising from volun-

tary agreements between states. The pivotal position in international law of the principle of good faith in agreements appealed to in Hobbes's third law of nature is reflected in the overridingness assigned in international law to the rule *pacta sunt servanda*: that is, the rule that treaties are binding on the parties to them, and are to be performed by the parties in good faith.[54]

International law is a system of law that applies to the relations between independent states, and it is founded in the principle that the states that are its subjects are to be regarded as sovereign and equal. This is why the fundamental principle of international law is held to be the principle of the sovereignty and equality of states.[55] It is hardly necessary to emphasize that Hobbes thought of states as being sovereign in their rights and powers. For in his explanation of their origin and justification, states were states by virtue of their rulers bearing the rights and faculties of sovereignty. What needs to be emphasized, here, is that in his statement of the laws of nature, Hobbes affirmed that states were to be recognized as equals from the standpoint of the law to which they were subject. That Hobbes affirmed this is clear from the terms of the ninth, tenth and eleventh of the laws of nature laid down in *Leviathan*.

The ninth law of nature stated that men were to refrain from pride. In his explanation of the law, Hobbes emphasized that men by nature were to be counted as equals, and that, for men to enter into conditions of peace, it was required that they should be prepared to recognize one another in their natural equality. In its application to the sphere of international politics, this law is to be read as implying that states and rulers, who for Hobbes co-existed in a natural condition of society, were to recognize one another as equals as a basis for peace. An appeal to the principle of equality was also present in the tenth law of nature, which laid it down that men were to refrain from arrogance. The tenth law of nature provided that on entering into conditions of peace, men were not to reserve to themselves any rights which they were not prepared to allow to be reserved to other men. In its application to the sphere of international politics, the tenth law of nature is to be read as implying that, as a condition for peace, states and rulers were to be regarded as having full equality in their rights, in the sense that states were to reserve rights to themselves only on the basis of a strict equality. The same implication is to be found carried in the eleventh law of nature, which stated the basic principle

of equity. The eleventh law of nature laid it down that men who were entrusted to judge disputes were to deal equally with the parties. In its application to the sphere of international politics, the eleventh law of nature implied the idea that states and rulers were entitled to be dealt with as equals in matters concerning their rights and interests.[56]

The laws of nature that Hobbes saw as stating the principles of peaceful association among men comprised what he saw as the basic elements of the law of nations. As they had application to the sphere of international politics, the laws of nature that Hobbes specified included laws that set a framework of norms conducive to the establishing among states and rulers of a condition of society capable of regulation through laws. At the same time, the laws of nature included principles that are presupposed in the idea of international law, and that are implicit in the structure of international law as a form of legal regulation which applies to the relations between states and governments. Among these principles were the principle that states and governments should pursue and maintain peace, the principle of reciprocity, principles concerning the bases of exclusive territorial jurisdiction and rights of common use, the principles of embassies and diplomatic immunity, and principles pertaining to the procedures and instrumentalities appropriate for the peaceful settlement of international disputes. Finally, the laws of nature that Hobbes specified included what are easily recognizable as substantive principles of international law: the right of self-defence, the rule of good faith in agreements, and the principle of the sovereign equality of states. In other words, the laws of nature that Hobbes laid down were laws that are to be read as going together to form what is perfectly intelligible as a system of law appropriate to the regulation of the relations between states and governments, to the end of promoting and maintaining international peace.

v. Hobbes, Realism and International Law

We have emphasized that Hobbes considered that states and rulers were to be thought of as subject to the constraints of law in the sphere of their mutual external relations. To the extent that Hobbes pointed to and elaborated a framework of laws

that states and rulers were to conform with for the end of peace, then to this extent he must be adjudged to have possessed a concept of international law. Given that Hobbes possessed a concept of international law, then we should for this reason be much inclined to doubt whether it is proper to follow those who unhesitatingly situate Hobbes in what is known as the realist tradition in international relations.

Realism is one of the dominant traditions in international thought and practice.[57] In the realist tradition, it has been assumed that the principal elements in international politics are states, and that the essence of international politics lies in the structure of relations obtaining among free and independent states. It has also been assumed in the realist tradition that the sphere of the mutual co-existence of states constitutes a condition not of society, but rather a condition of anarchy, and this for the reason that states that are free and independent are by definition not to be thought of as bound in subjection to any higher political superior. Considered as entities co-existing in the condition of international anarchy, states have been regarded by realist thinkers as standing to one another in a condition of conflict, antagonism and competition, even if not in the condition of war as such.

The presence of conflict, antagonism and competition among states is, for realism, the fundamental and inescapable fact about international politics. In consequence of it, realists have tended to view states as being licensed to exercise the power at their disposal in pursuit of their own exclusive interests, and to do this without regard for such constraints of law, justice and morality as might serve to qualify, reduce, or even eliminate the conditions of conflict, antagonism and competition inherent in international relations. Given, then, that the realist tradition is one where the power and self-interest of states have been viewed as the ultimate determinants of international relations, it is quite understandable why the realist tradition is a tradition that has been held to be particularly resistant to the idea of international law as the basis for establishing the terms of order, justice and cooperation among states.

It is a commonplace of commentaries on international theory that Hobbes is to be taken as belonging to the realist tradition in international relations.[58] This is true, for example, of the view taken of Hobbes in such seminal theories of international relations as those provided by Edward Hallett Carr,[59] Martin Wight[60] and Hedley Bull.[61]

There are two obvious respects in which the perspective that Hobbes adopted on international politics is to be aligned with the realist perspective in international thought and practice. First, it must be acknowledged that Hobbes did see the sphere of international politics as anarchical in the senses affirmed by realist international theorists. He did so not only in the sense that he took the sphere of international politics to comprise the sphere of the co-existence of states that were not as such to be made subject to any political superior bearing the rights and powers of government. He did so in the much stronger sense that he saw international politics as comprising a sphere of politics in which free and independent states were to be thought of as co-existing in what for him was the natural state of war. In other words, he saw the essential condition of states in the sphere of their mutual external relations as one of conflict, antagonism and competition. The second respect in which Hobbes would appear to conform with the realist perspective on international politics is that he accepted that the power and interests of states were to be thought of as essential determinants in the structuring of their mutual external relations. For he affirmed that states, or at any rate the rulers of states, were to be thought of as possessing the right and liberty to use the power at their disposal to act for their own defence and preservation without regard to the rights and interests of other states, and that, in doing so, states and rulers were entitled to avail themselves of all the means of war.

While Hobbes conceived of the sphere of international politics as one of international anarchy, as he did, and while he also saw international politics as involving states exercising their power in pursuit of their own defence and preservation through resort to the means of war, there are nevertheless important respects in which the view he took of international politics is not to be reconciled with the view that is associated with realism. The crucial considerations, here, are to do with the view that Hobbes took of the right of war, and with the affirmation he made of law as a factor in the sphere of international politics.

It is quite plain that Hobbes thought of states and rulers as possessing the right of war in respect of their own defence and preservation. However, in Hobbes's account of the matter, the right of states and their rulers to defend themselves through the means of war was essentially a residual right, and one where the possession of it by states and rulers was not to be thought of as negating the funda-

mental obligation falling on them to act for peace when there existed the prospect of obtaining it. Indeed, the natural right of self-defence, which grounded the right of war, was, from Hobbes's standpoint, a right that states and rulers were properly to exercise only in the context of their conformity with the principles of peace contained in the laws of nature. From this it must be taken to follow that Hobbes did not think of the power and interests of states as the sole determinants of international politics. For it is clear that Hobbes thought that states and rulers were to exercise their power, and to pursue their interests, within the framework of norms which embodied principles of law and justice, and which operated as binding normative constraints on states and rulers.

The principles of law and justice that Hobbes regarded as binding on states and rulers in the sphere of their mutual external relations were the laws of nature. These, of course, were laws stating what Hobbes identified as the basic principles of the law of nations. As we have seen in the present paper, the laws of nature in their international application were laws which served to establish the conditions for society among states and rulers, albeit a form of society which, in Hobbes's terms, was one where the states co-existing in it were to remain free from subjection to a superior political power. At the same time, we have also seen that the laws of nature in their international application were laws that went together to comprise a system of law that it is appropriate to take to stand as a system of law applying to states and rulers, and serving to establish the fundamental terms and conditions of peaceful association among them in the sphere of their mutual external relations. That is to say, the laws of nature in their international application comprised a law of peace that, in addition to enshrining the right of war as a right of self-defence, also provided that states and rulers were, among other things, to act for peace, to work to establish sociable relations among themselves up to and including the maintenance of freedom of trade and commerce on a non-discriminatory basis, to resolve disputes through procedures of peaceful settlement, to perform the terms of international agreements in good faith, and to respect one another in their sovereignty and equality. In the sense that Hobbes affirmed that states and rulers were bound by the terms of the law of peace so conceived, then it is to be concluded that he is not straightforwardly to be placed in the realist tradition in international relations.[62]

We have pointed to Hobbes's affirmation of principles of international law in order to bring into question the claim that he is to be aligned with the realist tradition in international thought and practice. In view of this, it is pertinent to conclude the present paper by asking where Hobbes stands in the tradition of international law.

The answer to this question is readily made. For Hobbes stands with Grotius, Pufendorf, Wolff and Vattel in the modern secular natural law tradition in moral, legal and political thought, and this tradition represents nothing less than the classical tradition in thinking about the law of nations. This is not to say that there are not important differences between Grotius, Hobbes, Pufendorf, Wolff and Vattel with respect to the particular views they took as to the status of the law that they regarded as applying to states and rulers. Here, it should be emphasized that Grotius saw the law applying to states and rulers in the international sphere as based in natural law, but as including also elements of the positive law of nations, with this being, in his specification of it, law that was based in the will of states.[63] In this, Grotius was followed by Wolff and Vattel, who went on to expound the law applying in the international sphere as essentially a compound of elements of natural law and positive law.[64] As against Grotius, however, Hobbes maintained that the law of nations comprised nothing other than natural law. In this specification of the law of nations, Hobbes was to be followed by Pufendorf.[65]

Despite their differences, Grotius, Hobbes, Pufendorf, Wolff and Vattel were united in assuming that the foundations of the law of nations lay in the law of nature. So also were they united in their exposition of the law of nature as law that was unchanging, universal and necessary, and hence as law that was neither contingent on the agreement of men and states, nor subject to variation or modification through the customary practice of men and states. Here, the work of the secular natural law thinkers must be taken to answer to what has been the abiding aspiration of the tradition of international law. This is the aspiration to establish a rule of law which would affirm the liberty and independence of states in the sphere of their mutual external relations, and hence affirm the liberty and independence of men in the condition of the civil state, but which at the same time would serve to make law itself, rather than the will, power or self-interest of states, the ultimate foundation and determinant of the liberty and independence belonging to states in the interna-

tional sphere and to men associated together in the condition of statehood. In expounding the basis of the law of nations in terms of principles of natural law, thinkers like Grotius, Hobbes, Pufendorf, Wolff and Vattel gave clear expression to this ideal conception of international law. For their identification of the law of nations with the law of nature underlines that they conceived of the law applying in the international sphere as a universal system of law that pertained to the relations between free and independent states, but one that nevertheless constituted a juridical framework for the relations between states which was not founded merely in the will, power and interests of states and rulers.

There are, then, good reasons to claim Hobbes for the tradition of international law by virtue of his identification of the laws of nature as comprising the substance of the law of nations. However, to claim Hobbes as a defender of international law in this way involves a fundamental problem. This has to do with the arguments that Hobbes expounded that suggest that he would not have accepted that a law applying to states and rulers that consisted in nothing more than natural law was to be thought of as law in the proper sense. Of central consideration, here, are those of Hobbes's arguments that indicate that he held that the only form of law that was to be thought of as law in the proper sense was positive law, and that he held that positive law, in its specifically human form, was to be thought of as comprising civil law alone.

Hobbes defined positive law as law that was established not through the exercise of natural reason, but through the will and command of some person or persons possessing a sovereign power of law-making. In Hobbes's view, there were two forms of positive law: human and divine. Positive laws that were divine were laws that expressed the commandments of God. The sphere of human positive law, on the other hand, was the sphere of civil law.[66]

For Hobbes, civil law was the law maintained in commonwealths, and hence law that was supported by the institutions of government through which sovereignty was exercised in the condition of the civil state. That is to say, the civil law, as the law maintained in the condition of the civil state, was the law established through the command of the sovereign in the state, and applied and enforced in respect of subjects through the exercise of the rights and powers that belonged to the sovereign. The civil law was law in the proper sense, in Hobbes's view, for the reason

among others that, in contrast to the laws of nature, the civil law was law that applied in a condition of society where there existed a sovereign power to enforce it, and hence law that imposed an obligation of compliance on its subjects which was binding not merely in conscience (as was the case with the laws of nature), but also binding in effect. As for the laws of nature in their specifically international dimension, these were laws that applied to states and rulers as associated together in a condition of society where there was established no superior political power to enforce them. Accordingly, they were laws that, in Hobbes's terms, were incapable of imposing on states and rulers a real and effective obligation of compliance.[67]

There is no denying that Hobbes wrote of civil law as law in the full and proper sense, and that, for him, the laws of nature stood as a form of law that, in contrast to civil law, fell short of being law in the full and proper sense by virtue of their imposing no real and externally sanctioned obligation of compliance with their terms. Nor is there any denying that, for Hobbes, the law of nations, in its status as the laws of nature applied to the sphere of international politics, stood as a form of law that, when set against civil law, was defective in the respect that it carried with it no real and externally sanctioned obligation of compliance that was inescapably binding in effect for states and rulers. However, it should not be concluded from this that Hobbes was a denier of international law as such, or that he would have been opposed to the extension in the sphere of international law that took place after his own time. For it is not obvious that the contrast Hobbes assumed between civil law and the laws of nature, as forms of law, was such that it would have compelled him to see a fundamental contradiction between, on the one hand, what he regarded as the necessity that men seek peace through association in states whose rulers possessed the sovereign rights and powers he assigned to them and, on the other hand, the existence of a regime of international law laying down the principles of peace to be followed by states and rulers in the international sphere. On the contrary, it is much more appropriate to regard the identification that Hobbes made of the law of nations with the laws of nature as serving to do no more than to point to the inherent limitations of international law as a form of legal regulation.

The limitations of the law applying to states and rulers that Hobbes pointed to with his identification of the law of nations with natural law followed from what is

one of the clearest distinctions drawn in his civil philosophy. This is the distinction between the form and structure of legal regulation that he thought was to make for peace among men in the condition of the civil state and the form and structure of legal regulation that he saw as establishing the terms of peace among states and rulers in the international sphere. Here, it must be emphasized that in identifying the law of nations with natural law, Hobbes underlined that the law applying to states and rulers was a form of law which remained unsupported by the institutional structure of government that he took to be essential to the organization of the sovereign legal order of the civil state. That is to say, Hobbes underlined that the law applying to states and rulers was a form of law which remained unsupported by centralized governmental agencies possessing rights and powers in respect of the making of law, the adjudication of disputes concerning infringements of law, and the execution and enforcement of law through the application of sanctions and through other means of coercive force. So, at the same time, did he underline that the law applying to states and rulers was law that laid down obligations which were in principle to be fulfilled by states and rulers as a matter of good faith (since the endeavouring of peace was the first duty falling on states and rulers), but obligations whose effective fulfilment was not something that was to be secured through the exercise of rights of government or the exercise of coercive power against the states and rulers to which they related.

There is nothing about the limitations belonging to the law applying to states and rulers that Hobbes pointed to with his identification of the law of nations with natural law which should persuade us to deny the status of law to international law. For the system of international law that obtains in the contemporary world is a system of law which lacks centralized governmental institutions of legislation, adjudication and executive rule, as well as being a system of law which lacks the instrumentalities of coercive power for compelling compliance with law that are essential to the maintenance of law and government in the civil state. So likewise is the system of international law of today a system of law stating obligations whose fulfilment by states and rulers depends on their consent and good faith, but obligations whose fulfilment by states and rulers is not conditional on the presence of means of coercion and, hence, obligations whose validity and existence are not to be thought of as conditional on the presence of sanctions and a political power to apply and

enforce them.

In all these respects, the form and structure of contemporary international law must be taken to confirm the truth of the distinction that Hobbes recognized between the form of legal order maintained in states and the form of legal order that was to obtain among states and rulers in the international sphere. Nor is there anything remarkable about this. For the differences between state law and international law that Hobbes recognized, and the limitations of international law that these differences go to underline, are matters where there is little to divide Hobbes from other thinkers who have addressed the question of the status of the law applying to states in the international sphere. This is true, for example, of the German philosopher Immanuel Kant (1724-1804), as witness the discussion of the law of nations in his famous essay *Perpetual Peace* (1795).[68] For, here, Kant held that the law of nations was to be founded in a constitutional relationship among states that he called a federation of free states, but, at the same time, emphasized that the form of constitution that was to be embodied in the federation was to be distinct from the form of constitution that based the municipal law of states for the reasons, among others, that the federation was to have no right of coercion with respect to the enforcement of the law of nations against states and governments, and that it was to have none of the legislative, adjudicative and executive powers that were esssential to the idea of the constitution of the civil state.[69]

Kant's place in the tradition of international law is well understood. However, this is not the case with Hobbes. To the extent that Hobbes is judged to stand outside, or to stand opposed to, the tradition of international law for reasons that are to do with the distinctions he pointed to between state law and international law, and for reasons that are to do with his sense of the limitations of international law as a form of legal regulation, then this is a judgment which, in accordance with the argument of the present paper, we should revise in favour of Hobbes as a defender of international law.

NOTES

1. Thomas Hobbes, *The Elements of Law Natural and Politic*, edited with a Preface and Critical Notes by Ferdinand Tönnies (1889), 2nd edition with a new Introduction by M.M. Goldsmith (London: Frank Cass, 1969).
2. Thomas Hobbes, *De Cive*, The English Version, entitled in the first edition *Philosophicall Rudiments concerning Government and Society*, ed. Howard Warrender, The Clarendon Edition of the Philosophical Works of Thomas Hobbes, Volume 3 (Oxford: Clarendon Press, 1983).
3. Thomas Hobbes, *Leviathan, or the Matter, Forme and Power of a Commonwealth Ecclesiasticall and Civil*, edited with an Introduction by Michael Oakeshott (Oxford: Basil Blackwell, 1946).
4. For brief discussions of Hobbes in relation to the question of international politics in two notable critical commentaries on his political thought, see: Howard Warrender, *The Political Philosophy of Hobbes: His Theory of Obligation* (Oxford: Clarendon Press, 1957), Chapter 6, pp. 118-20; David P. Gauthier, *The Logic of Leviathan: The Moral and Political Theory of Thomas Hobbes* (Oxford: Clarendon Press, 1969), Appendix: 'Hobbes on International Relations'. For penetrating discussions of Hobbes that focus directly on his approach to international politics, see: Murray Forsyth, 'Thomas Hobbes and the External Relations of States', *British Journal of International Studies*, 5 (1979), 196-209; Howard Williams, *International Relations in Political Theory* (Milton Keynes: Open University Press, 1992), Chapter 6: 'Hobbes: War and the Laws of Nature'; Cornelia Navari, 'Hobbes, the State of Nature and the Laws of Nature', in *Classical Theories of International Relations*, ed. Ian Clark and Iver B. Neumann (London: Macmillan, 1996), pp. 20-41.
5. Hugo Grotius, *De Jure Belli ac Pacis Libri Tres* (1646 edition), trans. Francis W. Kelsey *et al.*, The Classics of International Law, No. 3, Volume 2 (Oxford: Clarendon Press, 1925).
6. Samuel Pufendorf, *De Jure Naturae et Gentium Libri Octo* (1688 edition), trans. C.H. and W.A. Oldfather, The Classics of International Law, No. 17, Volume 2 (Oxford: Clarendon Press, 1934).
7. Christian Wolff, *Jus Gentium Methodo Scientifica Pertractatum* (1764 edition), trans. Joseph H. Drake, The Classics of International Law, No. 13, Volume 2 (Oxford: Clarendon Press, 1934).

8. Emer de Vattel, *Le Droit des Gens, ou Principes de la Loi Naturelle, appliqués à la Conduite et aux Affaires des Nations et des Souverains* (1758 edition), trans. Charles G. Fenwick, The Classics of International Law, No. 4, Volume 3 (Washington DC: Carnegie Institution of Washington, 1916).
9. For Hobbes in relation to modern natural law thought, see: Richard Tuck, *Natural Rights Theories: Their Origin and Development* (Cambridge: Cambridge University Press, 1979), especially Introduction and Chapter 6.
10. Hobbes, *Leviathan*, Part I, Chapter XIII, pp. 82, 83.
11. For Hobbes's argument here, see: *Leviathan*, I.XV, p. 103.
12. Hobbes, *Leviathan*, I.XIV, p. 84.
13. Ibid., I.XIV, p. 85.
14. Ibid.
15. For Hobbes's argument here, see: *Leviathan*, I.XIV, p. 86.
16. For Hobbes's explanation of covenant, see: *Leviathan*, I.XIV, p. 87.
17. Hobbes, *Leviathan*, I.XV, p. 93.
18. Ibid., I.XV, p. 94.
19. For Hobbes on the covenant instituting the commonwealth, see: *Leviathan*, II.XVII, pp. 112-13; II.XVIII, p. 113.
20. As Hobbes explained the matter, covenants were to be considered valid (and so binding in effect) only where there was some power established with right and force sufficient to compel performance. Accordingly, the validity of covenants, and so also the possibility of justice and injustice, presupposed the existence of a commonwealth with a civil power possessing adequate means of coercion. For Hobbes's arguments here, see: *Leviathan*, I.XIV, pp. 89-90; I.XV, p. 94.
21. Hobbes, *Leviathan*, II.XVIII, p. 117.
22. Ibid.
23. Ibid., II.XVIII, pp. 117-18, 118.
24. Ibid., II.XVIII, pp. 118-19. For Hobbes on the necessity that the sovereign power be indivisible, see also: *Leviathan*, II.XXIX, p. 213.
25. Hobbes's sense that the commonwealth depended for its freedom and independence on the possession by its ruler of sovereign rights is underlined in his insistence that it was contrary to the duty of the sovereign to relinquish any of the rights of sovereignty in favour of another. *Leviathan*, II.XXX, p. 219.

26. Hobbes, *Leviathan*, I.XIII, p. 83. In *De Cive*, Hobbes characterized the condition of commonwealths in the sphere of their external relations in the following terms: 'the state of Common-wealths considered in themselves, is natural, that is to say, hostile.'*De Cive*, Part II, Chapter XIII, Section VII, p. 159.
27. In connection with the argument set out here, see: Forsyth, 'Thomas Hobbes and the External Relations of States', especially pp. 207-9.
28. Hobbes, *The Elements of Law*, Part 2, Chapter 10, Section 10, p. 190.
29. Hobbes, *De Cive*, II.XIV.IV, p. 171.
30. Hobbes, *Leviathan*, II.XXX, pp. 231-2.
31. Ibid., I.XV, p. 99.
32. Ibid.
33. Ibid., I.XV, pp. 99-100.
34. Ibid., I.XV, p. 100.
35. Ibid.
36. Ibid., I.XV, pp. 100-1.
37. Ibid., I.XV, p. 101.

38. Ibid. For Hobbes on distributive justice as involving the distribution of equal benefits and advantages to persons of equal merit, see: *Leviathan*, I.XV, p. 98.
39. Hobbes, *Leviathan*, I.XV, p. 101.
40. Ibid.
41. Ibid., I.XV, p. 102.
42. Ibid.
43. Ibid.
44. Ibid.
45. Ibid.
46. Ibid.
47. Ibid., I.XV, p. 103.
48. For Hobbes's statements of the laws of nature in these works, see: *The Elements of Law*, 1.15-17; *De Cive*, I.II-III.
49. Hobbes, *The Elements of Law*, 1.16.12.
50. Hobbes put the matter thus: 'It is also a law of nature, *That men allow commerce and traffic indifferently to one another*. For he that alloweth that to one man, which he denieth to another, declareth his hatred to him, to whom he denieth; and to declare hatred is

war. And upon this title was grounded the great war between the Athenians and the Pelopennesians. For would the Athenians have condescended to suffer the Megareans, their neighbours, to traffic in their ports and markets, that war had not begun.' *The Elements of Law*, 1.16.12, p. 87.

51. Thus Article 29 of the Vienna Convention on Diplomatic Relations (1961) affirms the inviolability of the person of the diplomatic agent: he is not to be liable to arrest or detention, and the receiving state is to extend to him due respect and to prevent attacks on his person, freedom and dignity. For the text of the Convention, see: *Basic Documents in International Law*, ed. Ian Brownlie, 4th edition (Oxford: Clarendon Press, 1995), pp. 217-34.

52. Hence Article 2, paragraph 3 of the Charter of the United Nations (1945) affirms that member states of the United Nations are to settle international disputes through peaceful means. Articles 33 to 38 concern the pacific settlement of international disputes. Thus Article 33 states that the parties to a dispute likely to endanger international peace and security are to seek a resolution of the dispute by peaceful means of their own choice, such as negotiation, mediation, arbitration or judicial settlement. The principle that states should settle international disputes by peaceful means is also affirmed as Principle (b) in the Declaration on Principles of International Law concerning Friendly Relations and Co-operation among States in Accordance with the Charter of the United Nations (1970). For the texts of the Charter of the United Nations and the Declaration on Principles of International Law concerning Friendly Relations and Co-operation among States in Accordance with the Charter of the United Nations, see: Brownlie (ed.), *Basic Documents in International Law*, pp. 1-35, 36-45.

53. Regarding Hobbes and the contemporary era in international law, it should be noted that what Hobbes saw as the natural right of states and rulers to self-defence, through resort to the means of war, would appear to stand in conflict with the principle that the use of force by states in defence of their interests is normally considered unlawful, on account of Article 2, paragraph 4 of the Charter of the United Nations. This provides that member states of the united Nations are to refrain from the threat or use of force against the territorial integrity or political independence of other states. However, Article 51 affirms that nothing in Charter should be taken to impair or qualify the inherent right of individual or collective self-defence with regard to armed attack against a member state of the United Nations (at least until such time as the Security Council has taken measures to maintain

international peace and security). To the extent that defence against armed attack is accepted as a lawful justification for the use of force by states, then this is a right that conforms in its essential meaning with the natural right of self-defence that Hobbes affirmed with his statement of the first law of nature.

54. The rule *pacta sunt servanda* is stated in Article 26 of the Vienna Convention on the Law of Treaties (1969). For the text of the Convention, see: Brownlie (ed.), *Basic Documents in International Law*, pp. 388-425.
55. The principle of the sovereignty and equality of states is affirmed in the Charter of the United Nations, and in the Declaration on Principles of International Law concerning Friendly Relations and Co-operation among States in Accordance with the Charter of the United Nations. See Article 2, paragraph 1 of the Charter, and Principle (f) as stated and elaborated in the Declaration.
56. In the Declaration on Principles of International Law concerning Friendly Relations and Co-operation among States in Accordance with the Charter of the United Nations, the following are affirmed to be among the elements of the principle of the sovereign equality of states: states are equal in juridical terms; each state is to enjoy all the rights inherent in full sovereignty; each state is bound to respect the personality of other states. Hence the principle of the sovereign equality of states presupposes that states are required to recognize that they possess the rights essential to sovereignty on the basis of strict equality. A requirement of this sort would appear to be laid on states under the terms of the ninth, tenth and eleventh laws of nature that Hobbes stipulated in *Leviathan*.
57. On the realist tradition in international thought and practice, see: Michael Joseph Smith, *Realist Thought from Weber to Kissinger* (Baton Rouge and London: Louisiana State University Press, 1986); Steven Forde, 'Classical Realism', and Jack Donnelly, 'Twentieth-Century Realism', in *Traditions of International Ethics*, ed. Terry Nardin and David R. Mapel (Cambridge: Cambridge University Press, 1992), pp. 62-84, 85-111.
58. On Hobbes as a representative of the realist tradition, see: Smith, *Realist Thought from Weber to Kissinger*, Chapter 1, pp. 12-15; Forde, 'Classical Realism', pp. 75-7.
59. For E.H. Carr on Hobbes, see the references to Hobbes in the work that stands as Carr's classic contribution to the theory of international relations: *The Twenty Years' Crisis, 1919-1939: An Introduction to the Study of International Relations* (1939), 2nd edition as first published in 1946 (New York: Harper and Row, 1964), Chapter 5, pp. 64-5; Chapter 8, p. 112; Chapter 9, pp. 148, 153; Chapter 10, p. 176.

60. For Martin Wight on Hobbes in relation to realism, see his posthumously published lecture series from the 1950s: *International Theory: The Three Traditions*, ed. Gabriele Wight and Brian Porter, with an introductory essay by Hedley Bull (Leicester and London: Leicester University Press, 1991), especially Introduction, p. 6; Chapter 1, pp. 17, 20; Chapter 2, pp. 25-6; Chapter 3, pp. 30-1, 33-6; Chapter 7, pp. 138-9; Chapter 11, pp. 233, 247.

61. For Hedley Bull on Hobbes as representative of the realist tradition, see: *The Anarchical Society: A Study of Order in World Politics* (1977), 2nd edition with a new Foreword by Stanley Hoffmann (London: Macmillan, 1995), Chapter 2, pp. 23-6, 44-9; 'Hobbes and the International Anarchy', *Social Research*, 48 (Winter 1981), 717-38.

62. One of the more notable defects of the realist interpretation of Hobbes as a theorist of international politics is that it assumes that Hobbes thought of the sphere of international politics as a condition of society which remained devoid of all moral and legal standards, and hence as a condition of society where states and rulers were bound by no constraints of law and justice. Thus Bull: 'The Hobbesian prescription for international conduct is that the state is free to pursue its goals in relation to other states without moral or legal restrictions of any kind.' *The Anarchical Society*, p. 24. (See also: Carr, *The Twenty Years' Crisis*, p. 153.) However, it is plain that Hobbes conceived of the sphere of international politics as a condition of society that was subject to the laws of nature, and that, for Hobbes, the laws of nature embodied the ethical and legal constraints to which states and rulers were to be thought of as being bound.

63. The principles of natural law that Grotius explained as basing the law of war and peace he saw as applying to states and rulers included principles concerning the duty to respect property, the duty to keep agreements, and the right to inflict punishments for transgressions of the law. *De Jure Belli ac Pacis*, Prolegomena, Section 8. Grotius' view that the law of nations proper was a form of positive law, which derived from the will of states and rulers, is indicated by his placing of the law of nations together with the municipal law of states as forming the sphere of what he called volitional human law. *De Jure Belli ac Pacis*, Book I, Chapter I, Section XIV.

64. According to Wolff and Vattel, the law of nations comprised the law of nature and elements of positive law. The latter were set out as follows: the voluntary law of nations, this being the law of nature modified to accord with the circumstances of states; the law of treaties; customary international law. For Wolff's specification of the parts of the law of nations, see: *Jus Gentium Methodo Scientifica Pertractatum*, Prolegomena. For Vattel's

specification of the same, see: *Le Droit des Gens*, Preface, Introduction.

65. For Pufendorf's identification of the law of nations with the law of nature, see: *De Jure Naturae et Gentium*, Book II, Chapter III, Section 23, p. 226.
66. For Hobbes on positive law distinguished from natural law, and on the distinction between human positive law and divine positive law, see: *Leviathan*, II.XXVI, pp. 186-8. Hobbes's identification of the sphere of human positive law with civil law is underlined by his statement in *De Cive*: 'All *humane law* is *civill*.' *De Cive*, II.XIV.V, p. 171.
67. In discussion of civil law in *Leviathan*, Hobbes maintained that the laws of nature were not properly laws, but rather principles referring to qualities that disposed men to peace and obedience. The laws of nature, he here observed, could become law in the proper sense only in consequence of the establishing of the commonwealth, in which condition of society they would stand as commands having the force of civil law and supported by a sovereign power capable of compelling men to obey them. *Leviathan*, II.XXVI, p. 174. The question of the precise normative status that Hobbes assigned to the laws of nature, and the question of the connection that Hobbes saw as obtaining between natural law and civil law, are questions that have received detailed treatment in the critical commentaries. For a reading of Hobbes where it is argued that he thought of the laws of nature as laws proper and as imposing a valid obligation on men to endeavour peace, see: Warrender, *The Political Philosophy of Thomas Hobbes*. For a reading where it is argued that Hobbes held that the only law that was law in the proper sense was civil law, see: Michael Oakeshott, 'The Moral Life in the Writings of Thomas Hobbes' (1960), in his *Hobbes on Civil Association* (Oxford: Basil Blackwell, 1975), pp. 75-131.
68. Immanuel Kant, *Perpetual Peace: A Philosophical Sketch*, in Kant, *Political Writings*, trans. H.B. Nisbet, ed. Hans Reiss, 2nd edition, enlarged (Cambridge: Cambridge University Press, 1991), pp. 93-130.
69. For Kant's explanation of the federation of free states as the constitutional foundation of the law of nations, see: *Perpetual Peace*, Second Definitive Article of a Perpetual Peace: The Right of Nations shall be based on a Federation of Free States, pp. 102-5. For discussion of Kant's projected federation of free states, where it is explained how Kant's appeal to the idea of the federation reflects his break with the secular natural law tradition of Grotius, Hobbes, Pufendorf, Wolff and Vattel, see: Charles Covell, *Kant and the Law of Peace: A Study in the Philosophy of International Law and International Relations* (London: Macmillan, 1998), Chapter 4, pp. 93-100; Chapter 6, pp. 124-141.

編集後記

比較法史学会機関誌『Historia Juris 比較法史研究——思想・制度・社会』第九号をここにお届けできることを光栄に思う。本号は、その刊行が例年よりも少し遅れたため、世紀をまたいで世に出されるという、希有な巻となった。

子供の頃から、「二十一世紀」について、まるで「夢の世紀」とでもいうような印象を吹き込まれて育ってきた私たちにしてみると、年が明けても前年末と少しも変わらぬ時間が経過していくことには、何となく裏切られたような気がしないでもない。むろん、世紀の変わり目といったところで、それは一つの宗教の採用する時代の数え方にしたがった場合のことに過ぎず、「比較」法史学を志す私たちとしては、そのような特定の地域・文化に特有の時代区分法に振り回されることは、諌められなければならないのであろう。

しかしながら、歴史認識にとっては、世紀で括ることが便利であり、また有意義である、ということも少なくない。「啓蒙主義の時代」としての一八世紀、「市民の時代」としての一九世紀といった具合である。「世紀」という百年区切りではないが、「明治時代」、「ヴィクトリア時代」、「ヴィルヘルム時代」といった、君主の治世を基準とした括り方も似たような意味をもつ。要するに、一つの時代に通底する何らかの時代特性が歴史認識者の中にある程度定着するとき、そこにある「世紀」なり、ある「治世」について語る、という営為が成立するのである。

しかし、そうして成立した時代認識は常に普遍的なものではあり得ない。ある時代認識には、それを成立させる価値観が存在する。しかし価値観が多様であれば、歴史認識も多様にならざるを得ない。

本号は、一九九九年三月、東京大学法学部において、統一テーマ「文明と法の衝突」の下に開催された、比較法史学会第九回研究大会での研究報告をはじめとした論説、書評、学会動向などから成り立っている。「文明と法の衝突」というときの「文明」は、もちろん決して単数形において語りうるものではない。「文明」は一つではない。そしてそれらを成り立たしめている価値観もまたさまざまである。法にももちろんそれを生み出した「文明」に規定されている側面があるが、それと同時に法には法独自の価値と論理がある。「文明と法の衝突」は、そのような場面で発生する。比較法史学の立場から「文明と法の衝突」を捉えるということは、特定の「文明」の立場からの歴史認識・法史学的認識に再検討を施す、という作業を意味する。本号に収録された諸論稿は、一見すると多種多様であるが、基本的にはこのような方向を指し示しているように思われる。御論稿を寄せられた多くの方々に、編集委員会の名において厚く御礼申し上げたい。

なお、本誌の編集に際しては、編集委員会の諸氏に全面的なお力添えをいただいた。また、刊行に際しても、従来同様に比較法制研究所の関係者の方々が編集実務を支えて下さり、未來社社長の西谷能英氏にも変わらぬ御尽力をいただいた。機関誌第九号編集主任として、この場を借りて改めて御礼申し上げたい。

二〇〇一年一月一二日

第九号編集委員会
海老原明夫

執筆者紹介

●**赤松秀岳**（熊本県立大学）
『物権・債権峻別論とその周辺――二〇世紀ドイツにおける展開を中心に』（成文堂）、『口述講義　債権総論』（信山社）、『十九世紀ドイツ私法学の実像』（成文堂）、『賃借権の侵害』（一粒社）

●**海老原明夫**（東京大学）
「ヴェーバーとエールリッヒ――『法の歴史社会学』の二つの試み」（『Historia Juris 比較法史研究――思想・制度・社会』第一号、未來社）、『法の近代とポストモダン』（編著、東京大学出版会）、「リストの刑法学方法論」（西川・新田・水林編『罪と罰の法文化史』、東京大学出版会）、「自己の出自を知る権利と嫡出否認――ドイツ連邦憲法裁判所の判決と親子法の改正」（『法学協会雑誌』第一一五巻第三号）

●**Eugen Ehrlich**（チェルノヴィッツ大学）
Die Rechtsfähigkeit, 1909. Grundlegung der Soziologie des Rechts, 1913. Die juristische Logik, 1918.

●**大石眞**（京都大学）
『議院自律権の構造』（成文堂）、『議院法制定史の研究』（成文堂）、『日本立法資料全集3　議院法』（信山社）、『日本憲法史』（有斐閣）、『憲法と宗教制度』（有斐閣）

●**大沼保昭**（東京大学）
「フーゴー・グロティウスにおける『一般国際法』の観念」（国家学会百年記念『国家と市民』第二巻、有斐閣）、『倭国と極東のあいだ――歴史と文明のなかの「国際化」』（中央公論社）、A Normative Approach to War――Peace, War, and Justice in Hugo Grotius (ed.) (Clarendon Press, Oxford, 1993).『戦争と平和の法――フーゴー・グロティウスにおける戦争・平和・正義』（編）（補正版、東信堂）、『人権、国家、文明――普遍主義的人権観から文際的人権観へ』（筑摩書房）、『東亜の構想――二一世紀東アジアの規範秩序を求めて』（編著）（筑摩書房）

●**小川侃**（京都大学）
『現象とロゴス』（勁草書房）、『現象学と文化人類学』（世界書院）、『現象学と構造主義』（世界書院）、『自由への構造』（理想社）

●**小野山節**（京都大学名誉教授）
『古墳と国家の成立ち』（編著、講談社）、『王陵の比較研究』（編著、京都大学文学部考古学研究室）、アンドレ・パロ『人類の美術　シュメール』（共訳、新潮社）、「五千年前のシュルレアリスム思潮――比較考古学による新しい時代区分の試み」（『Historia Juris 比較法史研究――思想・制度・社会』第八号、未來社）

●**笠谷和比古**（国際日本文化研究センター）
『主君「押込」の構造――近世大名と家臣団』（平凡社）、『近世武家社会の政治構造』（吉川弘文館）、『士の思想――日本型組織・強さの構造』（日本経済新聞社）、『関ヶ原合戦――家康の戦略と幕藩体制』（講談社）、『徳川吉宗』（筑摩書房）

●**河上倫逸**（京都大学）
『ドイツ市民思想と法理論――歴史法学とその時代』（創文社）、『法の文化社会史――ヨーロッパ学識法の形成から歴史法学の成立まで』（ミネルヴァ書房）、『巨人の肩の上で』（未來社）、ハーバーマス『コミュニケイション的行為の理論』（共訳、未來社）、同『法と正義のディスクルス』（編訳、未來社）、エールリッヒ『法社会学の基礎理論』（共訳、みすず書房）

●**Charles Covell**（筑波大学）
The Defence of Natural Law : A Study of the Ideas of Law and Justice in the Writings of Lon L. Fuller, Michael Oakeshott, F. A. Hayek, Ronald Dworkin and John Finnis (London : Macmillan ; New York : St Martin's Press, 1992). Kant, Liberalism and the Pursuit of Justice in the International Order (Münster, Hamburg : Lit, 1994). Kand and the Law of Peace : A Study in the Philosophy of International Law and International Relations (London : Macmillan ; New York : St Martin's Press, 1998).

●**白鳥ケイ**（比較法史学会会員）
「言語の規範性とは何か」（『Historia Juris 比較法史研究――思想・制度・社会』第三号、未來社）

●**Gerhard Dilcher**（フランクフルト大学名誉教授）
Die lombardische Stadtkommune, 1967. Christentum und modernes Recht (Hrsg.), 1984. Der deutsche Juristentag 1960-1980, 1980/1997. Bürgerrecht und Stadtverfassung im europäischen Mittelalter, 1996. Rechtserfahrung DDR, 1997.

●**西川珠代**（九州歯科大学）
「裁判官の図像学――ドイツ中世後期の法廷描写に見る側面像と正面像」（『Historia Juris 比較法史研究――思想・制度・社会』第六号、未來社）、「言語と法の自然史――ヤーコプ・グリムの比較文化史」（河上倫逸編『ゆらぎの法律学――規範の基層とそのダイナミズム』、風行社）

●**蓮沼啓介**（神戸大学）
『西周に於ける哲学の成立――近代日本における法哲学成立のためのエチュード』（有斐閣）、「カント哲学と規範認識」（碧海純一先生還暦記念『自由と規範』、東京大学出版会）、「明治維新の法哲学」（『神戸法学雑誌』第四〇巻第三号）

●**東尚史**（京都大学大学院）
「ハイゼにおける国際的法比較の端緒」（『法学論叢』掲載予定）、「プロイセン枢密院における立法問題と実務家サヴィニー」(『ドイツ文化・社会史研究』第四号)、「社会の近代化と国家アイデンティティーの動態」(共訳、『聖学院大学総合研究所紀要』第十三号)

◉福永英雄(京都大学大学院)

「情報化と物象化――コミュニケーション・経済・文化」(『比較文明』14、刀水書房)、「システムとディスクルス――法システムを例に」(『法政論叢』第三六巻第一号、啓文社)、「物象化、ハビトゥス、プラティック――構造と行為主体に関する一考察」(共著、『社会科学研究』第一巻第一号、清水書院)

◉藪下義文(住友金属ビジネス企画)

ポール・ティファニー『巨大産業と戦う指導者』(共訳、日本経済評論社)、「香港返還と華南のエネルギー事情」(『石油開発時報』第一一三号、石油鉱業連盟)、"Conservation of the Environment・Resources and Intra-regional Industrial Cooperation in Asia in the Wake of the Currency Crisis" (APSA Conference, Asia Pacific Sociology Association, 1999). "Key to Sustainable Development of Asia-Pacific Region in the Third Millennium" (Consumption and Environment Conference, Cheju National University, 1999). "Key to Rebirth of Kansai and Core Competence of the Steel Industry" (International Conference on Steel and Society, The Iron and Steel Institute of Japan, 2000). 「石油危機から環境危機へ」(『石油技術協会誌』第六五巻第六号、石油技術協会)

文明と法の衝突

Historia Juris　比較法史研究——思想・制度・社会❾

2001年３月31日　初版第一刷発行

本体4500円＋税——**定価**

比較法史学会——**編**

比較法制研究所——**発行所**
大阪府大阪市西区南堀江1-26-31　比較法制研究所内
電話(06)6531-5761

河上倫逸——**発行者**

株式会社　未來社——**発売元**

東京都文京区小石川3-7-2
振替00170-3-87385
電話(03)3814-5521-4
http://www.miraisha.co.jp
info@miraisha.co.jp

ISBN4-624-01155-4　C3032

比較法史学会編

比較法史研究の課題

〔「Historia Juris」比較法史研究——思想・制度・社会①〕コーイングの綱領的論文「法史学者の使命」や梅棹忠夫氏を囲む座談会など、比較法史学会が全力を傾注した一大成果。

四八〇〇円

比較法史学会編

歴史と社会のなかの法

〔「Historia Juris」比較法史研究——思想・制度・社会②〕ポパーの記念講演や、著名な霊長類学者・伊谷純一郎氏を囲む鼎談をはじめ、第二回比較法史学会の講演・報告を収録する。

五八〇〇円

比較法史学会編

文明のなかの規範

〔「Historia Juris」比較法史研究——思想・制度・社会③〕比較法史学会第三回研究大会での報告を中心に、梅棹忠夫氏へのインタビューなどを盛りこみ、規範性の意味を検討する。

五八〇〇円

比較法史学会編

制度知の可能性

〔「Historia Juris」比較法史研究——思想・制度・社会④〕梅原猛氏を囲む座談会「制度知の原点」をはじめ、第四回比較法史学会の報告等を収録した〈制度知〉をめぐる一大論集。

五八〇〇円

比較法史学会編

文明装置としての国家

〔「Historia Juris」比較法史研究——思想・制度・社会⑤〕〈国家〉という総括形態がいかに歴史的、民族的に形成されてきたか。第五回比較法史学会の報告等を収録。

五五〇〇円

比較法史学会編

救済の秩序と法

〔「Historia Juris」比較法史研究——思想・制度・社会⑥〕民族紛争や宗教戦争などによる難民や罹災者の救済はどういう論理によって解決されるのか。第六回比較法史学会の成果。

五八〇〇円

比較法史学会編

歴史創造の事理と法理

〔「Historia Juris」比較法史研究——思想・制度・社会⑦〕世界的な「歴史」の問い直しのなかで法と法史学の今日的ありかたを問う。一九九七年の第七回比較法史学会での報告等を収録。

四八〇〇円

比較法史学会編

複雑系としてのイエ

〔「Historia Juris」比較法史研究——思想・制度・社会⑧〕「イエ」に焦点を当て、日本及び西欧での国家・家族・個人のあり方、結婚の形式の問題等を制度と方法の側面から読み解く。

四八〇〇円

河上倫逸著

巨人の肩の上で

〔法の社会理論と現代〕ドイツ近代法学を専攻する著者による〈法〉の社会理論の考察と、現代において〈法〉の具体的課題としてあらわれる脳死や入試問題にも対応する実践の書。

二八〇〇円